田开友　等著

税法判例与学理研究

学苑出版社

图书在版编目（CIP）数据

税法判例与学理研究 / 田开友等著 . — 北京 ： 学苑出版社， 2023.7

ISBN 978-7-5077-6690-5

Ⅰ . ①税… Ⅱ . ①田… Ⅲ . ①税法－判例－研究－中国 Ⅳ . ① D922.220.5

中国国家版本馆 CIP 数据核字（2023）第 104685 号

责任编辑：黄小龙　张芷郁
出版发行：学苑出版社
社　　址：北京市丰台区南方庄 2 号院 1 号楼
邮政编码：100079
网　　址：www.book001.com
电子邮箱：xueyuanpress@163.com
联系电话：010–67601101（营销部）、010–67603091（总编室）
印 刷 厂：北京兰星球彩色印刷有限公司
开本尺寸：710 mm×1000 mm　1/16
印　　张：19.75
字　　数：243 千字
版　　次：2023 年 7 月第 1 版
印　　次：2023 年 7 月第 1 次印刷
定　　价：66.00 元

前　言

从事高等教育 20 余年，本人大部分时间与精力投身于经济法、民法、商法、行政法等领域，很少涉及财税法教学研究，因为本人所在学校（甚至全国大部分高校）很难开设"财税法"这门课程。即便偶遇财税法，也仅仅涉猎政府性基金法律制度、审计监督法律制度以及政府采购法律制度等财政法内容，几乎没有关注税法理论与税法制度，更不用说探究经典的税法判例了。2019 年 1 月调入常州大学以后，我有幸成为史良法学院财税法学科（独立的法学二级学科）的负责人，并担任财税法硕士研究生课程"税法成案研究"的任课老师，这迫使我去努力学习税法理论、税法制度与税法案例。

本书是集体智慧的结果，大部分内容是我和我所指导的研究生们在学习税法理论与税法案例的过程中交流合作完成的。第一章、第三章由我和孙玉璇合作完成，第二章由我和侯堃合作完成，第四章、第五章由我和吴洁合作完成，第六章、第八章由我和袁杨合作完成，第七章由我和吴恺合作完成，第九章为本人独立完成。其中，有些章节内容（如第一章、第四章、第五章、第六章、第七章、第九章）曾刊发在《常州大学学报（社会科学版）》《财经理论与实践》《政治与法律》等期刊上，有些章节内容（如第五章、第七章、第九章）甚至被人大复印报刊资料索引或全文转载，但纳入本书时所有章节的内容均略有修改。

本书能顺利出版，应特别感谢袁杨、吴恺、吴洁、孙玉璇、侯堃等同学为本书的成形所作出的贡献，感谢侯堃、刘可、杨春雨等同学为本书稿的校对工作所付出的劳动，感谢常州大学史良法学院财税法学科各位同仁的关照与帮助，感谢家人和朋友的理解与宽容，也衷心感谢学苑出版社的黄小龙主任为本书出版付出的辛勤劳动！同时，在本书撰写过程中，我们参考了大量域内、域外文献，并选用了历年"税务司法理论与实践"高端论坛所遴选的具有影响力的税务司法案例，学者们的深邃思想和实务专家们的真知灼见给了我们许多启发、灵感与素材，在此一并致以深深的敬意和谢意！

作为一位税法教学研究的新兵，本人的研究水平和研究能力有限，可能很多观点和想法还不太成熟，甚至似是而非、前后矛盾、错漏偏颇，恳请各位读者、同行批评指正。

田开友

2023 年 5 月于常州科教城

目 录

| 第一章 |

纳税人的信赖利益保护

——基于德天御公司案[1]的分析 *

导语

纳税人基于信赖税务行政机关的公权力行为而遭受的信赖利益损害应充分予以保护与救济。但是在适用该制度时，不能仅以违反法律强制性规定或损害国家利益、社会公共利益为由予以阻却，而应依据存在可供纳税人产生信赖的公权力行为、纳税人作出信赖表现、信赖具备正当性和因该信赖而产生损失四项要件予以综合判断。为有效填补受害人的损害以及避免受害人因信赖利益损害补偿获取额外的利益，应采取"损失补偿"救济方式且根据其受损害类型和加害人对于信赖利益损害发生的主观过错程度来判断受害人的损害赔偿范围。

一、问题的提出

纳税人的信赖利益是指"纳税人基于对行政机关的行政行为或现存法律状态的正当信赖而从事一定的行为，在信赖的破坏给纳税人带来损失的情况下而产生的值得法律保护的信赖利益"。[2]作为保护公民法益的一项重

---

* 此部分内容由田开友与孙玉璇合作完成，纳入本书时略有修改。

[1] 参见（2019）内行终 429 号。

[2] 刘剑文，熊伟 . 税法基础理论 [M]. 北京：北京大学出版社，2004：170-180.

要制度，纳税人的信赖利益保护并未得到我国税收公共政策制定者应有的重视。有关纳税人信赖利益保护的规定仅隐含于一些立法性文件的条款中，如《中华人民共和国企业所得税法》（以下简称《企业所得税法》）第57条规定，"本法公布前已经批准设立的企业，依照当时的税收法律、行政法规规定，享受低税率优惠的，按照国务院规定，可以在本法施行后五年内，逐步过渡到本法规定的税率；享受定期减免税优惠的，按照国务院规定，可以在本法施行后继续享受到期满为止，但因未获利而尚未享受优惠的，优惠期限从本法施行年度起计算"。《中华人民共和国税收征收管理法》（以下简称《税收征管法》）第52条规定，"因税务机关的责任，致使纳税人、扣缴义务人未缴或者少缴税款的，税务机关在三年内可以要求纳税人、扣缴义务人补缴税款，但是不得加收滞纳金"。《国家税务总局关于纳税人权利与义务的公告》（国家税务总局公告2009年第1号）第12条第3款规定，"当我们的职务违法行为给您和其他税务当事人的合法权益造成侵害时，您和其他税务当事人可以要求税务行政赔偿"。上述规定可谓是纳税人信赖利益保护的正式的制度供给，但此种模糊隐晦、不确定的制度安排，不仅会使政府及其税收主管部门忽略或否决纳税人信赖利益的存在，从而影响涉税行政行为效力的安定性和减损政府的公信力，而且也将导致纳税人基于对政府及其税收主管部门的信赖而安排自己的生产活动，由此引发的既得利益损失难以得到必要的保护与救济。

纳税人信赖利益能否受到保护，司法实践中存有不同的立场。如在崔龙书诉丰县人民政府行政允诺案（以下简称崔龙书案）中[1]，二审法院认为行政机关应当兑现允诺，这实际上是肯定了对纳税人的信赖利益保护。但在任冬梅与湖北省襄阳市人民政府案（以下简称任冬梅案）中[2]，二审法院虽承认

---

[1] 详见（2016）苏行终字第90号。
[2] 详见（2019）鄂行终240号、（2020）最高法行申9021号。

司法审判应当保护行政相对人的信赖利益，但不能以违反法律法规或牺牲公共利益为代价保护相对人的信赖利益，法院最终没有支持原告的诉求。由是观之，此种态度或立场迥异的司法实践，显然不利于维护税法的权威性、统一性与安定性。在学理层面，纳税人信赖利益保护是个由来已久（抑或老生常谈）的论题，虽然学界对纳税人信赖利益进行必要的保护早已形成共识[1]，但就纳税人信赖利益保护的构成要件以及信赖利益损失的救济范围存有较大的分歧，如在纳税人信赖利益保护构成要件的认识上存有"三要件说"[2]、"四要件说"[3]与"五要件说"[4]三种不同观点，在纳税人信赖利益损失救济范围方面存有"期待利益说"[5]和"履行利益说"[6]两种不同观点。

考虑我国立法面上尚未形成明确的纳税人信赖利益保护制度，实务中认定与适用该制度时呈现诸多矛盾，理论界对于纳税人信赖利益的构成要件与救济途径也存有不同的看法，但适用信赖利益保护制度对于维护纳税人权利有积极意义，完善纳税人信赖利益保护制度已迫在眉睫。本书选取学术和实践价值高、社会影响大的典型性（影响力）税务司法审判案例——镶黄旗德天御矿业投资有限公司、北京德天御投资管理有限责任公司与内蒙古自治区镶黄旗人民政府、国家税务总局镶黄旗税务局行政允诺案（以下简称德天御案）作为研判对象，通过基本案情梳理、法律问题整理、学理分析等，探究纳税人信赖利益保护所面临的核心难题，从而推动我国纳税人信赖利益保护制度规则的完善。

---

[1] 参见陈清秀. 税法上行政规则之变更与信赖保护 [J]. 法学新论，2010（18）：68-69；刘剑文，王文婷. 实质课税原则与商业创新模式 [J]. 税收经济研究，2011（12）：9-14.

[2] 林三钦. 行政法令变迁与信赖保护——论行政机关处理新旧法秩序交替问题之原则 [J]. 东吴法律学报，2004（1）：27.

[3] 胡若溟. 行政诉讼中"信赖利益保护原则"适用——以最高人民法院公布的典型案件为例的讨论 [J]. 行政法学研究，2017（1）：100.

[4] 刘剑文，熊伟. 税法基础理论 [M]. 北京：北京大学出版社，2004：176-180.

[5] 赵connaissemin，陈楠，孙静. 对纳税人信赖利益保护问题的分析 [J]. 国际税收，2015（11）：69-72.

[6] 徐楠芝. 论纳税人的信赖利益之保护 [J]. 税收经济研究，2016（6）：17-21.

二、基本案情及法律问题

（一）基本案情梳理

2016 年 11 月 28 日，北京德天御投资管理有限公司（以下简称北京德天御公司）向镶黄旗国家税务局（以下简称镶黄旗税务局）发出《关于在镶黄旗新设企业征收企业所得税的咨询函》，咨询其新设之镶黄旗德天御矿业投资有限公司（以下简称镶黄旗德天御公司）的企业所得税相关问题。镶黄旗税务局向北京德天御公司作出《关于北京德天御公司企业所得税相关问题咨询的答复》（以下简称《镶黄旗税务局答复》）。该答复的主要内容之一就是：镶黄旗德天御公司的法定企业所得税税率为 25%，根据《国家税务总局关于深入实施西部大开发战略有关企业所得税问题的公告》（国家税务总局公告 2012 年第 12 号）和《国家税务总局关于企业所得税有关问题的公告》的相关规定，同意北京德天御公司根据西部大开发企业所得税优惠政策的规定，可以申请享受 15% 的优惠税率。

在北京德天御公司设立子公司镶黄旗德天御公司并转让其股权前，镶黄旗政府曾组织召开协调会与北京德天御公司就涉案股权转让交易所产生税费的"税留当地"事宜进行商谈。2016 年 11 月 30 日，北京德天御公司设立了镶黄旗德天御公司。2017 年 1 月 12 日，镶黄旗德天御公司按 15% 税率缴清交易项下的企业所得税 4743 万元。2017 年 6 月，镶黄旗德天御公司向镶黄旗税务局提交《关于适用西部大开发税收政策的申请》，称其依据《关于深入实施西部大开发战略有关税收政策问题的通知》，符合申请享受西部大开发所得税优惠政策的条件。2017 年 6 月 12 日，镶黄旗税务局准予受理镶黄旗德天御公司的上述申请，镶黄旗德天御公司在同日完成了享受西部大开发企业所得税优惠事项的备案。但镶黄旗税务局随后不久陆续发出三份税务事项通知书，要求镶黄旗德天御公司分别于 2018 年

5月30日前携带相关资料至该局备案办理相关事项，于2018年6月15日前对该公司2017年度企业所得税年度申报进行更正，于2018年6月15日前缴纳2017年度应缴税款3162万元。而后将上述税务事项通知书均予作废，最终通知镶黄旗德天御公司将依据国家税务总局公告2012年第12号所留存的备查资料送至该局进行审核，并在2019年1月10日前缴纳2017年度应缴税款3162万元。

镶黄旗德天御公司不服镶黄旗税务局的税务处理决定，于是向内蒙古自治区锡林郭勒盟中级人民法院（以下简称一审法院）提起诉讼。一审法院认为本案的争议焦点为镶黄旗政府与镶黄旗税务局是否对北京德天御公司作出了适用优惠税率的行政允诺，而《镶黄旗税务局答复》并未明确承诺镶黄旗德天御公司享受按15%的优惠税率缴纳企业所得税，北京德天御公司提交的证据也无法证明行政允诺行为的存在，因此不予支持北京德天御公司的诉讼请求。镶黄旗德天御公司、北京德天御公司不服一审判决，于是依法向内蒙古自治区高级人民法院（以下简称二审法院）提起上诉。二审法院经审理后认为，"行政机关作出的行政允诺、行政协议等行为必须建立在依法行政的前提下，即行政机关作出的允诺必须在其具有裁量权的处置范围内，且不违反法律的强制性规定，不会损害国家利益、社会公共利益，不能将信赖利益原则置于依法行政之前。上诉人以保护信赖利益为由要求履行该允诺的诉讼请求亦不能成立。上诉人若认为基于对镶黄旗政府和镶黄旗税务局的行政允诺的信赖对其造成损失，可另循法律途径解决"。于是二审法院判决驳回镶黄旗德天御公司与北京德天御公司的诉讼请求，维持一审判决。

（二）法律问题整理

此案二审法院尽管以依法行政、违反法律的强制性规定以及损害国家利益、社会公共利益为由判决驳回镶黄旗德天御公司与北京德天御公司信赖利益保护的诉求，但由此引发的三个法律问题值得我们关注和反思：1. 被告镶黄旗政府、镶黄旗税务局是否对原告德天御公司作出了涉税行政允诺？2. 如果是，那么德天御公司是否应受到税收信赖利益的保护，即是否满足信赖利益保护的适用条件？3. 如果满足信赖利益保护的适用条件，德天御公司所受到的税收信赖利益损失该如何救济？

三、《镶黄旗税务局答复》的税务行政允诺属性之辨析

德天御案的争议焦点之一就是《镶黄旗税务局答复》究竟为行政指导属性的政策咨询解答还是行政允诺，而分析德天御公司是否具有信赖利益以及信赖利益是否能够得到保护的前提就是要确认镶黄旗税务局所作行政行为的属性，是否足够成为纳税人信赖利益的信赖基础。

（一）《镶黄旗税务局答复》不是涉税行政指导

行政指导一般是指行政主体为实现行政管理目的在其所管辖事务的范围内，运用非强制性的方式，指导相对人采取或不采取某种行为。[1] 最高人民法院在"张月仙、太原市人民政府再审审查与审判监督行政案"中将行政指导行为定义为不具羁束力和强制力的行为，不属于旨在设定某种法律后果的个别调整。[2] 此种行政行为只是给相对人指明一定的方向，并不直接在行政机关与相对人之间产生权利义务关系。行政指导行为具有自愿性的特征，其并不属于行政机关以行政职权实施的，以期产生法律效果的行政行为，不具有行政行为的法律上的可救济性。行政指导的常见方式包括说服、建议、协商、帮助等。另外，学者从行政法理论中归纳出来的政策指导也属于行政指导方式[3]，如在周丽琴与福州市医疗保险中心案中[4]，一

---

[1] 李向平. 对行政指导行为不属于行政诉讼受案范围之质疑 [J]. 河北法学，2004（1）：87-89.
[2] 详见（2018）最高法行申 906 号。
[3] 姜明安. 行政与行政诉讼法（第七版）[M]. 北京：北京大学出版社，2019：300-302.
[4] 详见（2013）鼓行初字第 120 号、（2014）榕行终字第 103 号。

审法院与二审法院都将政策咨询解答归类为不具强制执行力的行政行为，不会对相对人利益造成直接影响，属于行政指导行为的一种。

《镶黄旗税务局答复》中所使用的语句为"同意你单位根据西部大开发企业所得税优惠政策的规定，可申请享受 15％ 的优惠税率"。该答复语句并不属于建议、指导类的用语，而是明确了镶黄旗德天御公司根据镶黄旗税务局的此一答复可享受 15％ 优惠税率的法律后果，因此无法将其归类为政策咨询解答这一行政指导行为。

（二）《镶黄旗税务局答复》是涉税行政允诺

行政允诺是行政主体履行行政职责的方式中较为柔性的一种，通过激励、引导的方式，采取了对行政相对人而言较为柔和且具有一定吸引力的行为模式，有效吸引相对人积极参与共同管理，实现行政目的。[1] 理论界对于行政允诺的性质是否属于行政行为存有争论，肯定说认为行政允诺具有处理性，属于行政行为；否定说认为允诺行为不包含处理行为，只是答应实施处理行为，所以不是行政行为。[2] 现行法律对于行政允诺的概念及法律构成尚无明确的规定。行政允诺作为一种新兴法学概念，目前尚未形成通说。[3]

司法判例中对行政允诺有所阐述，但内涵界定有所差异。如最高人民法院在《黄银友等与大冶市人民政府等行政允诺纠纷上诉案判决书》中将其定义为："为了充分调动和发挥社会各方面参与招商引资积极性，以实现政府职能和公共利益为目的向不特定相对人发出承诺，在相对人实施某一特定行为后由自己或由自己所属的职能部门给予该相对人物质利益或其

---

[1] 刘烁玲. 行政允诺规范化探析 [J]. 江西社会科学，2014（5）：190-195.

[2] 戴俊英. 行政允诺的性质及其司法适用 [J]. 湖北社会学，2010（12）：157-160.

[3] 颜冬铌. 行政允诺的审查方法——以最高人民法院发布的典型案例为研究对象 [J]. 华东政法大学学报，2020（6）：178-192.

他利益的单方意思表示行为。"[1] 上文所提任冬梅案中一审法院将其定义为："行政主体为履行行政职责，向不特定相对人发出的、承诺在相对人实施某一行为后，自己或其下属部门给予相对人物质利益或其他利益的单方意思表示。"最高人民法院在 2020 年颁布的《最高人民法院关于行政案件案由的暂行规定》中将行政允诺规定为行政案件的二级案由，并具体分为"兑现奖金"和"兑现优惠"。[2] 本案一审法院也认为，"行政允诺是指行政主体为实现特定的行政管理目的，向行政相对人公作出的当行政相对人作出一定的行为即给予其利益回报的意思表示行为"。实践中的常见案例表现为地方政府为招商引资、促进当地经济发展作出相关承诺。上文提到的崔龙书案与德天御案皆属此类。

综合学理讨论与司法实践视角，应当将行政允诺行为作为一种独立的行政行为，即为实现特定的行政管理目的，政府及其所属部门承诺相对人实施某一行为后，由自己或其下属部门给予相对人物质利益或其他利益的单方授益行为。为了更好地履行经济和社会管理职能，政府及其所属部门作出此种让相对人获取某种利益的单方允诺，相对人基于信赖此种允诺而由此安排自己的生产生活，这对相对人的权利义务造成实质影响且将产生相应的法律效果。

本案中，《镶黄旗税务局答复》所依据的是《国家税务总局关于深入实施西部大开发战略有关企业所得税问题的公告》，其中规定的西部大开发企业的企业所得税税率享受 15% 的优惠，不难看出其目的是促进西部地区的经济社会发展而吸引其他地区的企业到西部进行投资建设而作出的承诺；虽然德天御公司不是通过当地政府对外招商引资的文件而进行

---

[1] 洪孝庆，吴志坚. 基于一起发票兑奖诉讼案件对税务行政允诺的分析 [J]. 税务研究，2018（5）：78–82.

[2] 参见《最高人民法院关于行政案件案由的暂行规定》（2020 年 12 月 7 日由最高人民法院审判委员会第 1820 次会议讨论通过）。

的投资，但根据上文的分析，《镶黄旗税务局答复》中所使用的语句应当视为对德天御公司适用优惠税率的承诺。北京德天御公司正是基于以上优惠政策和答复才设立了镶黄旗德天御公司，按照要求提交了相应申请并且做到了"税留当地"，符合相对人基于行政机关的承诺实施某一特定行为的条件。参考上文所述对于行政允诺的定义，为了促进西部地区的发展，《镶黄旗税务局答复》中承诺北京德天御公司新设的镶黄旗德天御公司可以享受优惠税率，税收优惠即属于定义中所言物质利益或其他利益，该行为满足了为调动社会各方面招商引资积极性向相对人发出承诺给予其物质利益或其他利益的要件；在北京德天御公司完成了设立镶黄旗德天御公司的行为后，即满足了实施该特定行为要件，上述要件的满足符合行政允诺的判断标准。镶黄旗税务局能否依据《国家税务总局关于深入实施西部大开发战略有关企业所得税问题的公告》作出税收优惠的承诺属于判断该行政行为是否违法的要件，是后续决定适用何种救济原则与救济范围需要考虑的前提因素，其并不影响行政允诺行为的成立。二审法院也认为，"上诉人若认为基于对镶黄旗政府和镶黄旗税务局的行政允诺的信赖对其造成损失，可另循法律途径解决"。此种裁判结论从反面认定了《镶黄旗税务局答复》的行政允诺属性。由此可以得出，《镶黄旗税务局答复》确实属于涉税行政允诺。

四、纳税人信赖利益保护的适用条件之检讨

《镶黄旗税务局答复》的涉税行政允诺属性只是肯定了作为纳税人的德天御公司具备了合理正当的信赖基础，而德天御公司的税收信赖利益最终能否得到保护，需要德天御公司的税收信赖利益保护符合相应的构成要件。本案法院以依法行政、违反法律强制性规定以及损害国家利益、社会公共利益为由否定了德天御公司信赖利益保护的诉求，由此引发的思考是，

纳税人信赖利益保护的构成要件究竟有哪些？本案法院的否决理由是否为阻却纳税人信赖利益保护制度适用的充分条件？

（一）信赖利益保护构成要件的学理共识与分歧

税法理论界对信赖利益保护构成要件存有"三要件说""四要件说"与"五要件说"。所谓的"三要件"是指：1.存在信赖基础，即税务机关作出了能够使纳税人产生合理期待的公权力行为，纳税人不可将税务人员个人私下作出的表示误认为是税务机关的行为而要求引用信赖利益保护原则。2.纳税人作出相应的信赖表现，即依据税务机关的行为对自己的生产生活做了相应的安排。相对人基于对公权力的信任而积极为财产上的支出或采取其他相对应的措施，是信赖国家公权力行为将有效存续所为的自身权益之处置，会使其在法律上的地位产生重大转变。3.纳税人的信赖必须值得保护，即信赖具备正当性，纳税人对于信赖基础的获得必须是善意无过失的，不能因为故意隐瞒、胁迫等恶意的行为获得信赖利益，也不可出现明知或因重大过失不知信赖基础违法的情况。[1]"三要件"虽然为大多数学者所认同，但其并没有考虑相对人是否存在信赖利益损失这一条件，如果相对人并没有因信赖的破坏而产生损失，那么是否存在对其进行救济的必要性就有待考量。

"四要件"在"三要件"的基础上增加了"利益衡量是否能作为信赖利益保护适用的条件"，即公共利益与个体利益的衡量，与撤销违法的行政行为所获得的公共利益相比，该信赖利益更值得保护才足以适用信赖利益保护制度。[2]有观点认为二者实际上并无本质区别，利益衡量完全可以归入"三要件"中的信赖值得保护要件中去。[3]"四要件"虽然较之"三要

---

[1] 谢宏纬，谢政道，余元杰.论行政函释之信赖保护 [J].嘉南学报，2011（37）：677-678.

[2] 胡若溟.行政诉讼中"信赖利益保护原则"适用——以最高人民法院公布的典型案件为例的讨论 [J].行政法学研究，2017（1）：99-101.

[3] 郭昌盛.地方政府税收优惠政策清理中的纳税人信赖利益保护 [J].人权研究，2019（2）：381-403.

件"考虑得更为全面，但有学者提出，信赖利益与公共利益的衡量只能算作决定信赖保护的方式时所应考虑的要件，作为信赖保护的适用要件并不妥当。[1]并且对于两者比较的客观标准究竟该如何确定也没有统一的规则，并且也很难以统一的、量化的规则标准去对两者进行比较，如此便会造成适用上的不确定性，进而无法对纳税人的权利提供确实有效的保护，因此第四项要件并不适宜作为适用要件。

持"五要件说"的人认为，纳税人信赖利益保护需要同时满足以下五个要件：1.存在可供纳税人信赖的对象。在确定是否存在信赖利益之前必须首先确定是否存在信赖的对象或客体，可以是行政机关的作为或不作为，也可以是现存的法律状态。2.该对象足以引起纳税人的信赖。就具体法律关系而言，税务机关所从事的行为必须达到足以引起纳税人信赖的程度，从理论上说，任何能够成为税务机关意思表示的行为，都应该可以适用诚实信用法则，成为纳税人信赖的对象；就抽象的法律关系而言，立法机关正式颁布的法律一般足以引起纳税人的信赖，除非其明显抵触正义原则或违反程序法定。3.纳税人基于信赖而从事一定的行为。仅有纳税人主观上信赖行政机关错误的表示并不足以成立牺牲合法性保护纳税人利益的理由，纳税人基于信赖从事的行为形成一定的利益，才有就不同利益状况进行妥善衡量的必要。4.信赖的破坏将给纳税人带来损失。纳税人的损失不仅是用来衡量是否存在信赖利益保护的要件，也是决定赔偿损失时必须确定的一个重要因素。5.纳税人的信赖利益值得法律保护。值得保护的信赖必须具有正当性，当事人对国家的行为或法律状态深信不疑且主观上对信赖基础的成立善意无过失。[2]"五要件"的观点虽为详细但稍显冗余，可以表述得更为精简，将第一点和第二点归为一点，即：存在信赖基础。存

[1] 谢宏纬，谢政道，余元杰.论行政函释之信赖保护 [J].嘉南学报，2011（37）：678.
[2] 刘剑文，熊伟.税法基础理论 [M].北京：北京大学出版社，2004：176-180.

在信赖基础的含义完全可以包括存在可供纳税人信赖的对象和该对象足以引起纳税人的信赖。

本案法院的否决理由只是多项适用要件其中之一，并且法院只是考虑到行政行为违法并且损害公共利益的情况下不能存续这一点，但这并不是拒绝对纳税人提供保护的充分理由，纳税人的损失是否值得救济与行政行为是否违法是需要予以分开考虑的两个问题，法院未对纳税人信赖利益的正当性以及其他构成要件予以回应就直接否决其信赖利益保护的诉求，此种判决结果难以为纳税人所信服，也不利于司法权威的树立。

（二）信赖利益保护的两种司法模式及其构成要件

由于信赖利益保护缺乏明确的立法指引，最高人民法院自 2004 年的"益民公司案"[1] 引入"信赖利益保护"的理论以来，通过《最高人民法院公报》《中国行政审判案例》与最高人民法院裁判文书的形式，共在 8 个案例中适用了这一理论，并发展出两种不同的司法保护模式，即"信赖基础与相对人客观行为共同生成信赖利益保护模式"与"作为信赖基础的政府行为生成信赖利益保护模式"。[2]

第一种模式要求信赖基础与信赖表现共同构成利益保护的要件。该模式根据客观行为影响力的强弱程度又可分为"客观行为必要且影响力强"与"客观行为必要且影响力弱"，其本质区别在于与相对人客观的信赖行为相比，作为信赖基础的政府行为能否对适用信赖保护起决定性作用。"客观行为必要且影响力强"的代表案例为"郭伟明诉广东省深圳市社会保险基金管理局不予行政奖励案"[3]，法院所保护的利益是基于相对人郭伟明的举报

---

[1] 参见（2004）行终字第 6 号。

[2] 胡若溪. 行政诉讼中"信赖利益保护原则"适用——以最高人民法院公布的典型案件为例的讨论 [J]. 行政法学研究，2017（1）：101-102.

[3] 最高人民法院行政审判庭. 中国行政审判案例（第 2 卷）[M]. 北京：中国法制出版社，2011：231-237.

行为而产生的利益，相对人客观行为对信赖利益的产生有直接的影响。"客观行为必要且影响力弱"的典型案例为"范元运、范作动诉邹平县魏桥镇人民政府等规划许可暨行政赔偿纠纷案"[1]，该案的最终违法结果是由行政机关与行政相对人的过错共同导致的，最高院认为，行政机关违法实施行政许可造成当事人实际损失的，应当对相对人信赖利益给予充分保护。此种情形下，相对人客观行为的影响力对于是否适用信赖利益保护就相对较弱。

第二种模式下，作为信赖基础的行政行为是产生信赖利益的直接原因，即只要行政机关作出行政行为，相对人无须作出任何客观行为即可享有信赖利益。该模式的代表案例为"慈溪市华侨搪瓷厂诉慈溪市国土资源局不履行土地调查法定职责案"[2]，行政机关作出的合法有效的公告为其设定了调查核实的作为义务，也是直接导致相对人获得值得保护的信赖利益的原因，相对人可对其不作为提起行政诉讼，要求行政主体履行职责，并不需要相对人作出客观的信赖表现。相比之下，第一种模式更为契合学界的"三要件"说，第二种模式可能会造成信赖利益保护的范围过于宽泛，不利于真正发挥信赖利益保护规则的效用与价值，并且此种模式对行政机关提出了极高的要求，会使其在作出任何决策前都慎重地考量可能产生的所有后果，进而导致行政效率的降低、行政成本的增加，因此第一种模式是较为合适的选择。司法实践发展出的不同适用模式也反映了目前并未形成统一的适用规则。

德天御案中，法院仅以违反依法行政、法律强制性规定以及损害国家利益、社会公共利益为由全盘否决了德天御公司的信赖利益保护诉求，其只是对信赖基础这一要件作出了考量，若适用第一种司法模式，则其并未将相对人的客观信赖表现纳入认定要件；若适用第二种司法模式，虽然相

---

[1] 最高人民法院行政审判庭. 中国行政审判案例（第2卷）[M]. 北京：中国法制出版社，2011：151-155.
[2] 最高人民法院行政审判庭. 中国行政审判案例（第2卷）[M]. 北京：中国法制出版社，2011：90-97.

对人的信赖表现不需纳入考量范围，但该种模式的逻辑是，只要行政机关为相对人作出可使其产生信赖的行为，则该种利益无论合法与否，国家都应对其加以保护，可见法院的判决完全与之相悖。由此可见，此案法院的裁判思路并不属于两种模式的任一种，该种片面性的决断非常不利于实现税务司法的统一性、权威性、中立性，不区分情况完全否决纳税人的信赖利益也非常不利于对纳税人权利的保护。

综合上文对于学理观点与司法实践模式的阐述，较为合理的纳税人信赖利益保护的构成要件应当包含四项，即存在可供纳税人信赖的基础、纳税人作出信赖表现、信赖具备正当性和纳税人因信赖的破坏而产生损失。

（三）德天御公司满足了信赖利益保护的所有构成要件

如前所述，德天御案中的《镶黄旗税务局答复》属于行政允诺行为，并且该答复条理清晰、内容具体明确，并不会使纳税人感到模棱两可和无法确定，属于能够使纳税人产生合理期待的公权力行为，此行政允诺行为即构成了纳税人的信赖基础，也即满足了适用信赖利益保护原则的第一个构成要件。纳税人德天御公司随后基于此信赖基础作出了在镶黄旗设立公司的行为，属于基于信赖镶黄旗税务局承诺的税收优惠会有效存续而所为自身权益之处置，并且该处置无法恢复原状或恢复原状将遭受期待不能之损失，因此满足了作出信赖表现的构成要件。

在认定"信赖必须值得保护"这一构成要件时，我国台湾地区的"行政程序法"提供的思路值得参考。该法第 119 条列举了不得主张信赖保护的情形，从反面为适用信赖保护提供了指引，分别为"当事人使用欺诈等不法手段使行政机关作出行政行为、提供虚假资料或不正当陈述使行政机关作出行政行为和明知行政行为违法或因重大过失而不知"这三种情形。[1]

---

[1] 林三钦. 行政法令变迁与信赖保护——论行政机关处理新旧法秩序交替问题之原则 [J]. 东吴法律学报，2004（1）：38.

如果出现上述三种情形，就阻却了对纳税人的信赖利益保护。具体到该案中，德天御公司并不存在恶意的隐瞒或胁迫行为，其享受税收优惠的条件并不是基于提供虚假资料或不完全陈述而获得的，相反，其发函咨询镶黄旗税务局的行为已经履行了纳税人应有的审慎注意义务，因此其信赖利益完全具有正当性。而镶黄旗税务局不承认此前作出的行政允诺，导致北京德天御公司无法按其所信赖的享受税收优惠的行为，破坏了其信赖利益，北京德天御公司本可以不进行设立镶黄旗德天御公司的操作，基于其可以享有税收优惠政策的信赖才进行了设立公司的行为，若不能享受税收优惠便产生了相应的损失。

本案法院的否决理由只是将"信赖基础"作为其判断因素，其并不足以独立判断能否对纳税义务人适用信赖利益保护，法院并没有考虑在行政行为违法的状态下对于纳税义务人的救济，并非信赖基础违法就直接导致不能够适用信赖利益保护原则的后果，如此也不利于对纳税义务人权利的保护。法院需要综合判断纳税人信赖是否具有正当性进而得出对其进行信赖利益保护是否具有必要性的结论，而本案中德天御公司的发函咨询镶黄旗税务局的行为足以证明其并不存在恶意获取税收优惠等不正当行为，其作为对国家税收法律并不了解掌握的纳税义务人，在获得税务机关肯定答复的情形下实施了相关行为继而遭受信赖利益损失，理应获得合理的救济。基于此种认识，德天御公司完全满足所有信赖利益保护的构成要件，德天御公司的税收信赖利益应当予以保护。

五、纳税人信赖利益损失的救济规则之构造

镶黄旗税务局实施了足以使纳税人德天御公司产生合理信赖的行政允诺行为，德天御公司也基于此种信赖在当地设立了公司且"税留当地"。但由于镶黄旗税务局不履行行政允诺，德天御公司并未享受镶黄旗税务局

所承诺的税收优惠，因此给德天御公司造成了利益损失。由此而生的问题是，在纳税人信赖利益保护规则缺失的当下，德天御公司的信赖利益损失应遵循何种救济原则以及不同原则下的救济范围究竟有多大？

（一）纳税人信赖利益损失的救济应遵循赔偿原则抑或补偿原则

纳税人信赖利益损失的救济究竟是遵守赔偿原则还是补偿原则？财税法学界对此缺少必要的关注。富勒认为，信赖赔偿措施的目的是撤销因信赖一项后来被违背的承诺而造成的损害，使原告处于与承诺作出前一样的良好地位。[1] 根据行政法原理，行政赔偿是指国家行政机关及其工作人员在行使职权的过程中侵犯公民、法人或其他组织的合法权益并造成损害，由国家承担赔偿责任，给予相对人相应的赔偿；[2] 而行政补偿是法律设立的对行政主体合法行政行为造成行政相对人损失时对相对人实行救济的制度。[3] 既然税务机关也属于行政机关，在相关的问题上理应遵循上述行政法原理。

信赖利益损失如何救济？笔者认为，不能绝对地适用行政赔偿原则或行政补偿原则，应当根据具体的行政行为的合法性予以判断。若作为信赖基础的行政行为是税务行政机关违法行使职权所为，那么对纳税人进行救济时就应当适用行政赔偿原则；若信赖基础是税务行政机关合法的行政行为，那么就应当适用行政补偿原则对纳税人进行纳税人信赖利益受损的救济。目前针对行政赔偿的救济依据是《中华人民共和国国家赔偿法》（以下简称《国家赔偿法》）中的赔偿条款，即运用行政赔偿的方式对纳税人进行赔偿，但该种做法较为局限。[4] 如该法第 4 条规定："行

---

[1] Pettit M J. Private Advantage and Public Power : Reexamining the Expectation and Reliance Interests in Contract Damages[J]. Hastings L J, 1987, 38（3）418-419.

[2] 姜明安 . 行政与行政诉讼法（第七版）[M]. 北京：北京大学出版社，2019：555.

[3] 姜明安 . 行政与行政诉讼法（第七版）[M]. 北京：北京大学出版社，2019：621.

[4] 徐楠芝 . 论纳税人的信赖利益之保护 [J]. 税收经济研究，2016（6）：19-20.

政机关及其工作人员在行使行政职权时有下列侵犯财产权情形之一的，受害人有取得赔偿的权利：（一）违法实施罚款、吊销许可证和执照、责令停产停业、没收财物等行政处罚的；（二）违法对财产采取查封、扣押、冻结等行政强制措施的；（三）违法征收、征用财产的；（四）造成财产损害的其他违法行为"。此条并未明确列举相对人信赖利益受损的情形，对于纳税人信赖利益的补偿缺乏明确的规定。

我国目前的立法并未区分规定行政赔偿原则与行政补偿原则下不同的救济依据，根据前述行政赔偿与行政补偿的不同原理，如果不作区分，一律适用《国家赔偿法》，则并没有根据行政行为的合法与否作区别对待，该做法缺乏法律依据。为此，未来在修订《国家赔偿法》时，可以借鉴日本的做法，如日本行政法中明文规定了国民因违法的行政活动而遭受的权益损害适用国家赔偿，因合法的行政活动遭受的权益损害适用损失补偿原则。[1]经由《国家赔偿法》的修订，将相对人信赖利益受损的情形涵盖于受害人能够获得赔偿的情形中，可填补司法实践中对于此类问题适用依据的空白。而对于行政赔偿原则与行政补偿原则的区分适用情形，未来可以通过行政程序法的制定进行细致具体的规定，对违法行政行为所致信赖利益损害适用行政赔偿原则，对合法行政行为所致信赖利益损害适用行政补偿原则。

（二）纳税人信赖利益损失的救济范围之厘清

理论界对于如何确定信赖利益损害赔偿的范围存在着不同的观点，最突出的争论当属信赖利益损害赔偿是否应当以履行利益为限。肯定说认为，如果不以履行利益为限，因意思表示错误、瑕疵等情形想要撤销意思表示的人会负担过重的利益包袱，蒙受重大利益损失，与立法本意相悖。否定

---

[1] 吴微. 日本行政法 [J]. 行政法学研究, 1993（4）: 57-68.

说认为，对受害人的损害赔偿应以全面赔偿为准，否则就是对有过错者的放纵。并且，信赖利益损失一定情况下可能大于履行利益损失。[1]

《德国联邦行政程序法》第 48 条、第 49 条对信赖利益保护范围进行了具体规定。[2] 其中，该法第 48 条第 3 款规定行政机关在撤销不属于该条第 2 款所列的违法行政行为时，应根据具体事实以及行政相对人的申请，给予正当合理的信赖利益受到损害的相对人一定的财产赔偿，财产赔偿应以公共衡量需要保护为限，不得超过该行政行为未被撤销的情况下行政相对人能够获得的利益。[3] 该法第 49 条第 5 款规定，"合法的授益行政行为被废止的情况下，行政机关应根据相对人的申请，对其因信赖已生效行政行为被废止而值得保护的信赖利益遭受的财产损失进行补偿，但以其信赖需要保护为限"。[4] 我国台湾地区的"行政程序法"第 120 条对信赖利益损失救济范围也有所阐述，受益人因违法行政处分行为经撤销而遭受的财产损失，对其补偿额度不得超过受益人因该处分存续可得之利益。[5]

笔者认为，对于信赖利益遭受损失的受害人而言，应当根据其受损害类型和可归责性综合判断其受到赔偿的范围，可以基于加害人对于信赖利益损害发生的主观过错程度判断应否超出履行利益[6]，既不可使受害人因信赖利益损害补偿获取额外的利益，也不可使其损害未得到有效填补。在适

---

[1] 尚连杰. 信赖利益赔偿以履行利益为限吗——从一般命题到局部经验 [J]. 政治与法律，2017（11）：117-127.

[2] Nolte G. General Principles of German and European Administrative Law –A Comparison in Historical Perspective[J]. The Modern Law Review，1994，57（2）194-195.

[3] Verwaltungsverfahrensgesetz（Bund），资料来源于 https：//dejure.org/gesetze/BVwVfG/48.html，访问时间：2022 年 4 月 14 日 15：05.

[4] Verwaltungsverfahrensgesetz（Bund），资料来源于 https：//dejure.org/gesetze/BVwVfG/49.html，访问时间：2022 年 4 月 14 日 15：05。

[5] 我国台湾地区"行政程序法"第 120 条规定："授予利益之违法行政处分经撤销后，如受益人无前条所列信赖不值得保护之情形，其因信赖该处分致遭受财产上之损失者，为撤销之机关应给予合理之补偿。前项补偿额度不得超过受益人因该处分存续可得之利益。关于补偿之争议及补偿之金额，相对人有不服者，得向行政法院提起给付诉讼。"

[6] 余立力. 论信赖利益损害的民法救济 [J]. 现代法学，2006（1）：85-91.

用行政赔偿原则的情况下，由于纳税人信赖利益损失是税务行政机关违法行使职权所致，行政机关可归责性程度较高，在此情况下赔偿范围可以突破履行利益的限制，有过错的行政机关根据纳税人实际受损情况全面赔偿纳税人的损失，超过履行利益的部分可视为对过错方的惩罚性赔偿，以起警示作用，需要赔偿的利益可包括财产性利益和精神利益等非财产性利益。在适用行政补偿原则的情况下，由于致纳税人信赖利益受损的是行政机关合法的行政行为，在行政机关与纳税人都不具有可归责性的前提下，补偿范围应当以履行利益为限，不应超过行政行为存续的情况下纳税人能够获得的利益。

我国现有立法并未对适用不同救济原则下的信赖利益损失救济范围进行明文规定，造成司法适用的困难，无法有效地保障纳税人的合法权益，未来可以参考《德国联邦行政程序法》的规定，通过制定程序性法典对行政赔偿原则与行政补偿原则下的救济范围进行区分规定。也可以通过制定《税法总则》或修订税收程序法的方式对其进行细致的规定，为司法保护纳税人信赖利益提供明确的立法指引。

（三）德天御公司信赖利益损失的救济原则的选择与救济范围的厘清

德天御案中，在考虑如何对德天御公司的信赖利益损失进行救济时，首先需要考虑的是税务行政行为是否合法，即镶黄旗税务局是否能够作出对企业所得税税率进行优惠的承诺。若镶黄旗税务局的行政允诺行为违反法律的规定，就应当适用行政赔偿原则对德天御公司的信赖利益损失进行救济。根据《税收征管法》第 3 条规定，"税收的开征、停征以及减税、免税、退税、补税必须依照法律的规定执行，法律授权国务院规定的，依照国务院制定的行政法规的规定执行"。由此可以看出，镶黄旗税务局明显没有权力承诺北京德天御公司给予其 15％的优惠税率，因此镶黄旗税务局作出答复的行为属于违法行政行为，应当适用行政赔偿原则对其信赖利益进行救济。德天御公司在申请享有优惠税率的过程中，并没有出现欺诈、胁迫或提供虚假资料等具有主观过错的方式，其发函咨询镶黄旗税务局的行为已经起到了纳税人的审慎义务，主观上并不具备可归责性，应当对其损失进行赔偿。镶黄旗税务局违法作出行政允诺，可归责性较高，因此在适用行政赔偿原则对德天御公司进行救济时，根据前文的分析，可以突破履行利益的限制，全面补救其所受损失，包括其因设立镶黄旗德天御公司而付出的经济成本。

本案法院的判决以违反依法行政为由拒绝支持德天御公司的信赖利益保护诉求，但依法行政原则与信赖利益保护规则并非完全不可调和，法院完全可以区分作为信赖基础的行政行为是否违法而分情况考虑如何对纳税人的信赖利益进行救济。如果信赖基础确为行政机关违法行使职权所为，那么就应当适用行政赔偿原则对其进行救济，而不是绝对否定纳税人的信赖利益保护诉求。

六、结语

纳税人信赖利益保护是一项关涉税法持久稳定发展的重要制度。对因税务机关的责任而引发纳税人的信赖利益损失，应考虑使用不同的保护模式和方式对纳税人的信赖利益予以救济。本研究只是基于相关案例着重分析了纳税人信赖利益保护的适用条件及信赖利益遭损害后的救济原则及其范围，对如何更好地完善信赖利益保护制度以及信赖利益保护制度与依法行政的有效调和等相关问题的分析还有所欠缺。我国现有税法体系对纳税人信赖利益保护缺乏明确规定，短期内可经由完善现有《税收征管法》的角度对适用信赖利益保护的程序要件作出具体的规定，为纳税人的信赖利益保护增加一道制度保障。长远来看，未来在制定《税法总则》时可以考虑明文规定纳税人信赖利益保护制度，从实体法的角度对纳税人信赖利益保护制度的构成要件、适用准则、救济方式、赔偿标准等作出一系列具体的规定。总之，纳税人信赖利益保护机制的有效实施，不仅可以充分保障纳税人的权利，也有利于维护诚信行政和合法行政。

| 第二章 |

征税行政复议期限起算点的认定

——基于吉林银行股份公司案[1]的分析 *

导语

　　针对征税行政复议期限起算点的认定，我国《行政复议法》与《税收征管法》并未达成一致规定，由此导致实务中存在裁判差异，纳税人税务救济权受损。借鉴传统行政法领域已有概念及域外现存相似制度，我国应明确：征税行政复议期限的起算时点应为缴纳或解缴税款及滞纳金或提供相应担保且经税务机关确认之后，税务处理决定可延后认定征税行政复议起算点。

一、问题的提出

　　根据《中华人民共和国行政复议法》（以下简称《行政复议法》）第9条的规定，一般行政案件的复议申请期限的起算点应当"自知道该具体行政行为之日起"开始计算。但是由于《税收征管法》第88条将"依照税务机关的纳税决定缴纳或者解缴税款及滞纳金或者提供相应的担保"作为依法申请征税行政复议的前提条件，从而产生了征税行政复议申请期限应

---

* 此部分内容由田开友与侯垫合作完成，纳入本书时略有修改。
[1] 参见（2019）吉 01 行终 30 号。

当"自知道该具体行政行为之日起"开始计算还是从"缴纳或者解缴税款及滞纳金或者提供相应的担保之日起"开始计算的问题。对此,《税务行政复议规则》(以下简称《复议规则》)第 33 条规定了申请人对征税行为不服的,"应当先向行政复议机关申请行政复议……申请人按照前款规定申请行政复议的,必须依照税务机关根据法律、法规确定的税额、期限,先行缴纳或者解缴税款和滞纳金,或者提供相应的担保,才可以在缴清税款和滞纳金以后或者所提供的担保得到作出具体行政行为的税务机关确认之日起 60 日内提出行政复议申请……"从中可以发现,征税行政复议的起算点应当从"缴清税款及滞纳金或者提供相应的担保之日起"而不是"自知道该具体行政行为之日起"开始计算,亦不是从《税务处理决定书》所确定的缴纳期限届满之日起计算。

同时,税务机关常将该条认定为若纳税人未在规定期限内缴税,则失去复议救济权利。根据《中华人民共和国税收征收管理法实施细则》(以下简称《税收征管法实施细则》)第 73 条规定"责令缴纳或者解缴税款的最长期限是 15 天",纳税人难以在该期限内缴纳高额税款,由此导致救济权利形同虚设。通过检索中国裁判文书网发现,涉及征税行政复议期限争议的案例中,多以超过期限缴税或提供担保而不予受理或驳回复议申请,如徐州市中州房地产案中以纳税人超过 15 日期限提供担保驳回行政复议[1]、聚善堂诉漳州税务局案因无法支付高额税款难以提起行政复议[2]。而长春市国家税务局与吉林银行股份公司行政管理一案(以下简称吉林银行股份公司案)中,法院则针对未在规定期限内缴税即复议的行为作出相反判决,认定纳税人未因缴税问题超出复议期限,仍保有税务行政复议权,出现同案不同判的原因在于法院对于《复议规则》关于征税行政复议起算

---

[1] 参见(2020)苏 03 行终 117 号。
[2] 参见漳国税稽处〔2016〕41 号《税务处理决定书》。

点的规定存在理解差异。总结相关案例，实务中因征税行政复议期限导致纳税人救济权利受损的问题，主要包括征税行政复议期限起算点规定不明，以及税务处理决定能否改变征税行政复议起算点。本书选取学术和实践价值高、社会影响大的典型性税务司法审判案例——吉林银行股份公司案[1]作为研判对象，通过基本案情梳理、法律问题整理、学理分析等，试图厘清征税行政复议期限起算点的制度规则。

二、基本案情及法律问题

吉林银行因不服长春市税务局《税务处理决定书》而申请复议，双方及法院针对其征税行政复议申请是否超过期限等问题产生争议，现选取与本书提出问题相关案情进行分析。

（一）涉税案情梳理

2018年7月3日，长春市国税局第三稽查局作出《税务处理决定书》，并于2018年7月4日向吉林银行送达。限其自收到本决定书之日起15日内缴纳入库，若有争议，必须先依照本决定的期限缴纳税款及滞纳金或者提供相应的担保，然后可自上述款项缴清或者提供相应担保被税务机关确认之日起六十日内依法向长春市国家税务局申请行政复议。

2018年7月19日，长春市国税局稽查局作出《税务事项通知书》，并于同日向吉林银行送达，限其于2018年8月3日前缴纳税款，并从税款滞纳之日起至缴纳或解缴之日止，按日加收滞纳税款万分之五的滞纳金。若有争议，必须先依照本通知的期限缴纳税款及滞纳金或者提供相应的担保，然后可自上述款项缴清或者提供相应担保被税务机关确认之日起六十日内依法向国家税务总局长春市税务局申请行政复议。

2018年8月6日，长春市国税局稽查局作出《催告书》（行政强制执

[1] 此案被中国法学会财税法研究会评选为中国"2019年度影响力税务司法审判案例"。

行适用），并于 2018 年 8 月 8 日向吉林银行送达：限收到本催告书之日起 10 日内缴纳滞纳金，逾期仍未履行义务的，本机关将依法强制执行。2018 年 8 月 15 日，吉林银行缴清税款及滞纳金。

2018 年 10 月 8 日，吉林银行对税款征收行为不服，向长春市国税局申请行政复议。2018 年 10 月 12 日，长春市国税局作出《不予受理行政复议申请决定书》，并于同日向吉林银行送达。该复议决定书载明，吉林银行的行政复议申请超过法定申请期限，不予受理。后吉林银行提起行政诉讼，一审法院认为："吉林银行于 2018 年 10 月 8 日申请复议，符合法律规定，长春市国税局应予受理，吉林银行的诉讼请求应予支持。"长春市税务局不服，于是向长春市中级人民法院提起上诉。

二审法院认为，依据《复议规则》第 33 条规定，征税行政复议的起算点应当从"缴纳或者解缴税款及滞纳金或者提供相应的担保之日起"而不是"自知道该具体行政行为之日起"开始计算，亦不是从《税务处理决定书》所确定的缴纳期限届满之日起计算。另外，虽然规章将 15 天期限作为行政复议的申请条件，但是由于本案税务机关向吉林银行发出的法律文书确定了不同的缴税期限，因此在法律、法规没有明确规定的情况下，应按照有利于行政相对人的原则作出是否享有申请税务行政复议权利的判断，即按连续的、一个税收征管行为对待，按照最后确定的缴费期限衡量是否享有申请复议的权利且已缴清税款。因此裁定如下："原审判决认定事实清楚，适用法律、法规正确。"

（二）争议焦点问题

根据上述案情，本案争议焦点包括：征税行政复议起算点的确定标准和税务处理决定能否改变征税行政复议起算点。争议双方及法院对其观点如下：

1. 征税行政复议期限的起算点从何日开始计算

长春市国税局认为，依据《复议规则》第 33 条规定"申请人按照前款规定申请行政复议的，必须依照税务机关根据法律、法规确定的税额、期限，先行缴纳或者解缴税款和滞纳金，或者提供相应的担保，才可以在缴清税款和滞纳金以后或者所提供的担保得到作出具体行政行为的税务机关确认之日起 60 日内提出行政复议申请"，只有已在限定期限内缴纳税款或提供相应担保，吉林银行才具有行政复议权利，在规定期限内缴纳税款应解释为作为申请复议的前提条件。如不服《税务处理决定书》，应当在处理决定规定的期限内缴清税款、滞纳金或者提供纳税担保后申请行政复议，超过规定 15 天缴清税款、滞纳金已不符合对《税务处理决定书》提起行政复议的受理条件，等同于超过复议申请的期限，即丧失复议申请的权利。

原审法院认为，依据《行政复议法》第 9 条第 1 款规定"公民、法人或者其他组织认为具体行政行为侵犯其合法权益的，可以自知道该具体行政行为之日起六十日内提出行政复议申请；但是法律规定的申请期限超过六十日的除外"，即应自吉林银行收到最后一份文书且满足缴纳税款条件时起算征税行政复议期限。二审法院同样认为，征税行政复议的起算点应当从"缴纳或者解缴税款及滞纳金或者提供相应的担保之日起"而不是"自知道该具体行政行为之日起"开始计算，亦不是从《税务处理决定书》所确定的缴纳期限届满之日起计算。

2. 税务处理决定能否改变征税行政复议起算点

原审法院认为，本案中税务机关先后作出的三份文书均属于根据法律法规确定的期限，且限定的缴纳期限不同，吉林银行应按照最后所收催告书限定的缴纳期限于 2018 年 8 月 15 日缴纳税款，即实施连续征税行为应延长税务行政复议期限起算点。

　　长春市国税局称，《税务事项通知书》与《催告书》中的期限是在肯定《税务处理决定书》中的缴税期限不变的前提下，确认被上诉人具有未按《税务处理决定书》缴税的违法行为的前提下，为被上诉人设定的限期纠正的期限，故前两个文书中的限缴期限与《税务处理决定书》中的缴税期限具有不同功能、目的，相互之间不存在覆盖与替代的可能性，均不具有改变、延长《税务处理决定书》确定的缴税期限的法律效力，有关《税务处理决定书》的复议期限仍应当以该决定书所确定的缴纳期限届满之日为起点计算。

　　二审法院认为，由于我国对于连续税务处理决定下征税行政复议的期限未进行明确规定，应按照有利于行政相对人的原则作出是否享有申请税务行政复议权利的判断，确认其未超过申请时限。税务机关发出的几份税收征管相关文书，应理解为连续的一个税收征管行为，按照最后确定的缴费期限衡量是否享有申请复议的权利且已缴清税款。

三、征税行政复议期限的起算点是何时

　　明确征税行政复议期限起算点的判断标准，是保障纳税人行政救济权的前提。而我国征税行政复议由于补缴前置的规定，不同法律对其期限起算点的规定存在冲突，在实务中，争议时有发生。本部分分析国外及我国台湾地区相关立法规范，结合本案案情，对征税行政复议期限起算点的判断标准进行合理分析。

（一）域外征税行政复议期限起算时点确认规则及其启示

　　各国通常将行政复议期限起算时点同"告知"结合。《德国租税通则》第335条规定，"对于行政处分之法律救济，应于行政处分经通知后一个月内为之。对租税报告之法律救济，应于该租税报告经征缴机关收件后一

个月内为之"。[1] 其并未在提起异议或诉愿前为纳税人设定条件，直接以行政处分通知之日或租税报告经征缴机关收件时为起算点。美国联邦税收程序规定，纳税人自收到国内收入局有关部门发出要求其补缴税款的通知书"30 日函"（30-day-letter）之日起，可选择申请复议，即收到通知书时为起算时点。[2]

日本税法关于税收行政救济也有明确规定，主要分为国税和地税的不同规定，在诉讼前都要求不服申诉程序前置。国税方面，原则上需经对作出处分的税务署长进行异议申诉程序后，再经国税不服审判申请审查程序，即先对于行政处分机关提起不服申诉，再对于作出处分的行政机关以外的行政机关提起不服申诉，行政期限分别从知道处分之日（收到处分通知为收到日）及异议决定书的副本送达日的次日起算。其宗旨在于使原处分机关基于充足调查后得到再次审理的机会，既为纳税人提供救济捷径，也减轻了审判机关的负担。地税方面，对于没有上级的处分机关，可以提起异议申诉，而对于有上级行政机关的处分机关，还需向上一级提出审查请求，起算点分别为知道处分之日及知道异议申诉决定之日。[3]

我国台湾地区"税捐稽征法"第 35 条第 1 项规定，"纳税义务人对于核定税捐之处分如有不服，应依规定格式，叙明理由，申请复查：一、依核定税额通知书所载有应纳税额或应补征税额者，应于缴款书送达后，于缴纳期间届满之翌日起满三十日内申请复查。二、依核定税额通知书所载无应纳税额或应补征税额者，应于核定税额通知书送达之翌日起三十日内申请复查。三、依第十九条第三项规定受送达核定税额通知书或以公告代之者，应于核定税额通知书或公告所载应纳税额或应补征税额缴纳期间届

---

[1] 陈敏 . 德国租税通则 [M]. 台北：台湾"财政部"财税人员训练所，1985：364-365.

[2] 朱大旗，张牧君 . 美国纳税人权利保护制度及启示 [J]. 税务研究，2016（3）：78-84.

[3] 中里实，弘中聪浩，渊圭吾，等 . 日本税法概论 [M]. 西村朝日律师事务所西村高等法务研究所，
    监译 . 北京：法律出版社，2014：60-65.

满之翌日起三十日内申请复查"。我国台湾地区"诉愿法"同时规定,"纳税义务人提起诉愿,应自复查决定书或其他处分书送达之次日起三十日为之,如溯源人不再受理机关所在地居住者,应扣除在途期间,且诉愿期限之末日为星期日、纪念日或其他休息日者,不得算入","纳税义务人提起诉愿,依规定并不必缴纳复查决定应纳税额之1/2"。[1] 由此可知,我国台湾地区对于行政复议起算点的规定为:税务通知书规定的缴款日期届满次日、核定税额通知书或处分书送达次日。

综上所述,由于不存在清税前置的前提条件,德国、日本、美国等均将征税行政复议期限起算点规定为通知送达之日起,与我国《行政复议法》普通规定相同。而我国台湾地区因涉及文书中提及应缴税额的情况,将复议期限起算点向后延期到规定缴税期间届满之次日,以保障纳税人筹集税款补缴的时间不计入征税行政复议期限。同时我国台湾地区规定可在缴税期间届满前提起复议,提前结束救济程序,并未限制补缴后才可提起申请,即补缴税款并非复议必需,既保障纳税人救济权利又兼顾行政效率。

(二)征税行政复议期限的起算时点应为缴纳或解缴税款及滞纳金或提供相应担保且经税务机关确认之后

针对我国《税收征管法》及《行政复议法》中在征税行政复议期限起算点上的两种可能,实际已由《复议规则》作出解答,即于缴纳或解缴税款及滞纳金或提供相应的担保被税务机关确认后起算。然而实务中《复议规则》作为部门规章,并不能作为法院裁判依据,仅能作为参照,结合上文所述聚善堂等案及本书所选吉林银行案可知,在实务中对《税收征管法》第88条仍存在两种观点:其一,如吉林银行案法院,仍以纳税人知道具

---

[1] 陈敏.税法总论 [M].台北:新学林出版有限公司,2019:871-949.

体行政行为之日起算；其二，以缴纳税款之日起算，此后继续计算 60 日为期限。

依据《行政复议法》规定，行政复议期限应自知道该具体行政行为时起算，且期限不得少于 60 日。但由于我国针对征税行政复议的特殊规定，结合《税收征管法》所设双前置制度的限制，纳税人在提起行政复议前需补缴税款或提供担保。若仍以知道该税务处理决定时起算，则纳税人用于筹集高额税款补缴或筹集担保的时间将占用《行政复议法》规定的 60 日期限。此时，采用《行政复议法》规定时点有违其赋予行政相对人救济权的立法目的，难以限制行政机关权力，赋予纳税人的救济权利也因复议期限的变相缩减受损。而本案法院中提及的"自《税务处理决定书》所确定的缴纳期限届满之日起算"，基于同样原因并不适用。实务中，如聚善堂一案，《税务处理决定书》中规定纳税人应于 15 日内缴纳税款过亿元或提供相应担保，若自规定 15 日期满时即起算行政复议期限，纳税人难以及时筹集相应税款，仍需一定时间才可申请复议，筹集时间仍占用应有的 60 日期限。

为解决行政复议期限因纳税前置制度被占用的问题，《复议规则》中将征税行政复议起算点定为"缴纳或解缴税款及滞纳金或提供相应担保且经税务机关确认之后"。我国当前征税行政复议制度规定双前置，即将缴纳税款或提供担保作为申请征税行政复议的条件，自缴纳税款经确认后起算既确保了《行政复议法》所规定的"告知"，同时考虑到税务的特殊性，未因筹集税款时间变相缩减实际复议期限。

吉林银行一案被推选为典型税务司法判例，其推选理由之一即本案中二审法院明确了征税行政复议起算点为缴税经税务机关确认后，可用于知道相对人履行清税前置条件期限的计算问题。结合上述域外及我国台湾地区征税行政复议规定，无论自告知时起算，或是自税务决定书规定缴税期限届满之日起算（但不强制缴税前置），其立足点皆偏重于保障纳税人救济权的行使，我国现行制度以双前置制度限制纳税人申请复议，易导致纳税人行政救济权形同虚设，更应注重行政救济权的可行性，减少双前置制度对纳税人申请复议的影响。

四、税务处理决定能否改变征税行政复议期限起算点

本案中，长春市国税局曾连续对吉林银行发出《税务处理决定书》《税务事项通知书》及《催告书》皆规定了不同的缴税期限，原审法院及二审法院皆认定应以最后一份税务处理决定文书到达之日起算征税行政复议期限。针对税务处理决定能否改变征税行政复议期限起算点的问题，我国并未进行明确规定，现根据域外相关制度及行政法相关理论进行分析。

（一）域外此种情形下征税行政复议期限起算时点确认规则及其启示

《联邦德国行政法院法》第44条规定"原告人可以在同一诉讼提出数个诉讼请求，只要是针对同一个被告且请求之间有关联"。同时，《德国财务法院法》第68条规定"原告可在新的变更处分送达后一个月内，声明将增额变更部分，一并作为诉讼上之程序标的请求一并审理；亦可选择对于该增额变更处分，另案重新申请复查，进行法院外之救济程序。如纳税义务人不为声明纳入程序标的范围，又未提出申请复查，而逾越复查申请期限的，关于新增加部分不得再争执"。由此可推定，由于连续税收征管行为属于前后存在关联，德国主张由纳税人选择统一审理或另行申请复查，但期限皆自后行为告知时起算，确保了纳税人救济权的行使。

（二）学理争议

我国台湾地区所述变更处分，乃是稽征机关在不同时间对于统一税捐事件，所作出的各自独立的行政处分，即对于在客观上所成立之一个税捐债务内容，先后加以确认并具体化的行为。本案涉及国税局连续对吉林

银行发出变更性质文书，该连续税收征管行为应等同变更处分。针对变更处分及原处分之间的关系，域外存在两种学说[1]：其一，"消灭说"，即变更处分取代原课税处分之地位，原处分已不再发生任何效力，有关纳税义务之具体内容，专以变更处分为准，但自变更处分被废弃生效时，原处分又发生效力；其二，日本学者清永敬次采用的"并存说"为主流学说，即认为变更处分系有别于原处分之另一独立的行为，而只是对于原处分所核定之税额，追加或减少一定之税额的行为。金子宏同样主张"并存说"，认为如采"消灭说"，则原课税处分所为行为皆因丧失基础而溯及既往无效，于法律安定性无益。[2]

我国虽于税法领域未对连续税收征管行为的效力及复议期限予以规定，但在行政法领域有相关理论支撑。针对关联行政行为的定义及特征，行政法领域并无明显争议：关联行政行为与后续行政行为存在程序上的先后关系，关联行政行为在法律效果上具有一定的影响，即前行为的产生对后行为有一定的影响，后行为以前行为为依据或前提。[3]另有学者进一步指出，对关联行政行为的审查关系到后行为争讼行为的合法性而该行为本身并不是诉讼之标的。[4]综上所述，其定义皆与连续税收征管行为大致相似，即以后征管行为为诉讼标的，但两行为基于同一事实依据，前者关系到后者的争讼行为（如税收处理决定及税收行政处罚、税收处理决定及税收强制执行决定）。而针对关联行政行为的审查，有学者认为应采用有限实质连带审查模式，即采纳"行政行为违法性继承说"，其原因在于前行为虽

[1] 陈清秀.税法总论[M].北京：法律出版社，2019：528-531.

[2] 金子宏.租税法[M].蔡宗義，译.台北：台湾"财政部"财税人员训练所，1985：335.

[3] 夏新华，谢广利.论关联行政行为违法性继承的司法审查规则[J].行政法学研究，2017（6）：104-113.

[4] 陈红，徐凤烈.行政诉讼中前置性行政行为之审查探析[J].浙江社会科学，2008（5）.

非诉讼标的甚至可能超出救济期限，但其合法与否关乎后行为争讼结果。[1]由此可推知，行政法领域针对关联行政行为的诉讼，其期限同后行政行为一并自后者期限起算点起算，而连续税务处理决定应基于同样原因形成后行政行为，进而延长原有征税行政复议起算点。

（三）税务处理决定可延后认定征税行政复议起算点

本书认为，行政法领域观点可以直接适用于征税行政复议，即在连续税收征管行为中，以后行为告知时间起算复议期限。其原因在于税收作为特殊的行政行为，目的虽为保障国家财政收入，但税务行政复议本身立法目的在于为纳税人赋予救济权，因此应以有利于当事人主义进行解释规定。在存在连续税务处理决定时，前后征税行为基于同一法律事实，如因前行为逾救济期限认定其已产生确定效力，必然影响仍处于救济期限内的后行为之效力认定。实务中，国内法院判决同样支持此观点，聚善堂案[2]中，法院认为依据司法优先于行政原则，税务行政处罚决定因判决撤销，其税务处理决定作为前行为必然归于无效，与直接以后行为起算救济期限无异。而金星公司与安顺国税局一案[3]，法院认为虽金星公司针对税务处理决定未满足复议前置条件，无法对税务处理决定提起司法救济，但由于该税务处理决定与处罚决定在认定违法事实和适用依据方面存在着一致性，因此均予以审查。

结合相关案例及上述行政法领域观点，本案中针对连续税务处理决定，从有利于当事人的角度，应认定以最后一份文书送达之日起算征税行政复议期限有可取性，但本案中所涉最后一份文书为《催告书》，仅为过程性行为，不具有可救济性，因此不应合并入关联性行政行为。

---

[1] 王雪梅，李巨. 关联行政行为司法审查理论与实务分析 [J]. 中共乐山市委党校学报，2015（3）：93-97.

[2] 参见（2016）闽 06 行初 90 号。

[3] 参见（2017）黔 04 行终 07 号。

五、结语

征税行政复议期限的起算点认定是保障纳税人行政救济权利的基础，而我国立法针对相关内容规定并不完全。本章通过对吉林银行同长春市国税局一案所产生的争议焦点问题进行分析，结合域外相关制度，认为征税行政复议期限起算点应为清缴税款或提供担保经税务机关确认之日，而税务机关作出的连续税收征管行为，从纳税人救济权保护的角度，应认定其可延长复议期限起算点至最后一次征管行为规定之日。本章对于域外相关学理争议了解不深入，有关行政法领域的内容分析不彻底，针对相关制度在我国创建会产生的问题也并未深入探讨，应从我国税收制度特点入手，分析域外制度在我国的可行性。

| 第三章 |

税务行政诉讼案件中利害关系人的认定

——基于丁海峰案[1]的分析 *

导语

对于税务行政诉讼中利害关系人原告资格的认定，应当从行政法领域现存对于该问题的理论研究成果出发，在选择界定标准时，既不可使认定范围过于限缩违背行政诉讼原告资格逐步扩大的历史发展脉络、使纳税人权利得不到充分救济，也不可使范围过于扩张造成资源的浪费与行政效率的低下。合理的界定标准应在明确"保护规范理论"为利害关系人原告资格认定标准清晰立法表达的同时，辅之以"合法权益要件"与"不利影响要件"的双重判断结构，切实保障纳税人救济权利。

一、问题的提出

《税收征管法》第 88 条第 2 款规定"当事人对税务机关的处罚决定、强制执行措施或者税收保全措施不服的，可以依法申请行政复议，也可以依法向人民法院起诉"。该项规定并没有对可以提起税务行政诉讼的当事人的界定标准及范围作出明确的要求。《中华人民共和国行政诉讼法》（以下

---

* 此部分内容由田开友与孙玉璇合作完成，纳入本书时略有修改。

[1] 详见（2016）京 02 行终 1298 号，（2018）京 0102 行初 881 号，（2018）京 02 行再 3 号。

简称《行政诉讼法》）第二十五条第一款规定"行政行为的相对人以及其他与行政行为有利害关系的公民、法人或者其他组织，有权提起诉讼"。此项规定作为判断行政诉讼原告资格的基础性规范，对原告资格作出概括性规定，但如何判断与具体行政行为是否存在利害关系一直是一个难以把握的问题。[1]2018 年公布的《最高人民法院关于适用〈中华人民共和国行政诉讼法〉的解释》第十二条规定"有下列情形之一的，属于行政诉讼法第二十五条第一款规定的'与行政行为有利害关系'：（一）被诉的行政行为涉及其相邻权或者公平竞争权的；（二）在行政复议等行政程序中被追加为第三人的；（三）要求行政机关依法追究加害人法律责任的；（四）撤销或者变更行政行为涉及其合法权益的；（五）为维护自身合法权益向行政机关投诉，具有处理投诉职责的行政机关作出或者未作出处理的；（六）其他与行政行为有利害关系的情形"。该规定以正向列举和兜底条款的形式明确设置了六种构成利害关系人的情形，虽有一定的指导意义，但对"利害关系"的内涵以及判断路径没有作出补充界定，使《行政诉讼法》仅对原告资格进行模糊概括规定的问题没有得到有效修补。立法的模糊与缺失会导致纳税人在寻求救济时无法获取有效指引、司法机关无法运用统一的标准确立税务行政诉讼的原告资格，影响公平公正的实现，同时也会损害纳税人合法权益的实现。

对于利害关系人原告资格的认定，司法实践也存有不同的立场。如在鼎鉴行公司与国家税务总局广州市税务局第三稽查局税务行政管理一案[2]中，鼎鉴行公司认为案涉税务处理决定认定得宇行公司虚开发票的行为将对其产生不利后果，以利害关系人的身份提起诉讼，二审法院认为鼎鉴行公司非处理决定的利害关系人，不具备原告资格；再审法院认为案涉处理

---

[1] 章剑生．行政诉讼原告资格中"利害关系"的判断结构 [J]．中国法学，2019（4）：244-264.
[2] 详见（2019）粤 71 行终 4360 号、（2021）粤行再 3 号。

决定对鼎鉴行公司的合法权益产生实际影响，其具备原告资格。在富贵城公司税务行政管理[1]一案中，中国台湾富贵城公司认为其为广州富贵城公司的投资主体，案涉税务行政处理决定与其有利害关系，遂提起诉讼，但一审法院、二审法院与再审法院均否认其具备原告资格。由是观之，税务司法实践对此问题态度迥异，并不利于税法统一性与安定性的维护。在学理层面，税法学界对于该问题关注较少，并未形成理论通说，行政法学界对于如何理解"利害关系"的内涵研究较为成熟，主要包括"实际影响说""不利影响说""因果关系说"[2]与"保护规范理论"[3]等学说，对于税法学界有关该问题的理论研究具有参考价值与借鉴意义。

基于立法层面对于利害关系人原告资格的认定存在缺失与遗漏，司法实践中判定该问题时存在矛盾与对立，理论界对于"利害关系"的内涵界定也存有多种观点，如何准确理解"利害关系"继而判定是否具备原告资格已成为亟待解决的问题。本书选取学术和实践价值高、社会影响大的典型性税务司法审判案例——丁海峰与国家税务总局北京市税务局稽查局（以下简称北京市税务稽查局）税务行政处罚再审案（以下简称丁海峰案）为分析对象，通过基本案情梳理、法律问题整理、学理分析等，试图厘清税务行政诉讼利害关系人原告资格的制度规则。

二、基本案情及法律问题

（一）基本案情梳理

2007年11月9日，丁海峰出资设立十三维顾问咨询（北京）有限公司（以下简称十三维公司），该公司类型为自然人独资有限责任公司，

---

[1] 详见（2020）最高法行申3781号。

[2] 王克稳.论行政诉讼中利害关系人的原告资格——以两案为例 [J].行政法学研究，2013（1）：38-45.

[3] 赵宏.原告资格从"不利影响"到"主观公权利"的转向与影响——刘广明诉张家港市人民政府行政复议案评析 [J].交大法学，2019（2）：179-192.

丁海峰为法定代表人。2012 年 5 月 16 日，十三维公司注销。2015 年 11 月 27 日，北京市税务稽查局作出京国税稽罚〔2015〕JW2 号《税务行政处罚决定书》（以下简称《处罚决定书》），决定对该公司 2009 年 1 月 1 日至 2011 年 12 月 31 日之间的违法行为作出处罚。2015 年 12 月 2 日，丁海峰缴纳了罚款并向北京市国家税务局（以下简称北京国税局）提交《税务行政复议申请书》，2015 年 12 月 9 日，北京国税局要求丁海峰明确是以本人名义提出复议申请，还是以企业名义提出复议申请。2015 年 12 月 17 日，丁海峰最终明确其以个人名义提出复议申请。2015 年 12 月 28 日，北京国税局认为丁海峰并非处罚决定的行政相对人，其合法权益并未受到侵犯，故不予受理其行政复议申请。后丁海峰针对处罚决定向北京市西城区人民法院（以下简称西城区法院）提起行政诉讼。西城区法院认为《处罚决定书》是北京市税务稽查局对十三维公司作出的行政行为，并未对丁海峰创设任何权利义务，亦未对丁海峰的合法权益明显产生实际影响，丁海峰与该行政行为没有法律上的利害关系，作出（2016）京 0102 行初 154 号行政裁定驳回起诉。丁海峰不服一审裁定向北京市第二中级人民法院（以下简称北京二中院）提出上诉，北京二中院认为丁海峰并非案涉行政处罚决定的行政相对人，判决驳回上诉，维持一审裁定。丁海峰不服，向北京市高级人民法院（以下简称北京高院）申请再审。北京高院于 2017 年 11 月 24 日指令北京二中院再审本案。北京二中院再审认为十三维公司已经于 2012 年注销，其作为责任承担主体的法律地位已不存在，丁海峰作为十三维公司唯一的股东，是该行政行为的利害关系人，具有对《处罚决定书》提起诉讼的权利，裁定撤销上述一、二审裁定，指令西城区法院继续审理本案。2019 年 10 月 10 日，西城区法院作出判决认为丁海峰是案涉行政行为的利害关系人，具有对被诉处罚决定提起诉讼的权利，是适格原告。

（二）法律问题整理

通过对案情的简单梳理，可以发现本案争议的主要问题是丁海峰能否作为利害关系人而提起行政诉讼，也即其是否具备原告资格。在解决该问题之前，首先需要判断的是北京市税务稽查局对已经注销的十三维公司作出的处罚决定是否有效。

三、主体灭失后税务行政处罚的效力辨析

判断丁海峰是否是案涉具体行政行为的适格原告首先需要明晰的是该具体行政行为是否合法有效，也即北京市税务稽查局能否对已经灭失的十三维公司作出相应的税务处罚决定。

（一）主体灭失后税务行政处罚的效力问题

关于北京市税务稽查局对已经注销的十三维公司所作处罚决定是否有效这一问题，丁海峰认为，《处罚决定书》作出之时，十三维公司已经处于注销状态，在主体灭失的情况下，北京市税务稽查局作出的税务处罚决定自始无效。

北京市税务稽查局认为，根据我国宪法的规定，依法纳税是所有单位和个人的法定义务，企业不能通过办理注销手续而变相免除其依法纳税的义务。同时根据《税收征管法》的相关规定 [1]，没有办理税务登记的纳税人产生纳税义务，税务机关同样有权对其征收税款。因此，对于十三维公司的违法行为，税务机关有权追缴其不缴、少缴的税款，对其作出行政处罚。

具体行政行为是否合法有效是审查起诉主体是否具备原告资格的一项重要影响因素。[2] 在丁海峰案中，北京市税务稽查局作出的税务处罚决定是

---

[1]《税收征管法》第 37 条规定："对未按照规定办理税务登记的从事生产、经营的纳税人以及临时从事经营的纳税人，由税务机关核定其应纳税额，责令缴纳。"

[2] 王克稳 . 论行政诉讼中利害关系人的原告资格——以两案为例 [J]. 行政法学研究，2013（1）：38-45.

否合法有效是判断丁海峰能否作为利害关系人提起行政诉讼的前提要件。

（二）北京市税务稽查局作出的处罚决定具有效力

税务执法应以法律事实为准，税务登记是法律要求纳税人接受国家税务管理和税务机关进行日常税收管理的手段，而绝非确认纳税人的法定条件。所以，办理税务登记与否不是决定能否成为纳税人和是否应当依法纳税的前提。公民、法人或者其他组织是否属于纳税人、是否应当依法纳税，关键在于是否发生了应当纳税的生产、经营行为，对注销工商登记且未办理税务登记的企业应当以实际经营行为按照实质重于形式的原则追缴税款。[1]根据《税收征管法》第三十七条的规定，办理税务登记并非确定纳税主体的必要条件，即使未办理税务登记，但只要实际上从事了生产经营，即便是临时经营，都属于依法应当缴纳税款的纳税人。根据上述原理及法律规定，丁海峰案中的十三维公司虽然已经注销，但北京市税务稽查局所作的税务处罚决定是针对其未注销之前的违法行为，如果纵容企业通过办理注销手续逃避对其偷逃税款等违法行为的处罚，将对国家税款征收工作造成巨大损害，破坏税法的权威性。因此，北京市税务稽查局对十三维公司作出的处罚决定是于法有据且符合立法原意的，出于保障国家征税权的需要，应当将其认定为有效的具体行政行为。

四、利害关系人原告资格的判断标准辨析

在确认北京市税务稽查局对十三维公司作出的处罚决定具有法律效力后，需要解决的问题就是丁海峰是否应当被认定为利害关系人，即其是否具备原告资格。在立法层面对于利害关系人的界定标准存在概括规定与规则缺失的情况下，可以从学理研究层面探究利害关系人原告资格认定标准的理论内涵，为问题的解决提供可行方案。

---

[1] 高勇，诸葛续亮.一起与纳税主体身份变更有关的案例分析 [J].税务研究，2017（3）：75-78.

（一）利害关系人原告资格判定学理共识与分歧

根据《行政诉讼法》第二十五条之规定，行政行为的相对人和其他与行政行为有利害关系的公民、法人或其他组织有权提起诉讼。行政相对人的原告资格在行政诉讼原告资格制度的发展过程中得到广泛确认，但由于"利害关系"本身是一个不确定的法律概念，理论界对其内涵的理解存在多种观点，主要包括"实际影响说""不利影响说""因果关系说"和"保护规范理论"。

行政法学界普遍认为行政诉讼原告资格制度的发展经历了四个阶段：直接利害关系人标准阶段、行政相对人标准阶段、法律上利害关系标准阶段与利害关系标准阶段。[1] 对本案有参考价值的主要包括"法律上利害关系标准阶段"与"利害关系标准阶段"的理论观点。对于如何理解"有法律上利害关系"存在如下学说：1. 实际影响说，即只要具体行政行为对起诉人的权利义务产生了实际的影响，不论该影响是直接还是间接的，起诉人即具有原告资格。2. 不利影响说，即具体行政行为对起诉人的合法权益造成了不利影响，即其具有原告资格。3. 因果关系说，即公民、法人或其他组织的合法权益与具体行政行为间存在因果关系是判断有无法律上利害关系的标准。[2] "利害关系标准"阶段判定利害关系存否的基本要素包含行政行为、合法权益以及因果关系三项。合法权益包括实体权益与程序权益[3]，当合法权益被确认存在时，利害关系是否成立接续所须进一步探讨的问题，即合法权益是否受到行政行为不利影响，包括两方面内容，一是合法权益是否受到不利影响，二是合法权益受影响与行政行为的因果关系强弱。[4]

---

[1] 程琥. 行政法上请求权与行政诉讼原告资格判定 [J]. 法律适用，2018（11）：18-28.

[2] 王克稳. 论行政诉讼中利害关系人的原告资格——以两案为例 [J]. 行政法学研究，2013（1）：38-45.

[3] 王青斌、张莹莹. 论投诉人和举报人在行政诉讼中的原告资格 [J]. 求索，2022（4）：186-195.

[4] 谢明睿. 论行政诉讼原告资格中的利害关系 [J]. 公法研究，2021（1）：46-86.

"保护规范理论"起步于德国，对日本行政诉讼法的制度运行也产生着重要的影响。[1]我国对于"保护规范理论"的引入源于刘广明诉被申请人张家港市人民政府案（以下简称刘广明案）中最高法院在（2017）最高法行申 169 号行政裁定中的裁判意见，该案首次系统阐释了保护规范理论，为原告资格的利害关系判断标准提供了新思路，对扩大行政诉讼权益救济范围、充分保障当事人诉权有着积极意义。[2]该理论内涵为：若个案中所适用的法规存在保护私人利益的目的，那么该规范即为保护规范，私人基于这种规范享有请求权。[3]有学者从刘广明案的裁判理由中总结出"保护规范理论"下"利害关系"三要件的判断结构：1.公法规范要件，即行政诉讼中的"利害关系"原则上限于公法上的利害关系，除非有法律特别规定的情形，才有可能向私法领域扩展。2.法定权益要件，即行政机关应当"考虑、尊重和保护"的权益必须是法定的，主要由制定法规定，有时也包括不具有法属性的行政规范性文件，特殊情况下也包括行政惯例。3.个别保护要件，即行政机关作出行政行为所依据的行政实体法要求行政机关"考虑、尊重和保护"特定的、个别的公民、法人或其他组织的权益。[4]该理论引发了学术界和实务界热烈的讨论，支持者有之，反对者也不乏其人。[5]支持该理论的学者认为此种原告资格判断结构淡化了行政诉讼原告资格判断标准的主观性，也增加了其可操作性，对我国行政诉讼原告资格的判定发挥了重要的推进作用，对于重新考量行政实体法与行政诉讼法的关联、

---

[1] 朱芒.行政诉讼中的保护规范说——日本最高法院判例的状况 [J].法律适用，2019（16）：109-120.

[2] 何天文.保护规范理论的引入抑或误用——刘广明诉张家港市人民政府行政复议案再检讨 [J].交大法学，2020（4）：198-206.

[3] 王贵松.行政法上利害关系的判断基准——黄陆军等人不服金华市工商局工商登记行政复议案评析 [J].交大法学，2016（3）：168-176.

[4] 章剑生.行政诉讼原告资格中"利害关系"的判断结构 [J].中国法学，2019（4）：244-264.

[5] 倪洪涛.论行政诉讼原告资格的"梯度性"结构 [J].法学评论，2022（3）：36-50.

原告资格与诉讼的整体定位关联具有启发意义。[1] 反对"保护规范理论"的学者认为该理论与我国国情不相适应，其适用可能造成司法保护范围的限缩。[2]

（二）"利害关系人"原告资格判断的合理路径

税务行政诉讼作为纳税人权利救济的最后一道防线，既不可过于限缩原告资格范围使税务机关行政权力得不到应有的监督与制约、纳税人合法权益得不到充分保护；亦不可过于扩张原告资格范围使纠纷解决的效率降低、导致纠纷的扩大化。

"保护规范理论"通过判断行政机关作出行政行为时所依据的行政实体法和所适用的行政实体法律规范体系，是否要求行政机关考虑、尊重和保护原告诉请保护的权利或法律上的利益作为判定其是否具有诉权的依据，相较于以往规定中对于"利害关系"内涵界定的含糊表达，具备明确的指引性。但仅以公法规定中是否要求行政机关作出行政行为时应当考虑到原告诉请保护的利益为判断存在利害关系的标准，难免会导致司法适用的机械化。[3] 因此，合理的"利害关系人"原告资格判断标准应在明确"保护规范理论"为清晰立法表达的同时，辅之以"合法权益要件"与"不利影响要件"的双重判断结构，即"是否存在合法权益"与"行政行为是否对合法权益造成不利影响"。如果"保护规范理论"无法包含，但案件事实确实符合"合法权益"与"不利影响"的双重判断结构，那么也应当考虑将利害关系人原告资格判断范围做适当扩张。

---

[1] 章剑生.行政诉讼原告资格中"利害关系"的判断结构 [J].中国法学,2019（4）:244-264;赵宏.原告资格从"不利影响"到"主观公权利"的转向与影响——刘广明诉张家港市人民政府行政复议案评析 [J].交大法学,2019（2）:179-192.

[2] 成协中.保护规范理论适用批判论 [J].中外法学,2020（1）:88-103.

[3] 丁国民,马芝钦.行政诉讼中原告"利害关系"的司法审查新标准——以"保护规范理论"的规范化适用为中心 [J].河北工业大学学报（社会科学版）,2020（1）:45-51.

　　具体到丁海峰案中，关于丁海峰能否作为本案有利害关系的公民而提起行政诉讼这一争议焦点，丁海峰认为，北京市税务稽查局送达《处罚决定书》时，十三维公司已经灭失，北京市税务稽查局并未写明受送达人，其作为受送达人在《税务文书送达回证》上注明"我是该公司原法人，该公司已注销，我是以个人名义签，然后以个人名义给付钱款并进行复议和诉讼"，因此其是《处罚决定书》的实际签收人。并且，其在朝阳支行通过个人账户实际缴纳税款和罚款。作为《处罚决定书》的实际签收人和罚款的实际缴纳人，北京市税务稽查局作出的处罚决定对其合法权益已经产生重大影响，十三维公司是一人有限公司，在公司注销的情况下，只能由唯一的股东丁海峰行使相应的权利。北京市税务稽查局则认为，根据《税收征管法》第五十七条的规定[1]，丁海峰仅是作为该公司的原法定代表人履行配合税务机关对该公司查处的义务，该局从未对丁海峰设定任何实质性的义务，丁海峰既非行政行为的相对人也并非利害关系人。

　　如果仅以"保护规范理论"的视角判断，公法上并未有行政行为作出时丁海峰的权利应当受到保护与考虑的实体法依据，但案件事实中并非不存在丁海峰的权利受到损害以及需要对其进行救济的情形；若从"合法权益"与"不利影响"的双重判断结构看，在企业注销后，丁海峰作为自然人独资有限责任公司的唯一股东，应当以其出资为限对公司承担责任，在公司涉嫌偷逃税款等违法行为时，丁海峰应当在其出资范围内对公司违法行为承担责任，税务机关在对十三维公司作出相关税务处罚决定时，自然会触及该公司的唯一股东丁海峰的权益，丁海峰所缴纳的罚款与欠缴税款即可视为对其合法的财产权益产生不利的影响。因此，应当认定丁海峰与

----

[1]《税收征管法》第 57 条规定："税务机关依法进行税务检查时，有权向有关单位和个人调查纳税人、扣缴义务人和其他当事人与纳税或者代扣代缴、代收代缴税款有关的情况，有关单位和个人有义务向税务机关如实提供有关资料及证明材料。"

北京市税务稽查局的税务处罚决定具有法律上的利害关系，可以作为利害关系人享有原告资格。因此，在税务行政诉讼利害关系人原告资格认定问题中，将"合法权益"与"不利影响"的双重判断结构作为"保护规范理论"的补充界定标准，既能够使纳税人权利得到全面的保护与救济，也符合行政诉讼原告资格逐步扩大的历史发展趋势，同时也不会使"保护规范理论"在我国的适用显得过于生硬与机械化。

五、结语

原告资格认定问题是行政诉讼得以展开的基础，对诉讼过程的顺利进行具有积极意义。《行政诉讼法》在形式上划分了行政相对人与利害关系人两种原告，行政相对人的原告资格在理论界与实务界已获得广泛认同，但《行政诉讼法》及其配套司法解释并未对"利害关系"内涵及判断方法进行明确界定，这不仅导致理论界对"利害关系"标准的研究存在多种观点，无法形成统一认识，同时也导致司法实务界在判断利害关系人与行政机关的行政行为之间是否存在"利害关系"时做法各异，出现同案或者类案不同法院不同裁判的现象，极大地降低了司法的权威性与稳定性。税务行政诉讼作为行政诉讼在税务领域的实践，有其特殊性，但行政法领域的相关理论研究对其也具有极高的参考价值。本研究主要分析了利害关系人原告资格在税务行政诉讼中的理论选择，对如何将该理论在立法与司法实践层面进行完善的分析还有所欠缺。可以考虑未来在《税收征管法》抑或《行政诉讼法司法解释》的修订中，在"保护规范理论"指引下，辅之以"合法权益"与"不利影响"的双重判断结构，将行政领域利害关系人的原告资格认定问题予以明确化，以期达成司法实践中的统一，维护税法的权威与公正，使纳税人救济权得到切实保护。

| 第四章 |

纳税人偷税主观故意的举证责任分配

——基于北京中油国门油料销售有限公司案[1]的分析 *

导语

    纳税人偷税行为的主观故意是税务行政执法过程中税收违法行为认定及税务行政处罚依据的重要因素。现行税收征管法律体系中虽未明文规定纳税人主观故意是偷税行为的构成要件，但可从其规定的偷税行为的具体行为推论出税收违法行为的构成要件必须考虑纳税人的主观故意。刑法上规定纳税人的主观故意是偷逃税犯罪构成要件，从税法整体化角度出发，税法应当对纳税人偷税行为的主观故意要素进行系统化的考虑。在此基础上明确税务机关对于纳税人主观故意举证责任义务，同时以"纳税人协力"和征税实践差异作为纳税人与税务机关在偷税主观故意举证责任分配上的衡量依据，通过合理的分配制度保证税务机关合理履行其职能的同时也能兼顾纳税人权益的保障。

一、问题的提出

    《税收征管法》第 63 条第 1 款规定："纳税人伪造、变造、隐匿、擅

---

* 此部分内容由田开友与吴洁合作完成，纳入本书时略有修改。

[1] 参见（2014）顺行初字第 26 号、（2017）京 03 行终 164 号、（2017）京行申 1402、（2018）京 03 行再 7 号。

自销毁账簿、记账凭证，或者在账簿上多列支出或者不列、少列收入，或者经税务机关通知申报而拒不申报或者进行虚假的纳税申报，不缴或者少缴应纳税款的，是偷税。"虽然《税收征管法》未明示纳税人主观要素在税务行政处罚中的地位，但其对于纳税人税收违法行为的认定显然是至关重要的。近年来，对于《税收征管法》第63条中的适用情形，实务界和理论界就偷税的构成要件是否应当包括纳税人的主观故意存在一定的分歧。在税务行政执法过程中亦会在是否以纳税人的主观故意为认定偷税行为的构成要件上有争议。此外，仅凭税务机关搜集的相关证据对纳税人偷税行为进行认定，而不考虑其主观故意心态，难以证明纳税人存在税收违法行为，这也成为近年来税务机关在涉税诉讼中败诉的主要原因。基于此，提高税务机关在征税过程中对纳税人在相应违法行为中的主观心理活动的重视程度尤为重要。本书选取学术和实践价值高、社会影响大的典型性税务司法审判案例——北京中油国门油料销售有限公司案作为研判对象，通过基本案情梳理、法律问题整理、学理分析等，明确税务机关在对纳税人偷税行为进行认定时应以主观故意为构成要件，在此基础上分析税务机关在这一问题上所应承担的举证责任。

二、基本案情及法律问题

（一）基本案情梳理

2013年7月15日，被告北京市顺义区国家税务局（以下简称顺义国税局）以原告北京中油国门油料销售有限公司（以下简称油料公司）与济宁市泓源化工经贸公司（以下简称泓源公司）在没有真实的货物交易情况下，取得泓源公司开具的186份山东增值税专用发票，系泓源公司虚开，并将进项税31209130.26元分别在2010年12月、2011年1月、2011年2月申报抵扣，根据《国家税务总局关于纳税人取得虚开的增值税专用发票处理问题的通知》(国税发〔1997〕134号)(以下简称134号文)第一条、《税收征管法》第六十三条规定,原告取得虚开增值税专用发票用于抵扣税款的行为是偷税。据此,顺义国税局于2013年7月15日作出顺国处〔2013〕7号《税务处理决定书》和顺国罚〔2013〕212号《税务行政处罚决定书》,决定追缴油料公司少缴的增值税31209130.26元,并对其从滞纳税款之日起至实际缴纳税款之日止按日加收万分之五的滞纳金。原告认为本单位业务的具体负责人徐国利是在明确有真实货物交易并已有买方的事实下才与泓源公司进行直销业务活动,原告主观上不具有偷税的故意。为此,原告请求法院撤销被告所作出的顺国罚〔2013〕212号《税务行政处罚决定书》。一审法院北京市顺义区人民法院在审理过程中查明:泓源公司与原告之间没有实际货物购销的情况,原告所获取的186份增值税专用发票确属虚开,原告将该186份发票抵扣了进项税款,实际上少缴了税款,造成了国家税收损失,且原告提交的证据并不能证明其不明知三方没有真实的货物交易。因此一审法院根据《税收征管法》及134号文规定,认为原告构成偷税行为。

上诉人油料公司不服一审法院的行政判决,向北京市第三中级人民法院提起上诉。首先在案件事实认定上,上诉人认为自己并没有偷税的主观故意,也没有不缴或者少缴税款造成国家税款损失的结果,另外在主观故意的举证责任分配上,认为主观故意是偷税行为认定所需的前提条件,行政机关应当承担举证责任,一审法院错误地分配了举证责任。二审法院认为油料公司在客观上存在使用他人虚开的专用发票向税务机关申报抵扣税款的行为。另外油料公司作为一家主要从事成品油销售业务的企业,理应熟悉成品油销售业务及风险,同时具备企业财务管理的基本常识,综合案件的情况,对油料公司所持其不具有主观过错的主张不予支持,故二审维持了原审判决。

二审之后，油料公司不服其作出的判决，向北京市高级人民法院申请再审。再审申请人油料公司认为一审、二审判决对于主观故意的举证责任分配错误，不应以申请人举证不力就认定申请人具备偷税的主观故意。经过审查，北京市高级人民法院认为当事人的主观方面是认定偷税行为的必要构成要件，行政机关以偷税行为为由对当事人作出行政处罚，在当事人提起行政诉讼中应当就此承担举证责任。本案中顺义区国税局没有就油料公司少缴应纳税款的主观方面进行调查和认定，在诉讼过程中也没有就此提交相应的证据。一审、二审判决在当事人之间对于油料公司的偷税主观故意的举证责任分配上存有错误。再结合一审、二审法院对于此案事实认定方面存在的不足，北京市高级人民法院支持了油料公司的再审请求，指令北京市第三中级人民法院再审。再审法院认为原审法院没有查明法律事实，也没有对油料公司提交的多项证明其无偷税的主观故意的证据说明不予采纳的理由，因此再审法院判决撤销本院二审行政判决及北京市顺义区人民法院的一审行政判决，并发回一审法院重审。

（二）法律问题归纳

本案被评选为中国首届"年度影响力税务司法审判案例"之一，评委推选的理由是，"税法规定了各种具体违法行为，每一种违法行为，其主客观表现形式都是不一样的。该裁定明确了偷税行为的构成要件必须具备主观故意，从而揭示偷税概念的本质特征；澄清了认定偷税行为的举证责任主体和举证责任分配。由于该案强调和厘清了以往税务司法审判实践中一些容易混淆和模糊的重要规则，引起了广泛的关注"。[1] 细酌这段推选理由，至少可以整理出如下两个值得进一步探讨的问题：

偷税行为的构成要件是什么？欲判定当事人是否构成偷税行为，当先

---

[1] 参见"中国首届'年度影响力税务司法审判案例'之十：北京中油国门油料销售有限公司诉北京市顺义区国家税务局案"，北大法宝司法案例数据库，法宝引证码：CLI.C.67642877。

明了何为偷税及其构成要件。本案中当事人在偷税是否以主观故意为必要条件这一问题上各执一词。原告认为认定偷税必须以主观故意作为构成要件，并且在整个案件的审理程序中向法院提交了多项证据用以支持其没有偷税故意的主张，其从案涉交易形式的正当性、合法性及"先买后卖"的交易方式不会导致应纳税额的变化，即不会少缴、不缴税款造成国家税收损失的法律后果。但被告顺义国税局认为主观故意并不是偷税行为的必备要件，其认为《中华人民共和国行政处罚法》没有规定行政处罚要考虑违法者的主观过错，《税收征管法》第六十三条的规定也没有对偷税的构成直接或间接明确须以主观故意为构成要件，最后其认为偷税的"偷"字和手段隐含着主观故意的性质，纳税人的行为如果符合这两种特征，就不需要另行认定主观故意的问题。因此，以本案原、被告在这一问题上的争议为法律问题，应当对主观故意是否是偷税行为的构成要件进行分析，进一步分析其中的法理基础。

偷税的主观故意的举证责任该如何分配？举证责任的认定主体和举证责任的分配仍是当前税务司法审判实践中容易混淆和模糊的规则，这关系到当事人在诉讼中的权益。原告上诉时认为，在行政处罚程序以及行政诉讼中，行政机关应当承担举证责任，本案中被告顺义国税局认定油料公司构成偷税行为，而主观故意作为偷税行为所需的前提条件，顺义国税局在作出税务处罚决定及在行政诉讼中，应当对其少缴税款的主观方面进行调查并在诉讼中提交证据证明其具有偷税的主观故意。原告认为一、二审法院以其举证不力，即认定其具备偷税主观故意，存在举证责任分配错误的情况。而被告在再审中辩称，执法过程中行政机关对主观方面的判断上存在举证困难，一般采用推定方式或者从行为进行判断，且认为一、二审法院以客观归责和推定方式考虑了主观方面。本案经过一审、二审、再审程序，法院的裁判理由层出不穷，由此可见偷税主观故意的举证责任分配在税务行政诉讼中仍存在较大的争议。

三、纳税人偷税行为是否以主观故意为必要条件

行政处罚是行政机关依据法定职权和程序，对违反行政法规范但尚未构成犯罪的相对人，给予行政制裁的具体行政行为，其价值在于维护社会秩序稳定，保障国家及公民权利。[1]税务行政处罚的合理合法性关系到纳税人的切身利益，在行政执法的过程中考虑纳税人的主观因素是税法基本原则的要求，也是与刑法中逃税罪的衔接所需要的。

（一）偷税行为的制度沿革与规范表达

偷税这一概念最初来源于"五反"运动，当时人们以是否具有主观上的故意对漏税和偷税进行区分。由此可见，偷税这一概念从一出现开始即具有故意的内涵。对于偷税进行立法上的规定是1982年的《外国企业所得税法施行细则》，其第45条规定："偷税，是指纳税人有意违反税法规定，伪造、涂改、销毁账册、票据或者记账凭证，虚列、多报成本、费用，隐瞒、少报应纳税的所得额或收入额，逃避纳税或骗回已纳税款等违法行为。"该法条对纳税人的主观心态进行了相应的规定，明确了偷税行为的主观方面要求"有意"。1986年国务院颁布的《税收征收管理暂行条例》第37条明确对漏税、欠税、偷税、抗税等税收违法行为的概念进行了明确规定，其延续了"五反"运动时期对偷税的含义界定。虽然在此条例中对"偷税行为"的规定并没有出现"有意""故意"等用词，其以故意对"漏税"和"偷税"进行区分，因此该条例实际上已经将"故意"作为偷税行为的主观要件了。1992年在原先《税收征管条例》及有关单行法规的基础上，并参照国际惯例，我国《税收征管法》将偷税规定为："纳税人采取伪造、

[1] 王志坤.行政处罚概念质疑[J].内蒙古民族大学学报（社会科学版），2011（6）：99-101.

变造、隐匿、擅自销毁账簿、记账凭证，在账簿上多列支出或者不列、少列收入，或者进行虚假的纳税申报的手段，不缴或者少缴应纳税款的，是偷税。"其对"偷税"的规定并未强调"故意"，并且放弃了漏税的概念，因此被放弃的"漏税"行为有一部分被纳入"偷税"的概念中。但这部《税收征管法》对偷税的具体手段进行列举和限定，所以这并不意味着偷税行为涵盖漏税。换句话说，偷税行为与漏税行为有着本质上的区别，其是一种故意行为。

1995 年第八届全国人大常委会第十二次会议通过的《关于修改〈中华人民共和国税收征收管理法〉的决定》没有对"偷税"条款进行修改。2001 年全国人大常委会修订的《税收征管法》对偷税行为所采取的方式和主要特点进行了描述。其规定纳税人采取伪造、变造、隐匿、擅自销毁、拒不申报、虚假纳税申报等手段，不缴或者少缴应纳税款的，是偷税。这些偷税行为的主要方式无一不涵盖主观故意的心态。另外，在第 52 条第 1 款中规定，如果纳税人、扣缴义务人不缴或者少缴税款是由税务机关所导致的，即纳税人、扣缴义务人主观上没有偷税的故意，那么其仅需补缴税款，不予处罚，也不加收滞纳金。第 2 款规定纳税人、扣缴义务人计算错误等失误，未缴或者不缴税款的，也不予行政处罚。这一规定可看出税法中没有将计算错误这种主观上的过失作为税务行政处罚的理由，而是不缴或者少缴税款具有主观上的故意时，才会对其进行税务处罚。[1] 2001 年颁布的《税收征管法》在经历了国务院法制办和国家税务总局办公厅在 2013 年、2014 年及 2015 年的《税收征管法修订草案》（征求意见稿）之后，其对偷税行为的规定，尤其是主观心态上的规定没有作任何改动。

1979 年所通过的刑法对偷税行为进行了首次规定，但其仅出现了偷

---

[1] 白玉纲 . 关于偷税问题的研究 [J]. 扬州大学税务学院学报，2005（2）：50-54.

税的概念，并未对偷税行为进行具体的解释。最高人民检察院于 1986 年 3 月明确规定"偷税是指纳税人有意违反税收法规，用欺骗、隐瞒等方式逃避纳税，情节严重的行为"。这一规定也将纳税人的主观心态通过"有意"一词进行明确。[1] 1992 年通过的《中华人民共和国全国人民代表大会常务委员会关于惩治偷税、抗税犯罪的补充规定》（以下简称《补充规定》）中对偷税行为进行了规定，即将"纳税人采取伪造、变造、隐匿、擅自销毁账簿、记账凭证，在账簿上多列支出或者不列、少列收入，或者进行虚假的纳税申报的手段，不缴或者少缴应纳税款的，是偷税。偷税数额占应纳税额的 10％以上并且偷税数额在 1 万元以上的，或者因偷税被税务机关给予二次行政处罚又偷税的"规定为偷税行为。这一刑法上的规定与同年通过的《税收征管法》的规定首次达成了一致，其中关于纳税人所采取的行为方式刑法上和税法上都强调了主观上的故意。1997 年在 1992 年通过的《补充规定》的基础上对偷税进行了修订，增加"经税务机关通知申报而拒不申报"的行为为纳税人偷税行为之一，其与先前的偷税主观故意心态保持一致。[2] 直至 2009 年《刑法修正案（七）》虽然将"偷税罪"更名为"逃税罪"，但其直接将纳税人的行为规定为采取欺骗、隐瞒手段进行虚假纳税申报或者不申报，逃避缴纳税款。其仍强调纳税人采取欺骗、隐瞒手段这一主观上的故意心态。

（二）偷税行为构成要件的学理论争

在税务行政处罚中在对纳税人偷税行为认定时，是否应将"主观故意"作为要件在学界长期以来一直具有争议。

1. 肯定说

持肯定说的学者认为，偷税行为的认定应考虑纳税人的主观故意性。

---

[1] 饶凌乔．偷税漏税概念的产生及入法源流考 [J]．税务研究，2015（6）：121-125.

[2] 钱俊文．偷税、逃税的概念辨析及相关制度完善 [J]．税务研究，2016（9）：79-83.

首先，日本税法学家金子宏认为在对税程序法和税诉讼法的研究时通常都是通过行政程序法的一般理论和行政诉讼法的理论对其进行分析，基于此，其将税程序法规定为税行政法。[1] 在此基础上，我国学者何小王认为行政犯罪只是一种严重危害行政管理活动和行政秩序的违法行为，其只是在情节上更为严重。无论是行政法中的行政违法构成要件还是犯罪构成要件，都强调行为人的主观故意。偷税与偷税罪的关系就是行政违法和行政犯罪的一种，因此这两种行为只是程度上的差异，在行为上的表现具有一致性，即包括主观方面上一致性。刑法上偷逃税犯罪需考虑犯罪人的主观故意因素，那么在税收行政执法中也就同样需要考虑纳税人的主观故意性，否则就会造成冲突。[2] 在这一认同理由上，有学者认为税法上与刑法上对于偷税行为的规定，可以"质的统一，量的差异"来理解。[3] 其次，有学者认为税法上对于偷税行为的规定即"采取欺骗、隐瞒手段进行纳税申报"，这一立法上的规定已对故意要件的要求非常明确了。[4] 也有学者从习惯法对偷税行为进行理解，其认为将主观故意作为认定偷税的构成要件更贴近人们的生活习惯。[5] 明确主观因素作为要件之一符合大众的思维，符合人们的习惯。[6] 亦有学者直接通过税法规定的字面意义进行理解，认为"编造""虚假"等词本身包含了故意的含义，因此，构成偷税行为只能是故意。[7] 最后，有税务实践经验的学者通过案例分析及《税收征管法》中对"偷税"

[1] 金子宏. 日本税法 [M]. 战宪斌，郑林根，等译. 北京：法律出版社，2004：67.

[2] 何小王. 论偷逃税违法以主观故意为要件 [J]. 中南林业科技大学学报（社会科学版），2010（2）：60-62.

[3] 李海滢，金玲玲. 我国偷税罪立法完善新思维——以刑法与税法之协调为进路 [J]. 政治与法律，2009（3）：42-47.

[4] 郭昌盛. 逃税罪的解构与重构——基于税收制度的整体考量和技术性规范 [J]. 政治与法律，2018（8）：53-71.

[5] 袁森庚. 论偷税故意 [J]. 税务与经济，2007（6）：66-70.

[6] 于成章，耿文辉. 偷税行为及其法律责任 [J]. 河南税务，2002（24）：3.

[7] 高林，张金川，刘文升. 浅析偷税的认定 [J]. 洛阳师范学院学报，2007（4）：178-180.

概念的明确，认为主观故意是判定纳税人偷税的核心要件之一，尤其是对于《税收征管法》中对偷税具体行为的第四种手段，即纳税人通过在账簿上多列支出或者不列、少列收入的主观状态，需要加以考虑。[1]

2. 否定说

持否定说的学者认为：认定偷税行为不需要考虑纳税人是否具有主观心态上的故意性。[2]税务行政处罚实际征税过程中常常存在不考虑纳税人主观故意而认定其构成偷税的现象。税务机关往往认为只要纳税人的行为符合《税收征管法》第63条所列举的具体行为，造成不缴或者少缴应纳税款的结果，不论纳税人的主观上是否具有故意，即可认定偷税行为。而学界认同这一观点的理由主要是：主观故意不是现行《税收征管法》第63条规定的偷税行为的构成要件，同时这也是行政法过错推定原则所认同的，行政处罚不用考虑相对人的主观过错，只要相对人实施了违法行为，造成违法后果，就会受到行政制裁。[3]同时在国家税务总局并未出台相应文件专门针对偷税认定进行解释，在发布的有关指导行政处罚的文件中，也没有提出税务机关需要对当事人的主观故意进行认定。学者薛娟认为偷税不问主观状态符合行政法过错推定的归责原则和《税收征管法》第63条的立法本意。[4]税务机关过多地关注当事人的主观因素，在税收行政行为的认定中适用过错责任原则，就会加强行政主体的义务的道德色彩。也有学者认为，刑法上以四要件强调偷税犯罪主观方面的故意，作为税收行政上的偷税行为属于客观归责，并没有强调纳税人的主观故意性。

---

[1] 刘天永 . 偷税行为定性分析 [J]. 山东国资，2021（8）：104-105.

[2] 彭志华，邓素云 . 如何定性偷税 [J]. 中国工会财会，2005（5）：78.

[3] 陈少英 . 税法学教程 [M]. 北京：北京大学出版社，2005：486.

[4] 薛娟 . 偷税认定的理论争议与实践检思——以主观故意的认定为视角 [J]. 税法解释与判例评注，2017（8）：121-167.

（三）偷税行为应以纳税人的主观故意为必要条件

在税收征管领域与刑事司法领域中对于偷税主观方面认定时，不管是在理论界还是在实践中都存在较大的争议。对于这一要件的法律规定的不具体，将会导致在认定纳税人的行为是否构成偷税时，不同的主体之间总是以自身利益为主，选择对自己有利的法律解释，从而造成不同主体在对于纳税人的主观故意认定时有两种截然相反的观点。[1] 这种现象的发生不仅会对纳税人的权益造成危害，而且会对税务机关的信誉和严肃性产生影响，进而影响税务机关行政执法行为的公信力。对于这一问题，笔者通过比较国家税务总局针对数个个案所作的批复，认为认定偷税行为应以纳税人的主观故意为必要条件。[2]

首先，从偷税行为的行为方式处罚，理解"偷"这一字的含义。在日常生活中，偷是指行为人通过欺骗、隐瞒、趁人不注意等手段将他人之物占为己有。不言而喻，"偷"字本身就体现出行为人主观上具有故意的状态。从税法上理解偷税行为，即行为人以获取或者占有国家税款的目的，通过故意实施税法所规定的具体行为，达到自身目的实现的效果。因此，虽然2001年的《税收征管法》颁布后直至今日对于偷税行为条款的规定一直沿用至今，其虽在规定中并未出现"故意"等描述主观心态的词语，但是其中具体列举的纳税人所采取的行为无一不具有主观的故意。

其次，从税法对于偷税行为规定的复杂性分析，偷税行为应当以纳税人的主观故意为要件。税法体系中大多为国务院及其相关的职能部门或者

---

[1] 肖路. 对税务行政诉讼中若干争议问题的思考 [J]. 税务研究，2019（10）：58-61.

[2]《国家税务总局办公厅关于呼和浩特市昌隆食品有限公司有关涉税行为定性问题的复函》（国税办函〔2007〕513号）中明确提出"偷税应当具备主观故意"。《国家税务总局关于北京聚菱燕塑料有限公司偷税案件复核意见的批复》（税总函〔2016〕274号），国家税务总局明确批复"存在偷税的主观故意系认定偷税违法行为的构成要件"。《国家税务总局关于税务检查期间补正申报补缴税款是否影响偷税行为定性有关问题的批复》（税总函〔2013〕196号）中强调"税务机关不能证明主观故意的不认定为偷税"。

国家税务总局所制定的暂行条例或者补充规定，甚至一些法律效力较低的"红头文件"也层出不穷。通过上述税法上对于偷税行为规定的历程，以小见大，这些规范性文件数量庞杂，变动频繁，其滞后性和不可预见性使得专业的税务人员都难以精准地把握。而专业知识不足的纳税人税收征纳过程中往往因为自己的疏忽就有可能违反这些相关文件的规定。如果税务机关此时不问纳税人的主观心态是故意还是过失，只要偷税数额和比例符合刑法上的偷税罪标准，就移交司法机关追究刑事责任，使纳税人面临刑事司法机关的问责，甚至出现混淆故意犯罪和过失犯罪的情况，就会使故意犯罪藏身于过失违法中，由此纳税人对于税收的公平性就会产生怀疑。

最后，税法上对于偷税行为主要是通过《税收征管法》来规定的。基于《税收征管法》是调整税收征纳及其管理过程中发生的社会关系的法律，因此税收征纳过程中产生的税务诉讼一般也是行政诉讼。江必新先生指出："任何公正合理的制裁是以被制裁行为具有可谴责性为基础，而是否具有可谴责性是以主观要件为基础的。不考虑主观构成要件会导致客观归责，因有的违反法律、法规的行为可能是在无过错的情况下实施的。"[1]在这个意义上，行政处罚的本质特征隐含了主观过错作为构成要件的需求。[2]偷税行为认定的构成要件和偷税行为认定的证据举证是两个不同的概念，不能因为税务机关的行政执法权的有限性，难以查清纳税人主观上是否故意而否定主观故意作为偷税行为认定的构成要件。

在实践中我们发现案例中多数法院对"客观归责"的偷税认定标准不持异议，但对于当事人存在欺骗、隐瞒的主观动机如何认定这一问题的认定存在很大的分歧。上述案件中北京市高级人民法院就该案作出的审判监

---

[1] 江必新. 论应受行政处罚行为的构成要件 [J]. 法律适用，1996（6）: 1-6.

[2] 张春林. 主观过错在行政处罚中的地位研究——兼论行政处罚可接受性 [J]. 河北法学，2018（5）: 97-106.

督裁定及再审法院都认为，当事人的主观方面系认定偷税行为的必要构成要件，而税务机关没有就油料公司少缴应纳税款的主观方面进行调查和认定，在诉讼过程中也没有就此提交相应证据，因而认定事实不清。

四、纳税人偷税主观故意的举证责任该如何分配

《税收征管法》中虽然没有明示纳税人的主观故意在税务行政处罚中的地位，但是其对于纳税人偷税的违法行为的认定是至关重要的。那么在税务行政诉讼中对于纳税人主观故意性的举证责任分配成为一个新的问题。在实务中，有些纳税人的主观心理状态表现得并不突出，在一定的证据条件下，对于纳税人主观故意的举证责任分配将会对案件的判罚产生影响。在北京中油国门一案中，一、二审法院认为对于纳税人偷税举证责任应当是由油料公司承担，又因油料公司没有充分证明自己不具有主观故意，结合其他事实情况，判决油料公司败诉。由此可见，对于纳税人主观故意的举证责任分配会影响到判罚的结果。

（一）两大法系税务行政诉讼举证责任的分配

1. 大陆法系的税法实践

对于税务行政诉讼中的举证责任分配研究，马克·马科森（Mark Marcosson）曾指出税务行政诉讼中纳税人的证明责任是有限的，只承担事实陈述部分的不足之处的证明责任。[1]施韦特费格尔（Schwerdtfeger Wm）也认为，在税务行政诉讼中，如果税务机关无法提交充分的证据证明其主张，那么税务局很可能承担因举证不足而导致的败诉风险。[2]根据德国罗森伯格提出的"规范说"，将税务举证责任规定为分配客观举证责任一般性规则，此规则对税务机关和纳税人所需要承担的举证责任分别进行了规

---

[1] Marcosson M. The Burden of Proof in Tax Cases[J].The Tax Magazine，1951，29（3）：221-240.

[2] Schwerdtfeger Wm.The Burden of Proof in the Tax Court[J].Kentucky Law Journal，1953，42（2）：147-162.

定。具体而言，税务行政机关需要对产生、增加、不缴税额的要件事实，承担客观的举证责任。纳税人对减少、免除税额或者税收优惠等有利于自己的事实，需要提供证据加以证明。[1]

在德国税务法制实践过程中，也需要根据实际发生的税收纠纷对此规则进行合理的调整以适用。其一是法律上的事实推定，基于税收公平原则，一般情况下应纳税所得额的课税依据大多数情况下都由纳税人自己掌握。在偷税行为的主观故意的认定中，由于主观故意具有较大的抽象性，税务机关很难对这一主观心态进行认定，而很多纳税人即抓住这一点，从而影响法院的判罚。在此情况下应依据相关法律法规的规定，对一般性原则进行适当的调整，合理加重纳税人的举证责任。其二是针对涉税纠纷中的特殊的案件事实情况，调整案件的举证责任。税务机关依据纳税人提交的课税资料作出具体行政行为，当纳税人违反《德国租税通则》中规定的协力义务，对自己应当出示的课税资料不按时或者不出示，会陷入税收纠纷。出现这类特殊案件，纳税人的举证责任不受一般原则的限制，对于应由自己承担举证责任的事实与依据，其有义务根据法律规定提交法院。而在法国行政诉讼中，是由提出有利于自己一方事实的当事人承担相应的举证责任。另外，税务行政机关同时也应当对于自己所作的不符合法律规定的具体行政行为承担相应的举证责任。据此，当纳税人违背诚信原则不出示真实的课税资料，或者违背法律的责任要求拒不配合税务行政机关的征税时，税务行政机关依法合法地实施具体行政行为，纳税人对于自己的不合理的行为所造成的后果应当承担相应的责任，依据利益分配的原则，纳税人应该承担相应责任。[2]

---

[1] 叶自强. 罗森伯格的举证责任分配理论 [J]. 外国法译评，1995（2）：33-38.
[2] 汉斯·普维庭. 现代证明责任问题 [M]. 吴越，译. 北京：法律出版社，2000：111.

2. 普通法系的税法实践

美国的举证责任分配规则[1]有如下特点：第一，纳税人承担主要的举证责任。美国法官在处理税务纠纷时，往往先入为主地认为税务行政机关所作的具体行政行为合乎法律法规。在这种情况下势必将举证责任的大部分集中分配在纳税人身上，纳税人不服税务行政机关的行政行为，向法院提出诉讼时，必须提供证据来支持自己的主张。第二，税务行政机关所担负的举证责任，通常由税务行政机关出示相关的证据来证明自己的主张。第三，在特定情形下税务行政机关不需要承担举证责任，即在纳税人具有客观上的违法行为或者默认税务机关的行政处罚是合理的情况时。具体而言有以下几种情况：当税务纠纷进入诉讼阶段，纳税义务人没有及时地缴纳诉讼费用；在税务机关对纳税人偷税行为进行认定时，纳税人没有辩解、抗议时，税务行政机关不需要承担举证责任，但纳税人进行否认，税务行政机关也只需要对纳税人反抗的事由进行反证。

英国的举证责任分配遵循"谁主张，谁举证"的原则。如果一方所举证的内容不够充分支持自己的主张，不能够让法官形成内心确认，或者双方对于自己主张的证明程度持平，那么主张者将面临败诉的后果。英国推行当事人主义，通常情况下诉讼两造分配的举证责任大相径庭。当纳税人的财产性权利因税务行政机关的具体行政行为受到损害时，税务行政机关应当对自己的具体行政行为作出合理的解释，在税务诉讼中对此承担相应的举证责任。而纳税人对此进行抗辩，必须出示相关的证据证明自己的主张。

（二）我国税务机关是否应对纳税人偷税主观故意承担举证责任

1. 税务行政诉讼举证责任的特征

具有举证责任的一方应当对自己主张的待证事实提供充足的证据，才

---

[1] 李青. 美国收入法典关于税务诉讼举证责任新规定比较 [J]. 涉外税务，2002（8）：37-39.

能使其主张得到法院的支持，否则很有可能因为自己举证不能而影响待证事实的真伪状态，面临败诉的风险。由此可见，税务行政诉讼中的举证责任的分配对法院的判罚具有影响力。根据我国《行政诉讼法》的有关规定，被告税务机关应当对所作出的行政行为负有举证责任。但是在税收实务纠纷中，应当注意到举证责任的分配，应考虑各方面的因素，否则将会对案件事实的认定产生影响。举证责任的分配应当以当事人提供证据的难易程度和可能性为基础，兼顾行政管理的效率和公正。[1] 有学者建言，税务机关应当对课税事实承担证明责任，应纳税额则应由税务机关和纳税人分别负担证明责任；另外，纳税人负有提供涉税信息等协力义务；具体到税务行政行为，税务机关应当对税务行政处罚、保全与强制执行承担举证责任，纳税人应当对税务行政的不作为与行政赔偿承担举证责任。[2]

　　税务行政诉讼虽然是行政诉讼中的一种，但是其具有特殊的一面，例如课税资料多数被纳税人所掌握，所以税务机关在这方面的举证难度就很大。税务行政诉讼的特殊性也决定着举证责任的特殊性。首先，由税务行政机关承担主要的举证责任。税务机关是掌握国家征税大权的行政机关，有关税收的方面几乎都是由其负责的，对于纳税人的税务行政处罚也是其实施的，在税收行政过程中自然形成了一系列能够证明其处罚合理合法的资料，在税务诉讼中其应当承担主要的举证责任，纳税人仅在特殊情况上承担部分举证责任。其次，税务行政机关在法庭上出示的证据必须是在其实施行政行为过程中形成的。税务行政机关在对纳税人采取行政处罚的处理时，应当在证据充分的情况下作出行政行为。在税务诉讼中税务机关所承担的举证责任不仅是法律程序方面的证据，其应当在执法过程中尽可能多而全地取证。另外税收证据要求很强的专业性，所以举证责任涉及的方

---

[1] 肖路．税务行政诉讼，举证责任如何适用 [N]．中国税务报，2018-01-23（7）．
[2] 陈少英，曹晓如．税务诉讼举证责任研究 [M]．北京：法律出版社，2009：237-260．

面与知识点十分广泛。最后，在举证不合理的情况下，诉讼双方所能够承担的后果并不相同。在《行政诉讼法》第三十九条规定："人民法院有权要求当事人提供或者补充证据。"这隐含着原告亦可能承担举证责任。但原告对其主张的事实举证不能时，也不能免除行政机关对其所认定事实的举证责任。[1]如果事实依据并不清楚，被告无法进行举证，那结果将对其不利。如果原告也没有举证相关有利证据，结果不一定会败诉。由于税务行政诉讼举证责任存在种种特殊性，决定了涉税行政诉讼的举证责任也必须根据实际情况作出相应的变通。

2. 税务机关应对偷税行为的主观故意举证

基于公平理论，税务行政诉讼中在对于纳税人偷税行为的主观故意的举证责任进行分配时应当充分考虑证明主体的举证能力，原则上由更有能力取得证据一方的税务机关承担主要的举证责任。税务机关是掌握国家税收大权的行政执法部门，其对纳税人作出的具体行政行为影响着纳税人的利益。所以在作出行政处罚决定之前，其应当合法调查取证，并且尽可能多而充分地收集纳税人主观上具有故意的证据，排除主观过失的合理怀疑。另外在征纳关系中，纳税人往往处于相对弱势的地位，加上对税法知识的掌握程度较之税务机关更浅，因此税务机关应当提供其所作出行政处罚的事实依据以及税法依据。

具体而言，税务机关在下列情况下承担举证责任：首先对其作出的具体行政行为的证据和法律依据负有举证责任；其次应当承担税收行政程序的举证责任，即对所作出的具体行政行为的合法性和合理性负有举证责任；最后应当对被诉具体行政行为相关事实的合法性承担说服责任，对原告纳

---

[1] 肖路. 对税务行政诉讼中若干争议问题的思考 [J]. 税务研究，2019（10）：58–61.

税人是否达到，是否超过起诉期限，提出抗辩的说服责任。[1] 另外，原告可以提供证明行政行为违法的证据，但是原告提供的证据不成立的，不免除税务机关的举证责任，其仍应当在其举证不能或处罚事实不清、证据不足时承担相应法律后果。在本案中，北京市高级人民法院认为税务机关应当对纳税人偷税行为的主观故意进行调查确认并承担举证责任，但是顺义国税局坚持认为油料公司具有偷税的主观故意但是没有对其进行举证，最终败诉。

3. 纳税人偷税主观故意举证责任的合理分配

在纳税人偷税行为的主观故意的认定这类特殊的税务案件中，由于主观故意较为抽象，大多数证据资料掌握在纳税人的手中。参考德国税务行政诉讼中的做法，分别分配相应的举证责任给征纳双方。为保证税务机关合理履行其职能且兼顾保护纳税人的权利，纳税人应当对税务机关的举证负有协力义务。此种举证责任不同于一般的举证责任，一般情况下纳税人如果没有及时地举证或者举证不足将会导致自己败诉，这对于纳税人是极为不公平的。这里的协力义务将纳税人的举证责任限缩成辅助的举证责任，纳税人若不履行这一协力义务，税务机关所负举证责任将会降低。

就纳税人偷税行为的主观故意的举证而言，由于主观因素系纳税人的心理活动，纳税人对其最为清楚，所以对于税务行政机关而言有一定的举证难度。但是在税务实践中，税务机关仍可以通过过错推定原则推定其具有偷税的主观故意。进入税务行政诉讼中，纳税人可以提出证据证明自己没有主观上的故意。具体而言，纳税人应当承担的举证责任有二：一为纳税人应当承担纳税事实相关的证据的举证责任，例如涉案交易的实质、财务资料和具体的行为方式、原因和目的；二为纳税人在税收征管中应当尽

---

[1] 李国光. 最高人民法院《关于行政诉讼证据若干问题的规定》的释义与适用 [M]. 北京：人民法院出版社，2009：199.

到协力义务，协助税务机关出示自己所掌握的纳税资料等。在本案中，油料公司通过先前刑事《不起诉决定书》说明本单位业务负责人徐某主观上不具有偷税故意，借以证明其没有偷税上的故意。另外在整个诉讼过程中，油料公司对自己所掌握的证据一一举证，且提出税务机关在诉讼过程中也需要承担证明纳税人存在偷税的主观故意的举证责任，但是税务机关认为其没有证明的必要性，因此北京市高级人民法院撤回了一、二审的判决。

五、结语

当前我国税收征管实践中仍存在纳税人偷税行为的构成要件不明晰、举证责任分配不完善等问题，税务机关在对纳税人偷税行为作出税务行政处罚对纳税人的切身利益产生了直接性的影响。为进一步提升行政执法效率，维护纳税人的合法权益，在税务行政执法中应当正视纳税人主观要素在认定其违法行为中的作用，使行政处罚结果更客观，减少征管中征纳双方之间的争议。因此，首先，应当在《税收征管法》第 63 条对于偷税行为规定中明确纳税人主观故意为构成要件。其次，明确税务机关的举证责任，结合税务案件的特殊性及借鉴国际经验，明确"被告承担主要举证责任，原告承担次要举证责任"的制度，并具体细化双方应举证的情形。最后，由于知识储备不够，对于税法和其他法律之间的衔接研究不够成熟，因此还需要进一步深究其中的相互关系，这对于提升税收征管质量和减少征纳双方的摩擦，营造良好的税收环境进而推动文明征税、依法治税具有重大意义。

| 第五章 |

企业所得税税前扣除项目的判定标准之构建

——基于二十二冶集团案[1]的分析 *

导语

　　企业所得税的应纳税所得额按照企业收入额减除法定扣除额计算而得，法定且明确的税前扣除项目是企业应纳税所得额计算的关键。在"二十二冶集团诉唐山市税务局案"中，征税机关与企业在计算应纳税所得额时对税法规则的理解和适用存在严重分歧。为减少由于税法规定的不确定性所造成的分歧，未来完善企业所得税税前扣除项目制度的基本思路为以"实际发生"这一实质标准来判定企业的经济业务及支出的发生是否具备真实性，再结合企业正当且普遍的合理性开支和符合"经济利益流向"标准的直接相关性支出来评判该列支项目是否属于法律允许扣除的范围。

一、问题的提出

　　企业所得税税前扣除项目是指税务机关在计算企业应纳税所得额时需要扣除企业生产经营活动中实际发生的、确实与取得收入直接相关的合理性支出。虽然《企业所得税法》（2018 年修正）第八条规定："企业实际发生的与取得收入有关的、合理的支出，包括成本、费用、税金、损失和

* 此部分内容由田开友与吴洁合作完成，纳入本书时略有修改。

[1] 参见（2017）冀 0203 行初 366 号。

其他支出，准予在计算应纳税所得额时扣除。"为明确"有关的支出""合理的支出"，《中华人民共和国企业所得税法实施条例》（以下简称《企业所得税法实施条例》，2019 年修订）第二十七条规定："企业所得税法第八条所称有关的支出，是指与取得收入直接相关的支出。企业所得税法第八条所称合理的支出，是指符合生产经营活动常规，应当计入当期损益或者有关资产成本的必要和正常的支出。"从《企业所得税法实施条例》第二十七条的规定来看，《企业所得税法》中的"有关的支出"是"与取得收入直接相关的支出"，而"合理的支出"则是"应当计入当期损益或者有关资产成本的必要和正常的支出"。但"直接相关的支出""必要和正常的支出"的判断标准又是什么呢？上述规定依然过于原则、含糊、不确定，因而实践中在计算企业应纳所得税前扣除时，税务机关与企业之间、税务机关与法院之间在对企业的成本费用等支出是否实际发生、是否合理、是否与取得收入直接相关等问题上存在严重分歧。这不仅导致企业的合法权益难以得到有效保障，也降低了税收征管部门的征税效率，税企争议由此增加的同时也给税务司法带来新的挑战。本书选取学术和实践价值高、社会影响大的典型性税务司法审判案例——"二十二冶集团诉唐山市税务局案"作为研判对象，通过案情梳理、问题整理、学理分析等，试图为我国企业所得税前列支项目的真实性、合理性、相关性的判定标准构建提供可能的理论支撑和智力支持。

二、基本案情及法律问题

（一）基本案情和法院观点

2017 年 5 月 5 日，被告唐山市国家税务局稽查局（以下简称唐山市国税稽查局）对原告中国二十二冶集团有限公司作出了《税务处理决定书》（冀唐国税稽处〔2017〕101 号）。根据《企业所得税法》《企业所得税法实施条例》等规定，被告认为原告自 2008 年到 2013 年期间取得的虚开劳务费发票 146977060.12 元不属于税前扣除支出，应当调增应纳税所得额 149701046.49 元；此外支付给开票方虚开发票款 3474276.37 元，也是与取得收入无关的支出，不准在税前扣除。原告中国二十二冶集团有限公司（以下简称二十二冶集团）少缴纳企业所得税前款项被定性为偷税，被告唐山市国税稽查局决定追缴这部分企业所得税。原告不服，遂向被告河北省国家税务局（以下简称河北省国税局）提起复议，被告河北省国税局于 2017 年 9 月 7 日以《行政复议决定书》（冀国税复决字〔2017〕3 号）维持唐山市国税稽查局的决定。

原告不服两被告的决定，于 2017 年 10 月 10 日向河北省唐山市路北区人民法院提起行政诉讼。原告诉称自己是不得已才通过预算的方式控制工资薪金总额，以避免违反中冶集团核定工资总额的规定，同时满足实际发生的用工工资实际且及时地发放给员工。被告唐山市国税稽查局依据《国家税务总局关于企业工资薪金及职工福利费扣除问题的通知》（国税函〔2009〕3 号）第一条、第二条的规定认定涉案工资薪金不准税前扣除，并指出原告主观上存在故意、客观上造成少缴税款的事实，认定原告行为构成偷税。经河北省唐山市路北区人民法院审理查明后认为，企业职工取得必要而适当的工资是宪法所赋予的劳动报酬权，这一行为合理又合法，虽然原告虚开发票名目下支出中 145422763.12 元确为本公司员工发放并在企业所得税税前扣除的工资性支出，但原告所支付工资薪金来源不合法并不能等同于其用套取的资金支付员工工资违法。被告根据虚开发票这一行为的违法性否定原告为职工支付工资的合理性，不符合《企业所得税法》第八条的规定。而且被告提供的证据也不足以证明原告合理的工资构成不能在税前扣除，因此被告应承担举证不能的法律责任。一审法院据此作出如下判决：一是撤销被告唐山市国税稽查局作出的《行政处理决定书》和被告河北省国税局作出的《行政复议决定书》；二是责令被告唐山市国税稽查局在本判决生效后 60 日内重新作出处理决定。上诉人唐山市国税稽查局、河北省国税局不服一审法院作出的行政判决，后向河北省唐山市中级人民法院提起上诉。二审法院通过审理认为，由于上诉人没有证据证明虚开发票所支出的工资薪金的不合理性且不能证明其与原告生产经营活动无关联，所以上诉人应当承担举证不能的法律责任。为此，二审法院判决驳回上诉，维持原判。

（二）法律问题整理

在规范层面上，国家税务总局在《企业所得税税前扣除凭证管理办法》（国税函〔2018〕28 号）中明确要求征纳双方按照真实性、合法性、关联性三项原则来确定扣除凭证。本案中的原告认为，税前扣除项目的真实性、合法性、关联性应通过企业在计算应税所得税前扣除时各项支出的实际情况来分析，不能单纯依靠形式上的"票据"来界定。为此原告所作出的一系列行为：支付派遣公司管理费、取得派遣公司虚开的发票、采取虚开发票套取资金的形式为职工发放工资，最终目的是规避企业的工资总额超过限额，从而使员工拿到属于自己的工资薪酬。原告的主观目的是向员工及时发放工资并且实质上并没有对国家或他人造成损失，尽管原告在取得发票后作为费用扣除凭证在企业所得税税前列支，使自己的合法权益得以实现，但原告也没有获取利益。客观上，员工也确实收到了由原告发放的属于自己的合法劳动报酬。

本案被告唐山市国税稽查局始终坚持认为，原告并未执行自身规范的工资薪金制度，而是利用他人虚开发票套取资金后，并将所套取的资金作为有关成本费用类科目并在企业所得税税前扣除，原告主观上存在规避自身工资薪金制的故意。另外，被告河北省国税局认为，此案中所涉及的"客观上存在的"工资支出并不因为其"客观存在"就具有税法上的"合法性"。企业所支付给职工的所有"工资薪金"并不都是税法规定的课税前扣除的"工资薪金"，只有符合企业生产经营活动常规而发生的、被税法评价为"合理的工资薪金"才允许在税前扣除。根据《企业所得税法》第八条、《企业所得税法实施条例》第三十四条以及国税函〔2009〕3号的相关规定，被告唐山市国税稽查局认为该部分由虚开发票形式所发放的工资薪金并非税法上承认的合理工资薪金，故这部分"工资薪金"不属于《企业所得税法》税前扣除项目。根据法院的裁判要旨，此案中最重要的法律问题可归纳为：到底哪些列支项目属于法律允许企业所得税税前扣除的范围？判定这些税前扣除项目的标准又是什么？本书试图从真实性、合理性、相关性三个标准来辨识企业所得税税前扣除项目的范围。

三、企业所得税税前扣除项目的真实性认定

（一）发票不是认定企业所得税税前扣除项目真实性的唯一凭证

国家税务总局在《关于进一步加强普通发票管理工作的通知》（国税发〔2008〕80号）、《关于加强企业所得税管理的意见》（国税发〔2009〕88号）明确规定了不符合规定的发票不得允许纳税人用于税前扣除、抵扣税款、出口退税和财务报销。国家税务总局在《关于印发〈进一步加强税收征管若干具体措施〉的通知》（国税发〔2009〕114号）中也规定了未按规定取得的合法有效凭证，不得在税前扣除。另外，国税函〔2018〕28号则规定，企业所得税税前扣除凭证是税前扣除的依据，除了"发票"之外，企业应将与税前扣除凭证相关的资料（如合同协议、支出依据、付款凭证等）留存备查，以证实税前扣除凭证的真实性。[1]国家税务总局所下发的这些

---

[1] 赵国庆.企业所得税税前扣除凭证管理办法解析 [J].财务与会计，2018（20）：56-58.

规范性文件实际上是在逐步强化对企业所得税扣除项目的管理。虽然发票能作为企业所得税前的扣除凭证，但这要取决于发票是否符合相关的法律法规，而并没有规定发票是唯一能够证明真实性的税前扣除凭证。

在法理上，税收征纳双方的地位应当是平等的。税法的本质在于经由对国家课税权的制约来实现纳税人权利[1]，如果将发票规定为唯一能够证明真实性的凭证，这无疑加重了纳税人在进行税前扣除申报的负担。因为企业在生产经营过程中所发生的支出种类是多样的，对于职工福利待遇、业务招待费及某些零星支出并非一定以发票作为扣除凭证在税前予以扣除，更多的是以详细的收款证明、公司决定的相关文件、银行转账凭证、现金付款清单及职工福利发放名册等相关资料证明支出的实际发生。现阶段以纳税人利益本位的税制设计会更加贴合税法本质的要求[2]，如国税函〔2018〕28号对税前扣除的各类凭证作了详细的规定，体现了当前税制改革中"放管服"的进一步深化[3]，这很大程度上减轻了纳税人的办税负担。若从国税函〔2018〕28号规定的"各类"凭证中推导出"除发票以外的其他原始凭证都不能作为税前扣除凭据"或"发票是唯一能证明税前扣除真实性的凭证"，这不仅逻辑上有着明显的缺陷，实质上也导致了征纳双方法律地位的不平等，企业的合法权益有可能受到税收征管部门的侵害，最终是对税法本质的背离。现实中，企业在进行应纳所得额的认定核算时因为企业生产经营活动的多样性及这一过程的复杂性，仅凭单一的发票在某些情形下并不足以起到证明作用，往往需要多种税前扣除凭证的联合佐证[4]，如企业的折旧，不但需要购置时的外部凭证（发票），还需要内部凭证（折旧明细账）。

[1] 张晓君.国家税权的合法性问题研究[M].北京：人民出版社，2010：225-226.
[2] 吕楠楠.税制公平主导下的税法解释：基于利益衡量视角的分析[J].国际税收，2020（7）：25-31.
[3] 赵翀."放管服"背景下企业所得税税前扣除凭证管理改革分析[J].纳税，2020（16）：29-31.
[4] 何冰.《企业所得税税前扣除凭证管理办法》基本概念解析[J].中国税务，2018（7）：50-51.

国税函〔2018〕28号虽然贯穿并强化了企业所得税中"以票管税"的原则，但并非意味着此处的"票"仅仅指代的是发票，而是包含了税法中规定的所有合法有效凭证。国税函〔2018〕28号第八条将税前扣除凭证按照来源分为内部凭证和外部凭证，同时也规定收款凭证、内部凭证、分割单等可以作为税前扣除凭证，这直接明确了发票是主要的但不是唯一的税前扣除凭证，仅为企业经济业务已经实际发生的一种证明方式。这一做法彰显了发票的功能和我国实行"以票管税"的初衷即税务机关可以根据这些信息对企业隐瞒销售收入的行为进行有效制约以保障良好、高效的税收秩序。[1]但有些情况下无法取得规定的发票，应当给予灵活性变通，这种情况下企业可以使用其他外部凭证或者凭借其他业务资料证明交易的真实性，这也体现了国税函〔2018〕28号理念的改变，即改变过去税务机关在执法中一般倾向于将合法有效凭证仅限定为发票而排除其他有效凭证。可以发现，国税函〔2018〕28号降低了对税前扣除凭证的管控程度，转而提高支出的真实性要求，强调实质重于形式原则，企业可以根据支出的实际性质，合理确定所需对应的税前扣除凭证以证明支出的真实发生。

（二）实际发生是企业所得税税前扣除项目真实性的实质标准

税前扣除的实质要求企业在进行应纳税额计算时将不能反映纳税人真实赋税能力的部分减除。[2]与之对应，企业在税前扣除的项目应当符合真实性原则，而真实性原则要求税前扣除的项目必须是实际发生的。《企业所得税法》对税前扣除提出了支出必须要实际发生这一原则性要求，即如果一个企业的生产经营活动及其支出存在虚假情况，该支出当然不可能在税前扣除，而合法有效的税前扣除凭证只有与企业支出相关并具有证明力

[1] 李亚松，郭晓亮.企业所得税税前扣除凭证探析 [J].税务研究，2016（11）：79-82.
[2] 蒋遐雏.个人所得税税前扣除的概念厘清与制度完善：以混合所得税制改革为背景 [J].法商研究，2020（2）：44-56.

时，才可以作为税前扣除的证明材料。由此看来，税前扣除凭证的作用是证明业务的真实发生。[1] 实际发生是税前扣除的前提，这一原则要求企业在计算应纳税额时，各项收入、成本、费用等支出都是真实的，纳税企业在进行税前扣除时提供形式规范和内容真实的凭证。但何为"实际发生"，税法上没有明确规定，学术界对此也没有厘清，这给税收征收管理实践带来一定的困扰。

"实际发生"首先强调产生费用或支出的交易、事项是真实存在的。我国现行税法对于"实际发生"没有具体的规定或解释，但《中华人民共和国会计法》（以下简称《会计法》）第二十五条明确规定："公司、企业必须根据实际发生的经济业务事项，按照国家统一的会计制度的规定确认、计量及记录资产、负债、所有者权益、收入、费用、成本和利润。"并且在第二十六条中规定了不得有随意改变、虚列、多列、不列或者少列资产、负债及其他项目等禁止性行为。这一系列规定旨在强调各单位在进行会计核算时必须要以真实存在、真实发生的经济业务事项为依据，同时在税收征管中也强调"实际发生"的内涵之一是指产生费用或者支出的经济业务必须真实。据此，实际发生的标准体现如下：

首先，根据虚构的、没有发生的或者尚未发生的经济活动所确定、预估的支出均不得在税前扣除。其次，税法规定权责发生制为税前扣除项目的基本原则，而这一原则强调在税收征管时必须做到：凡属于本期纳税义务已经实际发生而产生的收入都作为本期的收入入账；凡属于本期按规定据实预先提取但并未实际支付的各项费用可作为本期费用入账，而不论其是否实际支付。[2] 据此规定可以将"实际发生"理解为支付的义务或者责

---

[1] 张亚珍. 企业所得税税前扣除凭证管理办法新政解析：基于国家税务总局公告 2018 年第 28 号 [J]. 财会通讯，2019（25）：92-94.

[2] 企业会计准则编审委员会. 企业会计准则详解与实务 [M]. 北京：人民邮电出版社，2020：37.

任已经发生。最后,"实际发生"的税前扣除金额必须是确定的,在实践中这种支出被理解为是以实际支付金额确定的税前扣除额,如租金、利息、分期付款等费用的确认是以双方约定的收款日期作为实现的日期,而在税务实践中税务机关考虑到征税效率以及保障国家税基,认为税前扣除支出要求实际发生,即实际支付。[1]实际发生与实际支出之间存在时间上的差异,在实际的征管活动中分为两种情况,即实际发生当即实际支付与实际发生但延期支付。前者在汇算清缴时可以税前扣除,而后者不得在汇算清缴时予以税前扣除,但税法对这种情况作了追溯规定。对于企业因为某种原因导致的应扣但未扣的支出,只有在汇算清缴时完成支付才允许在税前扣除时列支,究其原因是为了强调支付义务的实际发生。基于此种认识,企业依据税前扣除项目的真实性原则应当认为税前扣除的金额是实际发生数,即支出的金额确定,不能以估算金额税前扣除[2],换言之,即使企业相应的支出义务已经产生,但是如果金额尚未确定或者金额只能预估,那就不符合"实际发生"的本质要求。

根据上述实际发生的标准可以发现,此案原告虽然无法证明税前扣除的业务招待费的真实存在,但支付给职工的工资薪金是真实存在的;获得工资薪金的职工劳动确为企业收入的产生起到了相应作用,符合税法所规定的税前扣除项目的权责发生制这一原则性要求;原告向职工支付工资薪金是根据实际发生的经济业务事项及按照国家统一的会计制度确认的,其金额是确定的实际支付金额。在此案中出现的以发票为课税证据灭失或者不可信的情况下,税务机关应当采用其他证据来证明课税事实,而不应仅以虚开的发票不能作为课税证据来否定工资薪金实际发生这一客观事实。从司法裁判文书来看,本案中的一审、二审法院都认为,对于原告所支付

[1] 廖永红. 实际发生但未实际支付能否在企业所得税前扣除 [J]. 注册税务师, 2019(11): 47-48.
[2] 吴伟. 企业所得税税前扣除的"实际发生"该怎么理解 [N]. 中国税务报, 2012-07-04(7).

给企业职工的工资薪金，被告没有充分证据证明其支付的工资薪金缺乏合理性，仅凭原告虚开的发票来调整原告的企业所得税，并追缴税款的处理决定，认定事实不清，法律证据不足。可以看出，法院认为这些支出形式不合法但"实际发生"的工资薪金是可以税前扣除的。

四、企业所得税税前扣除项目的合理性认定

（一）企业所得税税前扣除项目合理性的判断准则

"真实性"和"合法性"是判断税前扣除项目合理性的前提条件。如果一项税前列支的项目不是真实合法的，当然不属于扣除范围。若通过赋予"合理"这一词的法律含义，税法上所支持的税前扣除项目应是基于正当理由而支出的或者是社会上同行业企业普遍支出的费用。简而言之，企业所得税税前扣除项目合理性的判断可从正当性和普遍性两个层面展开。

对于正当性的判断，税务征管机关应当根据企业提供的材料以及相关的实际情况作出具体判断。由于企业经济活动的多样化以及市场经济发展的复杂化使得税法对正当性不能进行统一而权威的解释。因此，在税务实践中支出是否符合正当性要求，可以从税前扣除的支出是否符合企业生产经营活动常规来进行判断。对符合生产活动常规的把握，笔者认为可以通过"合理商业目的"[1]这一标准进行判断。早在 1935 年美国最高法院在 Gregory V. Helvering 一案中就确立了合理商业目的标准，即以税收为动机的交易必须具备一定的商业目的，否则是无效的。[2]作为一种经济实质测试方法，运用合理商业目的必须根据特定的经济行业与特定商业活动的属性、实施交易时的经济等因素予以判断，必须考虑纳税人的动机和交易

---

[1] 贺燕. 我国"合理商业目的"反避税进路的反思 [J]. 税收经济研究，2019（5）：72-79.
[2] Supreme Court of the United State. U.S. Reports : Gregory v. Helvering, 293 U. S.465（1935）[R]. Washington : SCOTUS, 1934.

是否服务于有用的经济目的。[1] 结合当前的实际情况，对于税前扣除项目正当性的判断标准具体为：一是企业是否能够通过这部分的税前支出获得经济利益；二是该税前列支的支出如果扣除是否会严重侵蚀我国国家的税基；三是企业在作出税前列支项目相关商业行为前是否进行了相关的市场调查，并且调查结果应当对企业与国家税基两方都是有利的；四是除了以减少或逃避税款为理由，企业是否还存在其他的商业理由。

对于普遍性的判断，最重要的是企业生产经营活动或行为是否在实质上符合充足的日常经营的必要性，是否是区域范围内企业的普遍做法，是否是当前企业经营唯一且最优选择。税法在对"合理性"这一扣除原则上规定得不具体，但基于普遍性准则的要求，一项真实发生的费用超过或者高于通常经营范围和标准的部分不得在税前扣除。[2] 因而，普遍性准则实践中体现为对税前扣除项目进行分配时要符合一般的经营常规和会计惯例。首先，结合《会计法》中的会计计量配比性要求，可税前扣除的成本费用应当与其对应产生的收入相配比，并且这一时期的成本费用与同时期的收入应当也是相配比的。其次，税收征管机关可根据企业税前列支项目的支出与行业其他同业者的数据进行对比以及依靠自身征管的经验得出企业所列支项目是否具有普遍性。简而言之，一项税前列支行为具有普遍性是因其符合税收征管地区范围内企业的普遍做法，如企业对税前扣除项目中的工资薪金制度的制定应当符合行业及地区水平。[3] 对于区域内唯一类型的企业这种例外情形，税收征管机关可以要求该企业自行提供汇算清缴数据、税收征管数据等相关证明材料证明其相关列支行为属于行业通行

[1] 汤洁茵.《企业所得税法》一般反避税条款适用要件的审思与确立：基于国外的经验与借鉴 [J]. 现代法学，2012（5）：162-171.

[2] 辛广华. 税前扣除项目的确认 [J]. 辽宁行政学院学报，2006（3）：126.

[3] 翟继光. 中华人民共和国企业所得税法与实施条例释义及案例精解 [M]. 上海：立信会计出版社，2019：40.

的做法以此证明此行为具有普遍性，税收征管机关再依据企业所提交的信息进行相应的调查核实并进行行业对比。

（二）企业所得税税前扣除合理性项目的适用范围

由于合理性原则是一个比较模糊的概念，税务机关在适用这一原则进行税前扣除项目的认定时主要通过判断企业该税前支出是否具有正当性和普遍性：一是作为税前扣除项目的重要组成部分，成本是企业在生产经营活动中发生的销售成本、销货成本、业务支出以及其他耗费。以正当性和普遍性判断，税法中的成本应当是企业为获得实际盈利所必须支出的项目，且不是企业所取得的增值部分。二是企业在生产经营活动中发生的销售费用、管理费用和财务费用，除去已经计入成本费用的，称为税法所规定的费用。这部分支出实际上充当了企业获取经济利益的工具，在企业生产经营活动中，企业为达到盈利的目的而普遍付诸的行动所产生的费用。三是企业发生的除企业所得税和允许抵扣的增值税以外的各项税金及其附加在税法中称为税前扣除的税金项目。税法上规定的具有正当性与普遍性的税金是计入期间损益的、对企业应纳税所得额有影响的税金，它排除了与经营收入有关的企业所得税以及非由企业负担的增值税。四是企业在生产经营活动中发生的固定资产和存货的盘亏、损毁、报废损失，转让财产损失，呆账损失，坏账损失，自然灾害等不可抗力因素造成的损失以及其他损失，统称为税法上的损失。应当强调的是，在税前扣除的损失是企业已经实际发生或者符合法定确认条件的、足够且适当的凭证 [1]，具体而言是减除损失责任人赔偿和保险赔偿款后的余额。五是税法上除前四项支出以外，企业在生产经营活动中发生的与生产经营活动有关的、合理的其他支出。这里的"其他的支出"应当经过正当性与普遍性准则的检验才能够成为税法上

[1] 李晓田 . 新企业所得税法下财产损失如何进行所得税前扣除 [J]. 现代商业，2012（17）：238-239.

规定的可以税前扣除的项目。

对比税法中能够证明真实性的扣除凭证，《企业所得税法》对税前扣除中的合理性原则的解释相对较少，但作为税法中税前扣除的基本原则之一，其对于判断某一项目是否可税前扣除具有必要的作用。具有合理性的成本允许扣除，体现了立法者的立法初衷即实现税收公平。如前文所述，以正当性准则和普遍性准则作为判断某项支出是否符合合理性原则的标准，符合立法原意，且在一定程度上可以弥补税法中对于合理性解释的不足。根据上述合理性判断的要求可以发现：

一是二十二冶集团在税前列支这部分具有争议性的工资薪金支出具有很大的合理性。首先，获得工资薪金的职工劳动使得企业的生产经营活动正常运行，原告也因此获得了经济利益，且原告税前列支这部分支出的原因是其认为这部分支出是税法中规定的可扣除项目，并没有损害国家税基的故意，并且实际上这部分支出的税前扣除也不会侵蚀国家的税基。其次，工资薪金的支出实际上对该企业的资产增值起到了相对应的作用，企业所发放的工资薪金属于企业获得收入对应的必要投入，且企业发放工资薪金与其获得收入的时间也是相对应的，符合会计准则中关于计量的时间配比要求。获得工资薪金的职工实际提供的服务与报酬总额在数量上也是配比合理的，并未与同行业或者同地区所规定的工资薪金产生较大的差异。因此，二十二冶集团的这部分支出具备合理性，其属于符合企业生产经营常规发生的工资薪金支出，可以在税前据实扣除。[1]

二是作为本案中具争议性的税前列支项目之业务招待费支出不具有合理性。首先，二十二冶集团通过虚开发票的方式将业务招待费支出进行税前列支，主观上具有减少或者逃避税款的目的，如果支持这部分支出的税

---

[1] 胡伟.企业所得税法税前扣除规定比较分析 [J].财会通讯（综合版），2008（8）：69-70.

前扣除将会导致国家税收额的减少,进而会侵蚀我国国家的税基。其次,《企业所得税法实施条例》关于业务招待费扣除额的规定对企业具有普遍适用性,原告在税前列支这部分支出不具有列支的普遍性。从会计计量配比性要求来看,原告列支的这部分业务招待费不符合其应当为企业收入的产生而具有的配比性要求。因此本案原告所列支的超过税法规定的业务招待费不具有合理性,因而不得在税前扣除。

五、企业所得税税前扣除项目的相关性认定

(一)经由"经济利益流向"准则来判定企业所得税税前扣除项目的相关性

企业支出都与企业取得收入有着或多或少的联系,所以税法中规定的"与取得收入有关"是一个弹性空间较大且不确定的概念。在计算扣除项目时如果将与取得收入有些许联系的支出都认定为"与取得收入有关"的支出,将会导致企业无限制地扩大税前扣除的范围,其结果是税前扣除中的相关性原则将完全失去意义。基于税法的立法本意和《企业会计准则》的规定,应当以"经济利益流向"作为标准来判断企业税前列支项目是否具有相关性,即如果列支的该项支出能够为企业在现实或者将来带来实际的经济利益,该列支的支出则具有相关性。

首先,以"经济利益流向"为判断标准要求税收征管机关在对企业所列支的项目进行判断时不应局限于对支出所对应的某一具体的生产环节能否带来经济利益,而是应将其置于整个商业流程中考虑,从整体上对其支出所产生的相关经济利益流向进行分析。判断其最终是导致企业整体利润的提高,还是最终没有产生任何经济利益反而致使这部分支出对企业来说是"多余的支出"。《企业会计准则》规定这一"多余的支出"之所以可以税前扣除,是因为其满足了与收入相关的经济利益最终很可能流入企业这一条件。此判断标准可借鉴美国在文化企业税前扣除项目

政策中的做法[1]，即美国税法通过对投资抵税政策、研发费用税前扣除政策以及对文化产业成本、损失和"走出去"投资费用的税前抵扣进行规定，有效引导个人和企业对文化企业的权益性投资，使得文化产业获得更多的市场经济支持，促进文化产业的发展。映射到我国税收征管实践中，税收征管机关在对企业税前列支项目进行判断时应当以长远的可视性经济利益作为判断标准，而不应拘泥于某一具体环节中的经济利益。

其次，以"经济利益流向"为判断标准强调"直接相关"，即在税前扣除上表现为可扣除的项目必须是能够为企业带来经济利益流入且税前列支的项目与取得收入之间形成直接导向关系。《企业会计准则》规定了经济利益流入企业会导致企业资产的增加或者负债的减少，简单地说经济利益流入企业是一种直观的利益流入。《企业所得税法实施条例》规定了企业开支的业务招待费虽然是正常和必要的，但必须要证明业务招待与经营活动的直接相关性。[2] 对此，有学者认为应从支出发生的根源和性质方面对支出是否具有相关性进行分析与判定。[3] "经济利益流向"标准要求税前扣除的项目是能给企业带来实际的经济利益，或者虽然支出并没有直接地使企业取得现实的、实际的经济利益，但是根据企业的经营经验，这些支出是可以取得预期收入的。另根据《企业会计准则》的规定，不论是现实的、实际的经济利益还是可以预期的经济利益，它的流入额都应当是能够可靠计量的，符合条件的这类支出可以认定为"与取得收入直接相关"。换句话说，这些支出对于企业应纳税收入的产生是合适的，且起到了推波助澜的作用。对此应当通过了解发生费用的预期结果，明确费用发生的目的，

---

[1] 王星星. 美国文化企业税前扣除项目政策及其对我国的启示 [J]. 邵阳学院学报（社会科学版），2017（6）：16-20.

[2] 郭云艳. 企业所得税税前扣除项目几点较大变化的新旧比较 [J]. 现代商业，2009（8）：209-210.

[3] 企业所得税改革工作小组. 企业所得税法实施条例释义（连载五）[N]. 中国税务报，2008-01-14（12）.

再将其与企业应纳税收入的方向进行对比，综合判断这部分费用发生所产生的预期结果是否能为企业的应纳税收入起到促进作用。这种可取得预期收入的支出可以在税前扣除，是由宪法基本权保障推导出的课税不侵及税本理念的体现，即企业应纳所得本质应当是净所得。[1]

最后，以"经济利益流向"为判断标准，要求企业列支项目与税法上的课税要件相符。根据《企业所得税法实施条例》中关于成本、费用、税金等具体内容的规定，符合"直接相关性"这一原则的支出是在生产经营过程中必须发生的支出，即企业的日常经营会因该支出的缺少不能进行，或者是基于不可抗力的原因所导致的支出。这就要求我们理解何为"生产经营"。有学者认为，"生产经营"一般是指生产产品、提供劳务、销售商品的过程。[2]据此观点，判断支出是否属于"生产经营"中的支出需要先看这项支出产生的根源，即企业为什么要支付这笔费用，然后看这部分的支出是否具有正当性。对此处的"正当性"的判断，首先需要注意纳税人的主观意愿，即是否是为了企业的生产经营所需而支出或是为了他人的利益而支出；其次在明确了纳税人的主观意图的基础上，判断发生这一费用是为了经济利益还是基于节税利益的动机。

根据上述"经济利益流向"的判断标准可以发现，此案原告取得涉案虚开发票向职工支付的工资薪金符合税前扣除的相关性要求：首先，原告所支付的工资薪金能够使原告企业的生产经营活动得以顺利进行，这部分的支出确实产生了经营利益；其次，获得工资薪金报酬的职工的劳动直接导致了企业资产的增加，并且从会计学角度，原告企业职工为企业创造的经济利益也是能够计量的；最后，原告的这部分支出是基于其本身生产经

---

[1] 聂淼. 所得概念的税法诠释 [D]. 武汉：武汉大学，2017：70-84.
[2] 企业所得税改革工作小组. 企业所得税法实施条例释义（连载五）[N]. 中国税务报，2008-01-14（12）.

营活动的需要，原告向职工支付工资薪金主观上是为了企业能创造更多的经济利益，从长远角度看这一做法是能够保证我国国家税基的稳定增长。但本案原告向派遣公司支付的"管理费"以及向非本公司员工支付的补贴不具有相关性，其原因在于这两项支出并没有与企业经济利益的流入形成直接导向关系，甚至没有为企业带来任何的经济利益流入。如果没有这些部分的支出，原告企业的生产经营活动仍然正常进行。原告向派遣公司支付"管理费"是为了获得派遣公司虚开的发票，其主观上是基于节税动机而不是企业的经济利益。当前在税务实践中企业支出税前扣除行为的目的往往不易判定，所以在实际税收征管中对税前扣除项目的相关性把握存在一定的难度，最终导致税企对这一原则认定时容易产生分歧。为此，税务机关应当严谨地分析与把握这一原则，否则会导致企业税前扣除项目的范围过大，最终导致国家税基受到损害。

（二）企业所得税税前扣除相关性项目的类型化

符合"相关性"的扣除项目应当是企业实际发生的能带来直接经济利益流入或者可预期经济利益流入的支出。[1] 所以在对企业所得税税前扣除相关性进行类型化时，应当将"经济利益流向"作为划分依据，即税前扣除相关性项目是能为企业现实或者在将来预期带来实际的经济利益的支出。根据前述学理观点和税务实践经验，符合"相关性"的扣除项目大致可分为两类：一是导致现实的经济利益流入的是相关生产流程所必需的支出。如支付给企业职工的工资薪金、生产性企业为维持企业正常的生产活动而购买原材料的支出等，就属于能直接给企业带来现实、实际经济利益的支出。二是导致预期经济利益流入的支出。这类支出不能够即时地为企业带来相应的现实、实际的经济利益的流入，但是根据一般理性人的判断，

---

[1] 刘天永. 企业所得税税前扣除五大原则 [J]. 财会信报，2017（B03）.

此类支出所带来的收益是可以预期的，所以这部分支出也是"与取得收入直接相关的支出"。例如业务招待费的支出，虽然这些支出并不能即时地带来经济利益的流入，但是根据一般理性人的判断，这部分支出将会加强企业与已经建立业务关系的企业或个人的联系，能够促进双方的合作，进而使自身企业在合作中实现经济利益的流入，故其也应属于"与取得收入直接相关的支出"。

六、结语

"二十二冶集团诉唐山市税务局案"虽然不是最高人民法院所公布的指导性案例，但本案法官旗帜鲜明地指出了不能因税前扣除凭证的违法性而否定税前扣除项目的合法性。此种司法裁判"对纠正税务机关在执法中注重形式（发票）而不注重实质（扣除项目的真实性、合理性和相关性）的观念具有较好的示范性"。[1]考虑到企业生产经营活动的多样性、复杂性，仅依据《企业所得税法》的相关规定并不能正确地认定种类繁杂、情况特殊的企业所得税税前扣除项目，因而税收征管中需要通过结合税法规定、实际情况以及会计制度来评判企业所得的税前扣除项目。对于税前扣除项目认定的漏洞问题，税法若能自身进行明确具体的规定为最佳解决之道，但是税收活动的特殊性以及法律本身的滞后性使得税法难以应对这一复杂且特殊的问题。因此，当前可行的方法是国家税务总局在不违反上位法及税法基本原则的情况下加强税法解释，同时辅之以司法审查来减少因税法滞后性及不明确性而引起的税企争议。

---

[1] 参见中国"首届年度影响力税务司法审判案例"的评委推选理由。

| 第六章 |

税收债务约定承担

——基于 2009—2020 年司法裁判文书的分析 *

导语

  作为一种新的税收债务变更方式，税收债务约定承担是指纳税人在未退出原债权债务关系的同时，新的第三人也参与到原税收之债的关系中，双方一并对税收债权人负担原税收之债的法律制度。税收债务约定承担具有公法属性，因此与民事债务约定承担存在较大的差异，受到税收法定主义、税收公平主义等原则的限制。当前，学者们对于税收债务约定承担制度的存在、解释方法以及利益保护上的共识与分歧暴露出制度构建理论的缺失。为此，引入利益衡平理论，参照适用民法中的债务约定承担规则，明确税收债务约定承担的形式要件为加入的形式明确、存在有效的税收债务、被转移的税收债务存在可转移性、第三人须与税收债权人或者税收债务人就税收债务的移转达成合意、税收债务约定承担通知税收债权人的义务以及承担人具有税法上的第三人地位；确定税收债务约定承担的实质要件为主体适格、意思表示真实、不具有逃避税的情形、约定承担的税费内容明确具体、不违反公序良俗原则和法律、行政法规；设立包括明确税收债务人与第三人的连带责任、确立第三人的抗辩权与追偿权、建立税务机关税款征缴的选择权和完善税收债务约定承担的争议解决机制的履行规则。

---

* 此部分内容由田开友与袁杨合作完成，纳入本书时作了较大的修改。

一、问题的提出

根据我国《中华人民共和国立法法》的规定，税收法定原则要求"税种的设立、税率的确定和税收征收管理等税收基本制度"之事项只能制定法律或经由法律授权制定行政法规，也要求税务机关依税收法律、行政法规行使税收征收管理职权以及纳税人需依照法律、行政法规规定的税收客体、税基、税率、程序履行纳税义务。就纳税义务的履行或者税收债务的承担而言，纳税人能否通过合同约定由第三人履行或由第三人承担？对此，我国《税收征管法》第 4 条规定："法律、行政法规规定负有纳税义务的单位和个人为纳税人。法律、行政法规规定负有代扣代缴、代收代缴税款义务的单位和个人为扣缴义务人。纳税人、扣缴义务人必须依照法律、行政法规的规定缴纳税款、代扣代缴、代收代缴税款。"《税收征管法实施细则》（国务院令第 362 号）第 3 条第 2 款规定："纳税人应当依照税收法律、行政法规的规定履行纳税义务；其签订的合同、协议等与税收法律、行政法规相抵触的，一律无效。"从这些条款来看，税负主体（纳税人）似乎具有法定性、专属性，即"单位或个人发生经济行为，按照法律、行政法规规定负有纳税义务，则该单位或个人属于法定的纳税人，应依法履行纳税义务。各税种单行法律及暂行条例也对不动产转让环节的各项税费和纳税主体作出了明确规定"。[1] 这就意味着"交易主体无权对税负主体重新约定"。[2]

但是现实中，司法拍卖、不动产交易以及股权转让等领域中因约定纳税义务而产生的争议案件频频出现。早在 2007 年山西嘉和泰房地产开发有限公司与太原重型机械（集团）有限公司土地使用权转让合同纠纷一

---

[1] 参见《最高人民法院、国家税务总局针对十三届全国人大三次会议第 8471 号建议的回复》。

[2] 江必新，刘贵祥.最高人民法院关于人民法院网络司法拍卖若干问题的规定理解与适用 [M]. 北京：中国法制出版社，2017：399.

案[1]中，最高人民法院以"我国税收管理方面的法律、法规对于实际由谁缴纳税款并未作出强制性或禁止性规定"为由认为约定纳税义务的行为不违反法律、法规的强制性规定，因而合法有效。这是最高人民法院第一次明确对于约定纳税义务行为的效力进行认定。此后，最高人民法院及地方各级人民法院对约定纳税义务条款的效力认定虽然有所反复，但总体上所秉持的裁判要旨为："税法对于税种、税率、税额的规定是强制性的，而对于实际由谁缴纳税款，则没有作出强制性或禁止性规定。合同当事人之间对税费负担条款的约定，并不损害国家的税收利益，也不改变税收法律、行政法规对税种、税率、税额等的强制性规定，从而影响到国家税收。税费负担约定条款属于私法领域的范畴，是对合同当事人权利义务的安排，属于当事人意思自治的范畴，在具有合理商业目的前提下，税费负担条款是有效的。"[2]

在学理上，对纳税人能否通过合同约定由第三人履行或由第三人承担的争论很大，意见不一。有学者从典型税法判例出发，提出了转嫁税费与税收法定原则并不冲突的观点。[3]有学者则认为，"鉴于包税条款不利于税法分配功能和宏观调控功能的实现，且违反了税法中的强制性规定，同时法院系统也从认可包税条款转向禁止包税条款以及包税条款在操作性方面面临的诸多困境，应当将包税条款认定为无效条款"。[4]采取中立立场的学者则认为，约定纳税义务条款的效力应根据不同情况（包税条款的履行是否使税种的基本目标和价值落空）[5]、不同阶段（以税收缴纳及征管行为遵守节点为基准）[6]而定。毋庸置疑,纳税义务的约定承担与纳税主体的规定

[1] 该案件案号为（2007）民一终字第62号。
[2] 参见（2016）甘1021民初第33号、（2016）苏民终646号、（2017）粤06民终12475号、（2019）黔05民终4360号等。
[3] 廖仕梅.关于不动产司法拍卖"纳税义务人"认定争议的分析[J].税务研究，2020（10）.
[4] 郭昌盛.包税条款的法律效力分析——基于司法实践的观察和反思[J].财经法学，2020（2）.
[5] 班天可.涉税的重大误解——兼论"包税条款"之效力[J].东方法学，2020（6）.
[6] 张婉苏.包税条款的效力反思与路径重构[J].南京社会科学，2021（11）.

密切相关，而纳税主体是整个税法中最为重要的一环，是后续税法法律效果和法律行为的重要支撑。对其分析，不仅补充和丰富了税收法定主义理论，为税收债法论的适用提供了依据，也为司法适用提供明确的指引。本书选取 2009—2020 年司法裁判文书作为研判对象，通过基本案情梳理、法律问题整理、学理分析等，探究税收债务约定承担制度所面临的核心难题，从而推动我国税收债务约定承担制度规则的完善。

二、税收债务约定承担的内涵界定与制度价值

税收债务的履行方式以当事人之间的约定变更了税收债务人，因此可以称为税收债务约定承担制度。虽然民法上对于债务约定承担的研究较久，但学术界与实务界对税收上的债务约定承担的认识并不多，关注的人也很少。对于税收债务约定承担概念的厘定，有助于税收债务约定承担制度合理性的研究，从而更好地形成研究思路和把握制度的核心要素。本部分首先从理论上对税收债务约定承担的内涵、类型进行梳理与界定，并据此来区分民法上与税法上债务约定承担制度的不同。另外，对税收债务约定承担的价值目标进行考察，并提出我国税收债务约定承担制度立法所应追求的价值目标。

（一）税收债务约定承担定义的界定

随着经济的快速发展，实践中产生了新的税收债务变动模式即税收债务约定承担。税收债务约定承担对于促进税收债权债务关系成立，更好地维护税收债权人的利益都具有很大的作用。但纵观我国现行的法律法规，缺少对于税收债务约定承担制度完善、系统的规定。因此，税收债务约定承担基本内涵的界定是研究税收债务约定承担制度的基础。

1.税收债务约定承担概念的界定

税收债务约定承担中包含了税收债务以及债务约定承担这两个关键术

语。明确税收债务约定承担的内涵，需要对这两个关键术语进行分析。

债务承担，指不改变债务的同一性，由第三人承受该债务或加入债之关系而为债务人。[1] 作为一种债的转移方式，债务承担中的原债权债务关系依然存在，仅仅是债的当事人发生变更，不产生新的债权债务关系。债务移转后，承担人代替债务人或者加入既存的债务关系中与债务人一同负担履行债务的义务和责任。依据债务承担发生原因的不同，可将其分为直接依据法律规定而发生的债务承担和根据契约自由的原则而发生的债务承担。如《中华人民共和国民法典》（以下简称《民法典》）第 1159 条对于遗产继承的规定 [2]，此时发生的债务移转便是因法律的直接规定而发生的。约定的债务承担发生的依据是当事人之间的约定，因此约定的主体围绕着债务人、第三人、债权人组合展开。需要特别注意的是，债权人的同意是债务人和第三人订立免责条款的生效要件。

"债是指特定人之间可以请求特定行为的财产性法律关系。"[3] 当事人之间基于债的关系而产生的法律上的结合，只限于以给付为中心的债权债务关系，这种关系或直接表现为财产性质或者最终与财产有关。[4] 债以给付为核心，而税法上，国家获得税收利益依赖于国民的特定行为，因而将税收法律关系化整为公法之债有迹可循。因此可以认为，税收债务是指税收债务人向作为债权人一方的国家或地方政府承担的金钱给付的义务。作为税收债权人的国家或政府只有在税收构成要件成立时，才会履行金钱给付的义务，将特定的财产的所有权转移给国家或政府。[5]

---

[1] 孙森焱. 民法债编总论 [M]. 北京：法律出版社，2007：716.

[2] 该条款规定，继承遗产应当清偿被继承人依法应当缴纳的税款和债务，缴纳税款和清偿债务以他的遗产实际价值为限。

[3] 熊伟. 我国税收追征期制度辨析 [J]. 华东政法大学学报，2007（4）：29-35.

[4] 吴汉东，陈小君. 民法学 [M]. 北京：法律出版社，2013：357.

[5] 从税收债务的本质出发，不管是公法之债还是私法之债，本质始终围绕着给付这一重点。

在一定程度上，税收债务与私法债务存在共同性，税收债务依法产生、与特定主体之间生效、标的为特定财产等相同特征。这种共同性，使得在对税收债务约定承担的概念进行认定时，学者们大多从民法的角度来探讨其概念。有学者认为，"税收债务的承担是指纳税人与不特定的第三人通过合意，由第三人代为清偿纳税人税收债务的情况"[1]。还有学者认为，"第三人与税收债务人约定，由其负责缴纳税收债务人税款"[2]。由此看来，学者的观点具有以下特性：第一，第三人与税收债务人之间存在着合意；第二，第三人在该法律关系中的作用是为了保证税收债务的履行；第三，第三人加入税收债务中并不需要得到税务机关同意；第四，该税收债务真实存在且可以由第三人承担。

这些概念体现了税法类推适用民法规则的特点，着重展现了私法自治的精神。税收债务约定制度有着公私法相伴生的特点，对于税收债务约定承担的概念也可以从民法中的相关概念中进行提取，可以认为税收债务约定承担是指在保持税收债权债务关系同一性的前提下，第三人加入原税收之债中，双方一并对税收债权人国家负担原税收之债的义务。

2. 税收债务约定承担与民事债务约定承担的区别

税收债务约定承担中，当事人之间的合同具备公法性质，而民事中的债务约定承担仅仅由私法进行调整。税法上的债务约定承担中，原先的法律关系属于公法之债，第三人的加入是为履行公法义务，因而进行的给付行为，属于公法之债的发生范畴，受到公法的约束。"公法关系是公法之债与私法之债制度差异的关键所在，这一要件也决定了以民法为代表的私法之债的法律规范不能完全适用于公法之债。"[3]以民法为代表的债务约定

[1] 高杨. 浅论税收债务的承担 [J]. 实事求是，2007（1）：66-68.
[2] 杨小强. 税收债务关系及其变动研究 [C]// 刘剑文. 财税法论丛（第1卷）. 北京：法律出版社，2008：186-188.
[3] 汪厚东. 公法之债论 [D]. 苏州：苏州大学，2016：30-31.

承担与以公法为代表的税收债务约定承担的主要区别就在于税收债务约定承担的公法关系。基于两者性质的不同，可以对税收债务约定承担以及民事上的债务约定承担作以下区别：

第一，税收之债是法定之债，需要严格遵守税收法定主义，而不能像私法之债那样依据当事人之间的合意或意思表示决定。税收作为国家财政收入的重要来源之一，具备无偿性、强制性和固定性，因此纳税主体不能随意地进行改变，即便第三人加入债务能够为税收债务的实现增加筹码，也需要得到限制。因此，税收债务约定承担的行使必须遵循税收法定主义。

第二，税收债务约定承担一般不能按私法那样根据当事人的主观意愿进行和解。由于税收的征收崇尚量能课税原则，根据当事人的纳税能力进行纳税，以便实现横向和纵向的平衡。第三人加入税收债权债务关系中，很可能会使得较为强势的一方当事人将全部的债务转移给第三人承担，这不仅违背了量能课税的初衷，也违背了当事人的交易目的，不利于交易的进行，因此从这个角度而言，税法上的债务承担也会更为严格。

第三，税收之债的争议通过行政救济途径解决，一般只能通过行政法上的程序进行解决。在没有特殊情况下，民事纠纷的解决路径无法穿透到税务争议中。

第四，两者之间的目的和价值倾向不一致。两者虽然共同倾向于保障公民的基本权利，私法更为强调的是债的实现，同时，由于合同中涉及的多为个人财产的权利分配，个体自由处分自身的财产合法合理。当事人可以通过契约的方式改变合同的主体，第三人可以依据自己的真实意思表达加入债权债务关系中，只要不存在致使合同无效的情形，法律不会对其进行调整，这是为了交易自由而需达到的自由。而税法更兼顾着保障国家税权的重担，它所需要实现的自由不仅包括对当事人基本权利行使的自由，也要保障公共财产。因为法律和政治的规定与需要，国家通过设立专门的机构向具备课税要件的主体征收税款，纳税人完成纳税义务，国家便可以利用这些资金发挥自身的公共财政职能。

（二）税收债务约定承担的类型厘清

民法中，根据第三人负担原债务的多少可将其分为免责的债务承担和并存的债务承担。前者是指加入的第三人完全代替债务人承担全部的债务。后者是指加入的第三人仅对约定的部分债务负担偿还的义务。在当事人之间对于债务约定承担类型没有明确规定的情形下，多默认为免责的债务承担以保护债权人。税法中的债务承担也可以遵循这个规则，分为免责的税收债务约定承担以及并存的税收债务约定承担。

1. 免责的税收债务约定承担

免责的税收债务约定承担只变更原税收之债的主体，不改变其内容。税收债务移转后，原税收债务人不再负担税收债务，第三人取代了纳税义务人的地位。依据当事人之间的约定，此时的第三人需要履行全部的税收债务，并承担因此产生的所有不利后果。在该条款成立后，纳税义务人不再对原本的税收债务履行义务，也不需要承担任何责任。税务机关在进行征收管理时的对象仅限于第三人。然而，免责的税收债务约定承担需要得到税收债权人即国家的同意。一方面，作为国家税权的代理机构，税务机关只能依法执行，不能越权行使。国家法律法规对于纳税主体的明确规定使得税务机关无法主动对该情形表示同意。另一方面，第三人与纳税义务人之间的关系变化会增加税收债务约定承担履行的风险。由于税收债务约定承担具有无因性，一旦他们之间的条款发生无效等情形，第三人无法进行抗辩。基于这两个要素的考虑，税收债权人利益的实现受该类型的束缚更多，因此，免责的税收债务约定承担仅仅在有法律明文规定的情形下才能够得到适用，文章中不再赘述。

2. 并存的税收债务约定承担

并存的税收债务约定承担，是第三人以新税收债务人的身份加入税收之债的关系中，按照约定的范围与税收债务人共同对原税收债务承担责任。此时的税收债务人包括纳税义务人和第三人，税收债务人范围的扩充，实际上是责任财产的扩充。多方主体成为税收债务的履行对象，在一方不履行税收义务的情况下，另一方也能够肩负起该义务。由于这两个主体的义务责任移转，对于税收债务的清偿降低了履行的风险，同时纳税义务人也没有脱离原税收债务，因此，并存的税收债务约定承担制度有着使用的价值。除此之外，第三人与纳税义务人之间的关系变化不会增加当事人的负担，一旦双方之间的原因关系撤销或者解除，当事人之间签订的税收债务约定承担条款也随之变动。

在第三人与纳税义务人之间就承担责任的范围有约定的情形时，应当以当事人的约定为准，第三人只需要在约定的范围内承担责任。但在当事人之间并未就范围达成一致意见的情形下，第三人的承担范围也仅仅限定在原税收债务范围内。此时的第三人拥有独立的地位，能够对于税收债务的实现提供保障，也能够对自身的权益进行保护。

（三）税收债务约定承担制度的价值目标

税收征缴的目的在于确保国家财政收入，促进经济发展、文化发展、环境保护等社会政策目标。税收是人民普遍地缴纳自身财产从而维持整个国家运作，因此，对于税收制度的价值追求已经不能仅仅限定在以国库主义为核心的思想上。在此基础上设立的税收债务约定承担制度的价值目标是多元化的，不止局限于一方主体的保护，更注重于对要素的融合保障。

本节主要借助于税法发展的大环境，分析探讨我国税收债务约定承担制度承载的价值目标：填补税收法定主义的缺陷、实现公法之债与私法之债的融合共通以及实现个人利益与公共利益的平衡。

1.填补税收法定主义的缺陷

税收法定主义是指国家或地方自治政府向人民课征税收时，必须以法律的规定为限，由于这里的法律是经由合法程序通过的，能够有效保障人民财产权。因此，税收法定主义的一个子要件便是课税要件明确原则。在法律或法律授权给行政机关制定相关的课税要件、征缴程序时，如果规定不明确，就会违反课税要件明确原则。根据法治国家的要求，税收必须具备下述构成要件明确性：一切创设税捐义务的法律规定，就其税捐的实际内容、税捐标的、税制目的以及课征范围必须确定，而使得税捐债务人可以预测该项税捐负担以及具有计算可能性。易言之，法律必须在内容上规范税捐行政之活动，不得仅提出模糊的各项原则。[1]由于税务案件本身具备量大及技术性、时效性等特性，所以法律无法完全规定所有的内容，再基于对于课税要件明确性的要求，就注定了对于税收要件的规定具有可预见性，不会具体到细枝末节，这就给了约定的税收债务承担一定的适用空间。约定的税收债务承担是当事人契约自由选择的结果，因此并不会违背税收法定原则。从税收法定的设立目标来看，以人民同意的方式接入到人民的基本权利之中，从而确保国家非依据法律不得核定征收，不得要求国民缴纳税捐。而税收债务约定承担制度并没有对纳税人权利造成损害。从全体国民的权益来看，税收债务约定承担制度没有无缘无故地降低税收缴纳的标准，反而使得纳税义务人不履行责任的风险降低，保障了国家的税收利益。从个体来看，税收债务约定承担充分尊重当事人的意思自治，当

[1] 陈清秀.税法总论 [M].台北：元照出版有限公司，2012：37-41.

事人对于履行纳税义务的积极性会提高，从而提升税收的效率。

租税法定主义的功能在于保障国民财产权益，不受到政府课税权的不当侵害。由于课税要件法定是由法治国家原则所推导出来的，国家的征税权应当由法律进行明确规定，"租税之缴纳，应依法律所规定，没有租税法律之依据，人民亦无纳税之义务"。[1]法律只有按照民主正当程序通过后才算是法律。而所谓的民主正当程序是指仅人民选出的代表，接受人民的委托，忠实地执行本身的职务，所以租税法定也代表着无代表则无纳税的观念。无代表则无纳税的意义在于希望借由人民选出的代表，参与立法程序，经过充分理智的讨论后，达到监督行政机关的效果，避免国家恣意扩张权力，不当限制人民权利，并期望产生可预见性、明确性等效果，这也是程序中税收法定的体现。由于整个过程的开启与实行并不简单，往往会导致税收立法的滞后性，无法满足现实生活的需要。因此，税收债务约定承担的出现便是为了弥补税收法定所带来的滞后性的影响。程序法定中，税务机关对于纳税义务人的内容等不得私下与其和解或协定，这一协定是将法律成为税务机关行政行为的界限，从而保障纳税人的合法权利，因此，该制度并没有违背程序法定，而是顺应了税收法定主义。在当事人意思表示一致的前提下，一方当事人明确愿意承担专属于另一方的税收债务，这是当事人对于自身权利的处分行为。对税费征收机构而言，缴纳义务人应当依照法律法规履行义务，其作为缴纳义务人的主体不能改变。但合同相对人可以缴纳义务人的名义支付应缴纳的税费或缴纳义务人缴纳税款后再由合同相对人向其支付税费，原本的纳税义务人仍然作为税收的主体存在。国家法律对此没有明文禁止，是当事双方意思表示真实的体现，符合生效要件。双方当事人关于过户税费承担的约定，仅仅是改变实际的税费承担

---

[1] 张进德. 税务会计 [M]. 台北：五南图书出版社有限公司，1996：15.

者，不会造成国家利益的损害。从这一点来说，税收法定主义的不周延性和滞后性得到了缓解。

2. 实现公法之债与私法之债的融合共通

"债之关系，为特定人间相互之关系"[1]，债的这一定义揭示了债的适用范围，限于特定的人之间，并没有仅限于平等主体之间，这也就为税收具有债的属性提供了适用的可能性。税收关系是国家与公民之间形成的关系，一方当事人享有取得报酬的权利并提供相应的公共服务以及公共产品，另一方享受提供的内容并支付相应的价款。国家与公民之间形成的以金钱为给付内容的关系从表面而言就属于一种债。除此之外，债务承担制度是作为一种债的实现方式存在的，是在合同相对性的基础上肯定它的效力。合同的实现是合同的关键内容，由于现实生活的复杂性，合同当事人可能无法亲自履行合同，为了实现合同，第三人的出现可以弥补当事人无法亲自履行合同的不足，同时确保债权的实现，不会使得承担义务的一方当事人陷入不利的境地。

民法中的债务承担面对的特定人之间存在着平等的关系，而税收作为一种法定之债，似乎可以看作存在着平等的主体地位。虽然，纵观税收的发展史和我国现有的法律体系，税法吸收了债法的一些重要精神，强调保障纳税人的权益，控制征税主体的权力，但整体呈现出来的依然是不平等的地位，主要集中于履行层面，例如担保等制度。或者可以这样认为，在税收关系形成的时候，也就是第一层次时，国家与人民处于平等的地位，各自享受相应的权利并承担相应的义务。当税收无法保障时，也就是第二层次时，国家需要动用公权力保障税收利益，此时的国家与人民明显处于不平等的法律关系中。税法上的债务约定承担制度，是以保障税收债权的实现为目标，只有在不履行或者不完全履行时，才会涉及公法之债中的公

---

[1] 史尚宽. 债法总论 [M]. 北京：中国政法大学出版社，2000：1.

权力，平常情形下实际上为私法之债。

3. 维护个人利益与公共利益的平衡

"传统税法学认为税法的本质是通过法律体现的统治阶级参与社会产品分配的国家意志。"[1] 在此基础上，税收的强制性和无偿性，使得国家通过权利的行使获得来自人民的税收收入，使得国家与纳税人权利义务不对等，因而有了现行《中华人民共和国宪法》第 56 条规定的中华人民共和国公民有依法纳税的义务。该条款的制定为税款的征收提供了制度支持。然而，透过对该条文的审视，公民的纳税义务得到了强调，但是纳税人的权利保护却没有得到太多的关注。税收的缴纳有赖于当事人的财产利益，对于纳税人财产权的保护在税法中应当重点凸显。在社会契约论的影响下，公民将一部分财产利益化作税收以期获得国家对其基本权利的保护。[2] 因而，保障公民的私人财产权，可以使得国家经济平稳运行。一旦对国家的课税权不加以限制，财政资金的肆意增长损害个人财产，从而导致国家经济缺乏后续的支撑，由此造成国家运行的风险。作为公共利益与个人利益密切相关的税法领域，两者之间既对立又统一，处理好两者之间的矛盾，才能够实现税收现代化的目标。

在税收债务约定承担中，私人财产利益的保护被划分到其领域内。税收债务约定承担是建立在私法活动中的，基于私法行为产生税法的效果，决定了其应当成为保护公民合法的私有财产和公共财产的利器。民法作为一种私法，更为强调自由，对于双方主体以及内容具有较大的选择性和随意性；税法作为一种公法，对于纳税主体等课税要件的规定更为严格，更具强制性和固定性。除非在法律规定的情形下，否则任何机关、单位或者

---

[1] 李刚．国家、税收与财产所有权 [C]// 刘剑文．财税法论丛（第 4 卷）．北京：法律出版社，2004：126.

[2] 翟继光．论税法学研究范式的转换——中国税法学的革命 [C]// 刘剑文．财税法论丛（第 4 卷）．北京：法律出版社，2004：112.

个人都不能随意改变，这也是基于两种法律所保护的权益倾向不同。在不同领域中，由于当事双方主体地位的不同，公民对利益平衡所带来的倾向性的认知也不同。在税法领域，由于各种冲突本身属于广义的利益衡量，基本原则具有相当强的拘束力；而在民法领域，由于建立在平等主体之间，双方当事人的利益具有互换性，发生争执时，利益平衡也较为简单。同时，地位的平等，使得个人未来可预测到的利益有了更高的民众接受度。[1]税法上的债务约定承担制度，体现的不是对个体利益的关注，而是对于整个国家利益的关注，因此，每个个体对这样利益的感受是间接的，接受度也不高。只有在税收利益减少使得国家无法提供足够的公共产品以及公共服务，个体利益受到损害时，公民对于国家以税收的方式占有财产时才会更为接受。公共福利不能被等同于个人欲望和个人要求的总和[2]，个人利益与共同利益有时并不是一致的，总会存在相冲突的地方，虽然通过税收的方式可以为自身带来利益，但是人的本能为此作出了选择，导致人们对于税收的无偿占有仍存在消极的印象。

一方面，税收债务约定承担制度其中的一个重要作用便是促进交易的自由。公共利益在我国的法律体系中占据了重要的位置，在公法、私法以及公私法混合的体系中都有所体现，并且公共利益还能被具体拆分为国家的利益、社会的利益和集体的利益，但只有符合公共目的的部分才属于公共利益的范畴。[3]在中国特色社会主义制度下的市场，如果当事人都有履行合同的合意，交易能够自由达成，获利的机遇便会增加，税收债务约定承担制度可以在一定程度下引导资源的自由流动，优化资源配置，从而促进社会经济的繁荣与发展。另一方面，在相关的税收债务

---

[1] 孙健波. 税法解释研究——以利益平衡为中心 [M]. 北京：法律出版社，2007：125.

[2] 博登海默. 法理学. 法律哲学与法律方法 [M]. 邓正来，译. 北京：中国政法大学出版社，1999：398.

[3] 门中敬. 含义与意义：公共利益的宪法解释 [J]. 政法论坛，2012（4）：74.

约定的合同中，当事人可以以自己的意志独立地作出自己的选择，从而不受公法的限制。当事人自己处分自身的财产权，自由选择是否为纳税人承担纳税义务，体现了对于个人活动的尊重。税收债务约定承担制度的落实，不仅体现在对于国家征税权的保护和限制，也体现在对于私人利益的更深层次的保护。

三、税收债务约定承担的法律规范和司法立场

通过梳理我国税收债务约定承担的立法和司法的总体情况，发现无论是税收立法还是税收司法方面都存在诸多问题，如制度依据不完善、认定难度较大、自由裁量权较大、同案不同判现象较普遍等。这些问题的存在增加了税收征管的困难，同时侵害了第三人和纳税义务人的权益，对经济和社会发展造成了不良的影响。因此，弥补我国税收立法和司法的缺陷，才能推动税收的法治进程。

（一）税收债务约定承担的法律规范分析

梳理中央和地方两层面中对于税收债务约定承担制度的规定，通过重点关注税收债务约定承担的界定、适用条件以及效力，全面审视税收债务约定承担制度的状况。

1. 国家层面关于税收债务约定承担的相关规定

税收债务约定承担制度的前身便是包税制度。在改革开放初期，农村承包制的成功，使得承包制被引入行政管理中，形成了中央与地方实行财政收支包干的情形。[1] 中央对全国 37 个下辖财政单位共实行了六类不同的

---

[1] 承包制的运用形成了中央与地方"分灶吃饭"的财政体制：1980—1985 年是"划分收支、分级包干"体制阶段；1985—1987 年是"划分税种、核定收支、分级包干"体制阶段；1988—1992 年是"总额分成基础上，各地方实行各种形式的财政收支包干"体制阶段。参见刘光华、郝宽国．"驻京办""跑部钱进"与财政分配体制的完善 [J].甘肃社会科学，2011（6）：119-123.

包干办法 [1]，并每年不断进行调整。其中对于国营企业的影响最为深远，颇有国家向企业包税的意味：第一次是 1987 年，在利改税的基础上，对企业所得税实行"包死基数、确保上交、超收多留、欠收自补"的原则，对企业纳税超过合同额部分，以 80％ 返还；第二次是 1992 年，配合新一轮企业承包责任制，改革了企业流转税，把地方工商企业税收与地方政府的财政收入紧紧地结合在一起。除了针对国家体制内包税活动的改革，外国投资者进行的包税活动也在规制的范畴。为了防止外国投资者在显失公平的情况下将一切税负转移，1982 年财政部就对包税条款的法律效力进行了明确，正式否定了外国投资者的包税行为。[2]

随着商品经济的发展，中央调整其与地方利益的方式是一种典型的包税行为，财税的收支基数以及上缴、补贴额都是由中央和地方通过单独谈判来达成的。[3] 由于此种方式削弱了中央的议价能力，增强了地方的经济话语权，中央对于包干制财税体制开始着手改革。

《中华人民共和国国民经济和社会发展十年规划和第八个五年计划纲要》[4]与 1993 年底中共中央的决定 [5]将分税制作为划分国家与地方利益分配的方式。一方面，分税制的改革使得经济发达地区依据比例上缴税收收入，对经济不发达地区进行定额补助。[6]另一方面，各级地方政府通过类似于

---

[1] 周飞舟. 分税制十年：制度及其影响 [J]. 中国社会科学，2006（6）：100–115.

[2]《关于外国企业所得税法公布施行前已批准的技术引进、借贷款、租赁等合同有关税收问题的通知》（财税字第 102 号）（简称"102 号文"，已于 1997 年废止）。该文件规定"在外国企业所得税法公布施行以后签订的合同，应依照国家税收法令确定合同条款，不得再用包税办法，违反税法规定的有关合同条款，一律无效"。

[3] 叶姗. 税权集中的形成及其强化——考察近 20 年的税收规范性文件 [J]. 中外法学，2012（4）：782–799.

[4] 提出财税改革的方向是"在划清中央和地方事权范围的前提下实行分税制"。

[5]"把现行地方财政包干制改为在合理划分中央与地方事权基础上的分税制，建立中央税收和地方税收体系"。

[6] 李京洋. 省以下增值税和营业税收入划分规则缘起、演变与改进 [C]// 刘剑文. 财税法论丛（第16 卷）. 北京：法律出版社，2015：364.

包税契约的税收任务对官员进行任免考核和定期评估。这些任务使得原本的部门包干和个人包干都存留了下来。除此之外，国家税务总局也发布了一些税收规范性文件，在这些文件里对于包税行为采取默认的态度或者间接承认约定的合法性，此时的包税情形也被限定在个人所得税以及与涉外相关的包税活动中。具体文件如表6-1所示。

表6-1　税务总局发布的有关税收债务约定承担的规范性文件一览

序号	名称	内容
1	《征收个人所得税若干问题的规定》（国税发〔1994〕089号）	关于单位或个人为纳税义务人负担税款的计征办法问题：单位或个人为纳税义务人负担个人所得税税款，应将纳税义务人取得的不含税收入换算为应纳税所得额，计算征收个人所得税。
2	《国家税务总局关于雇主为其雇员负担个人所得税税款计征问题的通知》（国税发〔1996〕199号）	条款失效。关于雇主为其雇员负担个人所得税税款的处理问题。
3	《国家税务总局关于明确单位或个人为纳税义务人的劳务报酬所得代付税款计算公式的通知》（国税发〔1996〕161号）	单位或个人为纳税义务人负担个人所得税税款的，应将纳税义务人取得的不含税收入额换算为应纳税所得额，计算征收个人所得税。
4	《国家税务总局关于开展1998年涉外税收专项检查的通知》（国税函〔1998〕287号）	代扣代缴外国企业预提所得税的纳税情况检查，对签订包税合同的，是否采取换算含税所得计算纳税，如果未换算含税所得计算纳税，对所含的税款不应在代扣代缴义务人税前扣除。
5	《国家税务总局关于明确单位或个人为纳税义务人的劳务报酬所得代付税款计算公式对应税率表的通知》（国税发〔2000〕192号）	为了规范单位或个人为纳税人代付劳务报酬所得，应纳个人所得税的计算方法适用本通知的规定。
6	《国家税务总局关于中国银行海外分行取得来源于境内利息收入税务处理问题的函》（国税函〔2001〕189号）	已失效。关于"包税"条款问题：根据我国税法规定合同条款中约定由国内企业在经济上负担外国企业的税款，属于合同当事人之间的一种商业约定，税务部门将不予干涉。但凡合同中约定由国内企业负担外国企业税款的，税务部门将采取将上述不含税收入换算为含税收入后计算征税。

"依法收税"精神的弘扬，使得行政机关以及司法机关对于该制度的效力采取了审慎的态度。2016年，最高人民法院审判委员会通过了《最高人民法院关于人民法院网络司法拍卖若干问题的规定》（以下简称《网拍规定》）[1]，其中第三十条规定了人民法院有权确定税费承担的主体，但仅仅作为法律与行政法规的补充。这是第一次税收债务约定承担以司法解释的状态呈现，也是第一次明确对该制度进行规定。

2. 地方层面关于税收债务约定承担的相关规定

地方层面关于税收债务约定承担的规定不多，《上海市税务局关于个人所得税法修改后对公司（雇主）采用包税的外籍个人应如何计算征税问题的通知》（沪税外〔1994〕29号）中隐约赞同包税的情形；[2] 在《国家税务总局深圳市税务局关于市六届人大八次会议闭会期间第20200575号代表建议会办意见的函》[3] 中，深圳市税务局认为，在司法拍卖中，税费承担约定的效力大于税费承担的法定的效力，相关的税费承担的主体只有在买受人未履行纳税义务的情况下，才会转为适用法律、法规规定。

其他的有关该制度的规定同样集中于司法机构，具体如表6-2所示。这三个省的高级人民法院对于司法拍卖中的税费承担情况，都要求优先适

---

[1] 该司法解释第30条规定："因网络司法拍卖本身形成的税费，应当依照相关法律、行政法规的规定，由相应主体承担；没有规定或者规定不明的，人民法院可以根据法律原则和案件实际情况确定税费承担的相关主体、数额。"

[2] 各区（县）税务（分）局、浦东新区财税局、外税分局近接有些单位询问，关于外籍个人是由公司（雇主）代为缴纳个人所得税税款，在征税时应如何换算成含税所得额计算征税的问题，现明确如下计算征税。

[3] 在该函中，税务机关认为：首先，司法拍卖过程中，买受人和出卖人应当按照法律、法规的规定各自履行纳税义务，缴纳相应的税款。其次，司法拍卖公告中列明的税费承担条款，事实上并未改变纳税义务主体。如果买受人未按照税费承担款的约定代出卖人缴纳税款，法定纳税义务主体（出卖人）仍需根据《税收征管法》等法律、法规的规定，依法履行纳税义务。最后，在实践操作中，税费清缴是产权过户、证照变更的先决条件，只有在买受人和出卖人均履行纳税义务后，才能进行执行标的物的产权变更。如若出卖人由于资金困难等原因未履行纳税义务，将影响产权过户、证照变更的顺利办理。据此，建议虽有其合理性，但是在操作层面上存在一定不确定性。如贵院后续修改司法拍卖公告文本，请充分考虑上述因素。

用相关的法律法规，由相应主体分别负担相应的税费。

表 6-2　省高院对于税收债务约定承担的规定一览

序号	名称	内容
1	《浙江省高级人民法院执行局关于规范不动产网络司法拍卖、变卖工作指引》（浙高法执〔2020〕6 号）第 17 条	（本次变价形成的税费各自负担）对于本次变价形成的税费，相关法律法规明确规定负担主体的，应由相应主体负担。
2	《山东省高级人民法院关于加强和规范司法评估、网络司法拍卖工作的实施意见》（鲁高法办〔2016〕52 号）第 13 条第 2 款	拍卖财产移交、过户涉及的税费，由买卖双方按照国家相关规定分别承担。
3	《江苏省高级人民法院关于正确适用〈最高人民法院关于人民法院网络司法拍卖若干问题的规定〉若干问题的通知》（苏高法电〔2017〕217 号）第 4 条	因网络司法拍卖产生的税费，按照《网拍规定》第三十条的规定，由相应主体承担。在法律、行政法规对税费负担主体有明确规定的情况下，人民法院不得在拍卖公告中规定一律由买受人承担。

3. 现有规定的缺陷

总体来看，在税收债务约定承担相关法律规范尚不完备的现状下，税务机关的规范性文件以及司法机关关于该规则的解释和规定对于研究税收债务约定承担制度具有重要借鉴意义。而这些规定，是否可以在法律暂无完善规定的模式中，继续作为一般性规范条款予以适用值得深入分析。在司法机关完善统一法律适用标准的前提下以及《税收征管法》修订的情况下，如何将这些规定进行统一与衔接也值得讨论。

其一，税收债务约定承担的界定模糊。不管是包税条款还是这些规定可以看出，税务机关、司法机关都在努力尝试将该制度纳入法律规范的范畴内，但仅仅提及了"纳税主体"的情况，内容较为简略。纳税主体的变更是该制度运用的一个法律后果，对于该制度的主体、客体以及内容等没有进行过多的叙述。以制度的主体而言，具备哪些条件才能成为税收债务约定承担的主体？一些特殊的主体，例如公司能否成为主体？第三人的主体地位如何？这些都没有进行规定。

其二，从适用条件来看，这些规范适用的范围和情形狭窄。一方面，这些规范仅仅适用于司法拍卖本身形成的税费的情形，对于二手房买卖这些常见的情形没有规定，导致在出现这类情况时无法可依。另一方面，税收债务约定承担是否是法律、法规的补足条款依然存在争议。在有明确的法律、行政法规的规定下，通过约定的方式变更实际纳税人该如何处理？在没有明确规定或者规定不明的状态下，是由当事人之间的约定来主导还是只能由法院进行认定？

其三，从效力方面来看，整个法律规范体系中仅存在规范性文件以及司法解释。规范性文件的效力层级使得其只能作为行政行为合法有效的依据。而且规范性文件的适用，都要求遵循我国宪法、法律、法规，并且与宪法、法律、法规不冲突。但是这些规范并没有体现出与宪法、法律、法规相一致的情况，同时税收主体及其权力（利）范围，需要依据立法机关即全国人大通过的税收法律进行确定。同时，司法机关能否作出影响税收要素的决定仍需要质疑。司法机关行使的职权属于司法权的管辖范围，税收主体这类税收要件的规定属于立法权的范畴，司法机关去确定纳税主体，在一定程度上超越了司法机关的权限。

目前来看，现行规范中对于税收债务约定承担的概念以及成立要件的规定仍然缺乏。虽然相关组织对于该制度在不断地探索，但仍面临诸多问题：税收债务约定承担到底是什么制度？哪些情况下可以适用该制度？当事人之间的地位如何等问题，都需要进一步研究。

（二）税收债务约定承担的司法裁判立场

司法实践中，法院对税收债务约定承担的效力进行分析时，往往以不同的实体或者程序上的理由表达不同的态度。目前，对于纳税义务约定的态度大多是赞成的。从审判理由中可以看出，法院对于该制度的裁判规则并不明晰，多是于合同的生效要件上作文章。下面通过分析当前的司法现状，寻找出现阶段税收债务约定承担发展存在的问题。

1. 司法裁判文书的选择说明

本书案例样本，以"无讼网""中国裁判文书网"收录的案例为限。在该网站中，以"税费承担"为关键词，截至2020年12月31日，共检索到3181个案例。在此背景下，作为分析对象的案例选取的时间段为2009—2020年12月31日，原因有三：第一，2009年《中华人民共和国民法通则》进行了修正，这会影响法官对于第三人与纳税人以合同的形式约定税款承担的裁判。第二，从时间跨度上来看，这一阶段有十一年，十一年之间有充裕的时间给法官进行适应，可以直观地体现税收债务约定承担的运行状况以及使用结果。第三，这十一年内的案件数量多，能够增强实证分析的合理性以及客观性。就总的案例取样范围，我们又对其逐步限定。第一步，去除重复的案件以及与税费承担主体不相关的案件。第二步，对涉及历史性欠税主体的案件进行删减。第三步，对合同中约定按照法律规定承担税款的案件进行剔除。最后得到的样本中，肯定说的比例为63.1％，远远高于其他学说，说明税收债权债务关系有着很大的适用空间，这为解决现实中的问题提供了指引方向。

2. 税收债务约定承担的司法态度

存在约定纳税义务的情况下，如何平衡、保护国家利益以及双方当事人的合法利益，是一个比较棘手的问题。一些案件直面该合同条款的效力，一些案件尽量避免对合同条款效力的评价，通过对于其他方面事实的认定以及程序的问题作出裁判。为了更加客观地反映司法界对于税收债务约定承担的态度，本书对筛检出来的样本进行类型化分析和整理。在这些案件中，司法机关在进行裁判时，持有的观点可以分为以下四类：司法肯定税收债务约定（以下简称肯定说）、司法否定税收债务约定承担（以下简称否定说）、司法依具体情形认定（以下简称折中说）以及司法回避（以下简称回避说）。

（1）肯定说

法院在对税收债务约定承担的有效性进行分析时，存在着不同的说理方式，主要围绕着合同的生效要件以及履行方式（参见表6-3）。从合同效力的角度出发，法官围绕着合同生效的四个要件进行讨论：

表6-3　肯定说的裁判理由及案例一览

角度	类型	案号（加粗的为重复的案例）
合同有效	意思表示真实	（2017）浙行申1059号，（2018）**鲁1103行初9号**，（2016）**苏8601行初280号**，（2015）新行初字第138号行政判决，（2017）**浙0903执异18号**，（2018）**黑06执异112号**，（2019）**闽01执异106号**，（2015）**浙温执复字第7号**，（2015）温瑞执异字第8号，（2018）吉24执复83号，（2019）沪执复17号，（2017）闽0105执异24号，（2017）宁0202执异60号，（2019）沪执复21号，（2018）皖执复95号，（2019）沪执复20号，（2019）沪执复22号，（2018）鄂01委赔15号，（2018）粤0118执异23号，（2018）**川01执复199号**，（2019）沪执复23号，（2018）闽0181执异12号，（2018）**鲁06执异178号**，（2019）**浙0603执异196号**，（2019）沪执复19号，（2019）沪执复16号，（2019）沪执复18号，（2019）沪执复14号,（2019)沪执复13号,（2017)**苏02执异19号**,（2018）**粤01执复325号**，（2018）粤0118执异23号，（2018）皖执复95号，（2018）皖01执异78号，（2019）沪执复15号，（2017）甘执复12号，（2018）冀0403执异172号，（2017）**浙0903执异30号**，（2018）浙0624执异1号，（2016）文法执异字第99号，（2017）闽0724执243号之一，（2017）**浙0903执异29号**，（2017）川0181执异43号，（2017）粤20执复101号，（2017）粤2071执异323号，（2018）豫03执异209号，（2018）粤0104执异132号，（2017）吉0204执异43号，（2019）**粤01执异419号**，（2018）闽0181执异12号，（2019）浙1122执异8号，（2019）粤01执复280号，（2019）**粤0104执异11号**，（2017）川0181执异15号，（2018）闽0181执异12号，（2018）云01执异93号，（2018）赣11执复20号，（2018）冀09执复20号，（2017）冀0922执异63号，（2016）闽0181执2923号之三，（2018）**闽0525执异36号**，（2018）豫03执异56号，（2018）苏0411执异5号，（2019）川01执复151号，（2018）豫01执复202号，（2018）苏09执异80号，（2018）豫03执异208号，（2017）浙0903执异27号，（2015）鱼执异字第9号，（2017）**苏0509执异199号**，（2019）冀0403执异40号，（2016）浙0327执异8号，（2018）**浙11执复8号**，（2018）闽0181执异16号，（2018）闽0181执异17号，（2017）**浙0302执异295号**，（2018）豫03执异207号,（2018）冀0403执异172号,（2018）**闽09执复55号**,（2018）闽0902执异26号，（2018）粤01执复477号，（2018）粤0104执异132号，（2017）**浙0302执异296号**，（2018）鲁1423执异10号，（2017）粤01执复72号，（2017）粤0105执异279号，（2017）浙0881执异39号，（2018）闽0181执异11号，（2017）苏0211执异17号，

角度	类型	案号（加粗的为重复的案例）
合同有效	意思表示真实	（2017）浙0903执异31号，（2017）浙0881执异36号，（2018）粤1302执异70号，**（2011）柳市执异字第1号**，**（2017）浙0903执异32号**，**（2017）浙0903执异29号**，（2017）浙0903执异28号，（2010）杭下民初字第263号，（2009）浦民一（民）初字第18062号，（2010）沪二中民二（民）终字第2430号，（2011）嘉南民初字第2120号，**（2012）宁法民二初字第50号**，（2012）宁法民二初字第49号，（2012）闸民三（民）初字第1558号，**（2012）宁法民二初字第53号**，（2013）深宝法民三初字第816号，（2013）沪一中民二（民）终字第2168号，（2013）普民四（民）初字第696号，（2013）浙嘉民终字第203号，**（2013）昌民初字第15048号**，**（2013）川民申字第2521号**，（2014）包民一初字第02677号，（2013）石民初字1768号，（2014）三民终字第726号，（2014）浦民一（民）初字第23199号，**（2014）沈中民二终字第304号**，（2014）一中民终字第6485号，（2014）莆民终字第1116号，（2014）中中法民一终字第991号，（2013）南法民初字第7133号，（2013）荔民初字第4091号，（2014）枣民五终字第173号，（2014）浙民提字第18号，（2014）朝民初字第00398号，**（2015）北民初字第2348号**，（2015）宝民三（民）初字第1319号，**（2015）鄂咸宁中民终字第343号**，（2015）江民一初字第1729号，（2016）渝01民终7987号，（2015）南中法民终字第2385号，（2015）穗中法民五终字第913号，**（2015）鄂咸宁中民终字第341号**，（2015）沈中民二终字第80号，（2014）浯民初字第7506号，（2015）沈中民二终字第2913号，（2016）闽07民终1116号，（2016）闽民再92号，（2016）川1621民初50号，（2016）渝0101民初289号，（2015）渝北法民初字第13849号，（2016）沪02民终6212号，（2016）辽0102民初8141号，（2016）鲁0203民初1260号，（2017）粤18民终2019号，（2017）粤0605民初11910号，（2016）云04民终735号，（2016）云04民终729号，（2016）云04民终787号，（2016）云04民终732号，（2017）鲁0612民初2643号，（2017）沪0117民初12056号，（2016）云04民终699号，（2016）云04民终703号，（2016）云04民终733号，（2016）云04民终826号，（2016）云04民终767号，（2017）沪02民终997号，（2016）云04民终731号，（2016）云04民终730号，（2016）云04民终734号，（2016）云04民终788号，（2016）云04民终728号，（2016）云04民终789号，（2016）云04民终786号，（2016）云04民终827号，（2016）云04民终790号，（2016）云04民终727号，（2016）云04民终765号，（2017）粤03民终917号，（2017）沪01民终1549号，（2016）云04民终768号，（2016）云04民终969号，（2016）云04民终828号，（2016）云04民终701号，（2018）粤19民终2376号，（2018）粤0604民初3327号，（2018）沪0104民初5944号，（2017）苏0115民初13869号，（2018）冀1022民初1475号，（2018）京0116民初4047号，（2018）粤1721民初261号，（2018）黔01民终9458号，（2018）京02民终851号，（2018）沪0112民初9381号，（2017）苏0691民初2295号，（2018）沪0112民初13075号，（2017）沪0113民初20399号，（2018）豫0105民初24066号，（2019）湘11民终1972号，（2019）湘11民终1978号，（2019）湘11民终1967号，（2019）湘11民终1964号，（2019）湘11民终1984号，

（续表）

角度	类型	案号（加粗的为重复的案例）
合同有效	意思表示真实	（2019）湘11民终1963号，（2019）湘11民终1961号，（2019）湘1121民初237号，（2019）湘11民终1975号，（2019）湘11民终1971号，（2019）湘11民终1960号，（2018）湘11民终1589号，（2019）湘11民终1988号，（2019）湘11民终1965号，（2019）湘11民终1974号，（2019）湘11民终1968号，（2019）湘11民终1977号，（2019）湘11民终1966号，（2019）湘11民终1986号，（2019）湘11民终1969号，（2019）湘11民终1962号，（2019）湘11民终1985号，（2019）湘11民终1987号，（2019）湘11民终1970号，（2019）湘11民终1980号，（2019）吉0202民初1086号，（2020）青2321民初784号，（2020）青2321民初799号，（2020）青2321民初827号，（2020）青2321民初865号，（2020）青2321民初867号，（2020）青2321民初808号，（2020）青2321民初832号，（2020）青2321民初779号，（2020）青2321民初847号，（2020）青2321民初851号，（2020）青2321民初826号，（2020）青2321民初857号，（2020）青2321民初807号，（2020）青2321民初768号，（2020）青2321民初782号，（2020）青2321民初859号，（2020）青2321民初802号，（2020）青2321民初874号，（2020）青2321民初872号，（2020）青2321民初778号，（2020）青2321民初831号，（2020）青2321民初785号，（2020）青2321民初829号，（2020）青2321民初812号，（2020）青2321民初881号，（2020）青2321民初822号，（2020）青2321民初796号，（2020）青2321民初834号，（2020）青2321民初838号，（2020）青2321民初777号，（2020）青2321民初818号，（2020）青2321民初843号，（2020）青2321民初824号，（2020）青2321民初840号，（2020）青2321民初830号，（2020）青2321民初876号，（2020）青2321民初809号，（2020）青2321民初819号，（2020）青2321民初848号，（2020）青2321民初804号，（2020）青2321民初806号，（2020）青2321民初887号，（2020）青2321民初841号，（2020）青2321民初873号，（2020）青2321民初842号，（2020）青2321民初783号，（2020）青2321民初880号，（2020）青2321民初825号，（2020）青2321民初781号，（2020）青2321民初800号，（2020）青2321民初849号，（2020）青2321民初878号，（2020）青2321民初888号，（2020）青2321民初866号，（2020）青2321民初839号，（2020）青2321民初836号，（2020）青2321民初875号，（2020）青2321民初860号，（2020）青2321民初813号，（2020）青2321民初833号，（2020）青2321民初864号，（2020）青2321民初868号，（2020）青2321民初846号，（2020）青2321民初798号，（2020）青2321民初811号，（2020）青2321民初801号，（2020）青2321民初816号，（2020）青2321民初844号，（2020）青2321民初797号，（2020）青2321民初858号，（2020）青2321民初854号，（2020）青2321民初862号，（2020）青2321民初853号，（2020）青2321民初871号，（2020）青2321民初803号，（2020）青2321民初828号，（2020）青2321民初879号，（2020）青2321民初856号，（2020）青2321民初850号，（2020）青2321民初855号，（2020）青2321民初821号，（2020）青2321民初815号，（2020）青2321民初882号，（2020）青2321民初814号，（2020）青2321民初766号，（2020）青2321民初870号，（2020）青2321民初869号，

（续表）

角度	类型	案号（加粗的为重复的案例）
合同有效	意思表示真实	（2020）青2321民初786号，（2020）青2321民初863号，（2020）青2321民初861号，（2020）青2321民初852号，（2020）青2321民初780号，（2020）青2321民初820号，（2020）青23民终84号，（2020）青23民终119号，（2020）青23民终101号，（2020）青23民终70号，（2020）青23民终76号，（2020）青23民终87号，（2020）青23民终105号，（2020）青23民终74号，（2020）青23民终143号，（2020）青23民终98号，（2020）青23民终124号，（2020）青23民终90号，（2020）青23民终113号，（2020）青23民终122号，（2020）青23民终130号，（2020）青23民终77号，（2020）青23民终86号，（2020）青23民终94号，（2020）青23民终104号，（2020）青23民终147号，（2020）青23民终162号，（2020）青23民终97号，（2020）青23民终82号，（2020）青23民终109号，（2020）青23民终111号，（2020）青23民终96号，（2020）青23民终92号，（2020）青23民终118号，（2020）青23民终146号，（2020）青23民终135号，（2020）青23民终93号，（2020）青23民终112号，（2020）青23民终152号，（2020）青23民终136号，（2020）青23民终128号，（2020）青23民终123号，（2020）青23民终121号，（2020）青23民终108号，（2020）青23民终167号，（2020）青23民终127号，（2020）青23民终144号，（2020）青23民终95号，（2020）青23民终116号，（2020）青23民终110号，（2020）青23民终134号，（2020）青23民终140号，（2020）青23民终156号，（2020）青23民终139号，（2020）青23民终138号，（2020）青23民终148号，（2020）青23民终71号，（2020）青23民终137号，（2020）青23民终78号，（2020）青23民终73号，（2020）青23民终158号，（2020）青23民终115号，（2020）青23民终125号，（2020）青23民终103号，（2020）青23民终165号，（2020）青23民终102号，（2020）青23民终163号，（2020）青23民终72号，（2020）青23民终159号，（2020）青23民终129号，（2020）青23民终99号，（2020）青23民终133号，（2020）青23民终100号，（2020）青23民终75号，（2020）青23民终161号，（2020）青23民终157号，（2020）青23民终126号，（2020）青23民终120号，（2020）青23民终160号，（2020）青23民终131号，（2020）青23民终81号，（2020）青23民终80号，（2020）青23民终106号，（2020）青23民终141号，（2020）青23民终151号，（2020）青23民终132号，（2020）青23民终79号，（2020）青23民终107号，（2020）青23民终149号，（2020）青23民终166号，（2020）青23民终114号，（2020）青23民终117号，（2020）青23民终83号，（2020）青23民终88号，（2020）青23民终164号，（2020）青23民终155号，（2020）青23民终91号，（2020）冀0903民初125号，（2020）鲁14民终3855号，(2020)鲁10民终2458号，（2020）鲁1602执异61号，（2019）沪01民终12085号，（2019）沪01民终14217号，（2019）沪0106民初58108号，（2019）沪0118民初24047号，（2019）沪0105民初25843号，（2020）豫13民再12号，（2020）鄂96民终275号，（2020）鄂96民终277号，（2020）鄂96民终276号，（2020）鄂96民终274号，（2019）川民终1141号，（2020）川01民终2964号

角度	类型	案号（加粗的为重复的案例）
合同有效	法无禁止即自由，不违反法律法规的强制性规定	（2018）鲁 1103 行初 9 号，（2016）苏 8601 行初 280 号，（2018）黑 06 执异 112 号，（2019）闽 01 执异 106 号，（2018）闽 01 执复 21 号，（2018）鲁 06 执异 178 号，（2019）浙 0603 执异 196 号，（2017）苏 02 执异 19 号，（2018）粤 01 执复 325 号，（2019）粤 01 执异 419 号，（2018）鲁 0303 执异 133 号，（2019）粤 0104 执异 11 号，（2018）浙 0802 执 2839 号，（2018）冀 09 执复 20 号，（2018）黑 06 执异 111 号，（2019）川 2002 执异 38 号，（2017）苏 0509 执异 199 号，（2017）浙 0302 执异 295 号，（2018）闽 09 执复 55 号，（2017）浙 0302 执异 296 号，（2011）柳市执异字第 1 号，（2012）宁法民二初字第 49 号，（2013）郑民四终字第 1382 号，（2014）开民一初字第 02279 号，（2013）川民申字第 2521 号，（2014）沈中民二终字第 304 号，（2013）荔民初字第 4091 号，（2015）北民初字第 2348 号，（2015）益赫民一初字第 515 号，（2015）鄂咸宁中民终字第 343 号，（2016）闽民申 679 号，（2015）通中民终字第 02840 号，（2015）阜民一终字第 00371 号，（2015）沈中民二终字第 1847 号，（2015）皇民二初字第 1333 号，（2015）永冷民重字第 24 号，（2014）中中法民一终字第 1132 号，（2016）闽民申 679 号，（2016）鲁 0203 民初 6979 号，**（2017）湘 0423 民初 996 号**，（2017）渝 05 民终 3321 号，（2016）湘 0523 民初 1605 号，（2017）粤 20 民终 2204 号，（2017）鲁 08 民终 2421 号，（2018）冀 0110 民初 2382 号，（2017）湘 0528 民初 1498 号，（2018）湘 0524 民初 1970 号，（2017）湘 0528 民初 1494 号，（2017）湘 0528 民初 1495 号，（2019）沪 01 民终 2134 号，**（2018）川 01 执异 199 号**，（2018）闽 01 执复 76 号，**（2018）粤 01 执复 325 号**，（2018）粤 0118 执异 23 号，（2018）云 28 执异 17 号，（2017）浙 0302 执异 461 号，（2019）1202 执异 2 号，（2017）苏 0507 执异 42 号，（2020）青 2321 民初 784 号，（2020）青 2321 民初 799 号，（2020）青 2321 民初 827 号，（2020）青 2321 民初 865 号，（2020）青 2321 民初 867 号，（2020）青 2321 民初 808 号，（2020）青 2321 民初 832 号，（2020）青 2321 民初 779 号，（2020）青 2321 民初 847 号，（2020）青 2321 民初 851 号，（2020）青 2321 民初 826 号，（2020）青 2321 民初 857 号，（2020）青 2321 民初 807 号，（2020）青 2321 民初 768 号，（2020）青 2321 民初 782 号，（2020）青 2321 民初 859 号，（2020）青 2321 民初 802 号，（2020）青 2321 民初 874 号，（2020）青 2321 民初 872 号，（2020）青 2321 民初 778 号，（2020）青 2321 民初 831 号，（2020）青 2321 民初 785 号，（2020）青 2321 民初 829 号，（2020）青 2321 民初 812 号，（2020）青 2321 民初 881 号，（2020）青 2321 民初 822 号，（2020）青 2321 民初 796 号，（2020）青 2321 民初 834 号，（2020）青 2321 民初 838 号，（2020）青 2321 民初 777 号，（2020）青 2321 民初 818 号，（2020）青 2321 民初 843 号，（2020）青 2321 民初 824 号，（2020）青 2321 民初 840 号，（2020）青 2321 民初 830 号，（2020）青 2321 民初 876 号，（2020）青 2321 民初 809 号，（2020）青 2321 民初 819 号，

（续表）

角度	类型	案号（加粗的为重复的案例）
合同有效	法无禁止即自由，不违反法律法规的强制性规定	（2020）青2321民初828号，（2020）青2321民初879号，（2020）青2321民初856号，（2020）青2321民初850号，（2020）青2321民初855号，（2020）青2321民初821号，（2020）青2321民初815号，（2020）青2321民初882号，（2020）青2321民初814号，（2020）青2321民初766号，（2020）青2321民初870号，（2020）青2321民初869号，（2020）青2321民初786号，（2020）青2321民初863号，（2020）青2321民初861号，（2020）青2321民初852号，（2020）青2321民初780号，（2020）青2321民初820号，（2020）青23民终84号，（2020）青23民终119号，（2020）青23民终101号，（2020）青23民终70号，（2020）青23民终76号，（2020）青23民终87号，（2020）青23民终105号，（2020）青23民终74号，（2020）青23民终143号，（2020）青23民终98号，（2020）青23民终124号，（2020）青23民终90号，（2020）青23民终113号，（2020）青23民终122号，（2020）青23民终130号，（2020）青23民终77号，（2020）青23民终86号，（2020）青23民终94号，（2020）青23民终104号，（2020）青23民终147号，（2020）青23民终162号，（2020）青23民终97号，（2020）青23民终82号，（2020）青23民终109号，（2020）青23民终111号，（2020）青23民终96号，（2020）青23民终92号，（2020）青23民终118号，（2020）青23民终146号，（2020）青23民终135号，（2020）青23民终93号，（2020）青23民终112号，（2020）青23民终152号，（2020）青23民终136号，（2020）青23民终128号，（2020）青23民终123号，（2020）青23民终121号，（2020）青23民终108号，（2020）青23民终167号，（2020）青2321民初848号，（2020）青2321民初804号，（2020）青2321民初806号，（2020）青2321民初887号，（2020）青2321民初841号，（2020）青2321民初873号，（2020）青2321民初842号，（2020）青2321民初783号，（2020）青2321民初880号，（2020）青2321民初825号，（2020）青2321民初781号，（2020）青2321民初800号，（2020）青2321民初849号，（2020）青2321民初878号，（2020）青2321民初888号，（2020）青2321民初866号，（2020）青2321民初839号，（2020）青2321民初836号，（2020）青2321民初875号，（2020）青2321民初860号，（2020）青2321民初813号，（2020）青2321民初833号，（2020）青2321民初864号，（2020）青2321民初868号，（2020）青2321民初846号，（2020）青2321民初798号，（2020）青2321民初811号，（2020）青2321民初801号，（2020）青2321民初816号，（2020）青2321民初844号，（2020）青2321民初797号，（2020）青2321民初858号，（2020）青2321民初854号，（2020）青2321民初862号，（2020）青2321民初853号，（2020）青2321民初871号，（2020）青2321民初803号，（2020）青23民终127号，（2020）青23民终144号，（2020）青23民终95号，（2020）青23民终116号，（2020）青23民终110号，（2020）青23民终134号，

（续表）

角度	类型	案号（加粗的为重复的案例）
合同有效	法无禁止即自由，不违反法律法规的强制性规定	（2020）青23民终140号，（2020）青23民终156号，（2020）青23民终139号，（2020）青23民终138号，（2020）青23民终148号，（2020）青23民终71号，（2020）青23民终137号，（2020）青23民终78号，（2020）青23民终73号，（2020）青23民终158号，（2020）青23民终115号，（2020）青23民终125号，（2020）青23民终103号，（2020）青23民终165号，（2020）青23民终102号，（2020）青23民终163号，（2020）青23民终72号，（2020）青23民终159号，（2020）青23民终129号，（2020）青23民终99号，（2020）青23民终133号，（2020）青23民终100号，（2020）青23民终75号，（2020）青23民终161号，（2020）青23民终157号，（2020）青23民终126号，（2020）青23民终120号，（2020）青23民终160号，（2020）青23民终131号，（2020）青23民终81号，（2020）青23民终80号，（2020）青23民终106号，（2020）青23民终141号，（2020）青23民终151号，（2020）青23民终132号，（2020）青23民终79号，（2020）青23民终107号，（2020）青23民终149号，（2020）青23民终166号，（2020）青23民终114号，（2020）青23民终117号，（2020）青23民终83号，（2020）青23民终88号，（2020）青23民终164号，（2020）青23民终155号，（2020）青23民终91号，（2020）鲁16执复69号，（2020）鲁1602执异61号，（2020）豫13民再12号
	扣缴义务人代为支付税款	（2017）黑0603行初106号，（2018）湘0103行初25号，（2018）鄂执复25号
	不违背公序良俗	交易习惯：（2019）闽01执异106号，（2016）沪01民终2367号，（2016）川1621民初50号，（2015）衢江民初字第225号，（2016）川1621民初50号，（2017）京0113民初5766号，（2017）浙0211民初126号，（2017）鲁0213民初3191号，（2018）冀0110民初2382号，（2018）京0116民初4047号，（2018）豫1003民初1159号，（2018）云23民终535号，（2018）苏0682民初2087号，（2019）沪02民终2456号 有利于提高效率，第三人受益：（2019）闽01执异106号，（2015）浙温执复字第7号，（2017）浙0903执异30号，（2017）浙0903执异29号，（2017）浙0903执异28号，（2017）苏0211执异17号，（2017）浙0903执异31号，（2017）浙0903执异32号，（2017）赣0922民初364号 其他：（2016）苏8601行初280号，（2018）苏10执异7号，（2018）闽0525执异36号，（2018）豫03执异56号，（2018）浙11执复8号，（2012）宁法民二初字第50号，（2012）宁法民二初字第53号，（2013）昌民初字第15048号，（2015）北民初字第2348号，（2015）鄂咸宁中民终字第343号，（2015）高坪民初字第2225号，（2015）鄂咸宁中民终字第341号，（2017）湘0423民初996号，（2018）京0115民初6242号

（续表）

角度	类型	案号（加粗的为重复的案例）
证据因素	无证据证明该条款无效或可撤销	（2016）苏04行终29号，（2018）沪01执异229号，（2017）湘02执复3号，（2018）沪01执异234号，（2018）沪01执异232号，（2018）沪01执异236号，（2018）沪01执异237号，（2018）沪01执异231号，（2018）沪01执异227号，（2018）沪01执异230号，（2018）沪01执异225号，（2018）沪01执异224号，（2018）沪01执异226号，（2018）沪01执异233号，（2018）沪01执异235号，（2018）沪01执异237号，（2018）沪01执异236号，（2013）佛南法民三初字第714号
合同履行	依合同或者合同目的履行	（2017）浙10行终32号，（2018）鲁1327执异151号，（2018）云28执异17号，（2018）浙0603执异54号，（2017）豫05执复1号，（2018）浙1181执异3号，（2018）鲁0303执异133号，（2017）皖0122执异字第5号，（2017）浙0302执异462号，(2017)粤0606执异289号，(2017)粤06执复326号，(2017)浙0302执异239号，（2010）沪一中民二（民）终字第3172号，（2010）沪二中民二（民）终字第2037号，（2010）宝民三（民）初字第1217号，（2011）北民一终字第157号，（2011）浦民一（民）初字第35696号，（2012）杨民四（民）初字第2945号，（2012）沪一中民二（民）终字第835号，（2013）东三法民一初字第5297号，(2013)沪一中民二（民)终字第1922号，（2013）济民一终字第827号，（2013）深南法民三初字第264号，（2013）昌民初字第10029号，（2013）浙金民终字第764号，（2014）辽民一终字第00179号，（2014）三中民终字第08852号，（2014）东民初字第4571号，（2014）沪二中民二（民）终字第1696号，（2014）朝民初字第04553号，（2013）莆民终字第1195号，（2014）三中民终字第07061号，（2013）浦民一（民）初字第40557号，（2014）长民三（民）初字第1086号，（2014）吉中民三终字第194号，（2014）民申字第1792号，（2014）海民初字第28842号，（2014)东中法民一终字第1159号，（2014）宝民三（民）初字第248号，（2014）沪一中民二（民）终字第825号，（2014）深中法房终字第956号，（2014）厦民终字第679号，（2014）朝民初字第03143号，（2013）渝高法民申字第01280号，（2014）沪一中民二（民）终字第2900号，（2013）池民三终字第00122号，(2013)杨民四(民)初字第3102号，(2014)二中民终字第03248号，（2013）金民三（民）初字第2217号，（2015）兴民初字第2244号，（2015）渝五中法民终字第3759号，（2015）二中民四终字第8号，（2014）沙民初字第376号，（2015）山法民初字第01315号，（2016）苏0583民初10134号，（2016）渝04民终1713号，（2016）粤04民终1657号，(2016)浙07民终2233号，（2015）深福法民三初字第1199号，（2015）银民终字第71号，（2014）大民初字第1780号，（2015）沙民初字第376号，（2015）攀民终字第287号，（2014）海中法民一终字第2024号，（2014）杨民四（民）初字第3673号，

（续表）

角度	类型	案号（加粗的为重复的案例）
合同履行	依合同或者合同目的履行	（2015）永冷民重字第 23 号，（2015）西民初字第 2424 号，（2015）甬象民初字第 683 号，（2016）鲁 02 民终 4072 号，（2016）沪民申 2030 号，（2016）沪 0115 民初 23466 号，（2015）江民一初字第 1961 号，（2015）衢民初字第 438 号，（2016）辽 05 民终 890 号，（2016）豫 0104 民初 611 号，（2015）沈铁西民二初字第 01974 号，（2015）普民四(民)初字第 3095 号，（2015）珠香法民三初字第 2126 号，（2016）渝 04 民终 1714 号，（2016）苏 0583 民初 10134 号，（2016）渝 04 民终 1713 号，（2016）粤 04 民终 1657 号，（2016）浙 07 民终 2233 号，（2015）浙杭民终字第 3768 号，（2016）闽 02 民终 3055 号，（2016）闽 02 民终 3024 号，（2016）沪 0107 民初 12790 号，（2016）粤 03 民终 16051 号，（2016）渝 04 民终 1715 号，（2016）渝 04 民终 1716 号，（2016）沪 0107 民初 2189 号，（2016）粤 04 民终 1366 号，（2016）渝 04 民终 1717 号，（2015）普民四（民）初字第 3033 号，（2016）粤 0605 民初 9310 号，（2016）粤 04 民终 1366 号，（2016）沪 0113 民初 3050 号，（2015）海民初字第 14466 号，（2016）粤 20 民终 4162 号，（2017）京 0113 民初 5766 号，（2017）沪 02 民终 9022 号，（2017）鄂 0281 民初 1904 号，（2017）苏 05 民终 9237 号，（2017）皖 1002 民初 524 号，（2017）京民申 2241 号，（2017）川 1424 民初 304 号，（2017）浙 0624 民初 2587 号，（2017）豫 0581 民初 5070 号，（2016）苏 0505 民初 5665 号，（2017）粤 0306 民初 1333 号，（2017）粤 2071 民初 10145 号，（2017）浙 0211 民初 126 号，（2017）沪 02 民终 1627 号，（2017）苏 0583 民初 4123 号，（2016）沪 02 民终 9914 号，（2017）苏 0106 民初 7552 号，（2015）长中民三初字第 00879 号，（2016）云 04 民终 670 号，（2017）京 03 民终 8528 号，（2016）沪 0107 民初 27344 号，（2016）苏 0507 民初 1346 号，（2017）鲁 0104 民初 1434 号，（2017）粤 04 民终 833 号，（2017）浙 0103 民初 6157 号，（2017）赣 0922 民初 364 号，（2016）粤 04 民终 2699 号，（2017）粤 14 民终 548 号，（2017）渝 0112 民初 12505 号，（2017）桂 11 民终 600 号，（2017）鲁 0213 民初 3191 号，（2018）京 0115 民初 3362 号，（2018）沪 02 民终 3756 号，（2018）苏 07 民终 1879 号，（2018）粤 03 民终 20021 号，（2017）沪 0104 民初 21871 号，（2018）京 01 民终 339 号，（2018）沪民申 1143 号，（2017）沪 0104 民初 21873 号，（2018）京 0114 民初 14211 号，（2018）苏 06 民终 2239 号，（2018）黔 0123 民初 1187 号，（2018）冀 0110 民初 1685 号，（2018）粤 06 民终 1640 号，（2018）苏 0508 民初 5072 号，（2018）冀 07 民终 2493 号，（2018）闽 0213 民初 2292 号，（2018）京 0108 民初 59234 号，（2018）赣 09 民终 33 号,（2018）黔 0123 民初 1188 号,（2018）粤 03 民终 1052 号,（2018）粤 01 民终 7562 号，（2018）豫 16 民终 405 号，（2018）吉 0102 民初 4129 号,（2018）渝 0230 民初 4017 号，（2018）苏 05 民终 8668 号,（2018）苏 09 民终 4245 号，（2016）鲁 0281 民初 11518 号，（2018）渝 0230 民初 5272 号，（2018）粤 2071 民初 1298 号，（2017）豫 0191 民初 20206 号，（2018）粤 1973 民初 3706 号，（2017）鲁 0112 民初 161 号，

（续表）

角度	类型	案号（加粗的为重复的案例）
合同履行	依合同或者合同目的履行	（2018）粤 0608 民初 1659 号，（2018）苏 0681 民初 1655 号，（2018）云 0103 民初 8232 号，（2018）京 0105 民初 102196 号，（2018）粤 1402 民初 44 号，（2017）闽 0104 民初 4075 号，（2017）京 0105 民初 77649 号，2017 川 09 民初 59 号，（2018）沪 01 民终 4073 号，（2018）黔 01 民终 9456 号，（2017）沪 01 民终 14032 号，（2018）湘 0524 民初 1970 号，（2018）京民申 718 号，（2018）鄂 05 民终 460 号，（2018）粤 20 民终 200 号，（2018）沪 0117 民初 16549 号，（2018）鲁 02 民终 5676 号，（2018）黔 01 民终 9460 号，（2018）赣 0521 民初 637 号，（2018）豫 0105 民初 4403 号，（2018）皖 1103 民初 4413 号，（2017）苏 0681 民初 5021 号，（2017）京 0105 民初 35994 号，（2018）皖 13 民终 2054 号，（2017）苏 0115 民初 17767 号，（2018）黑 0826 民初 122 号，（2018）黔 0123 民初 1192 号，（2018）粤 1972 民初 17683 号，（2019）沪 0115 民初 6526 号，（2019）陕 04 民终 954 号，（2019）豫 0303 民初 386 号，（2018）陕 0102 民初 8509 号，（2019）苏 01 民终 2818 号，（2018）浙 0105 民初 5708 号，（2018）13 民终 5507 号，（2020）沪 01 民终 7317 号
其他	没有说清理由，只认为不违反法律规定	（2018）粤执复 223 号，（2019）浙 1123 执异 9 号，（2013）朝民初字第 20762 号，（2012）浦民一（民）初字第 40828 号，（2016）皖民申 314 号，（2016）粤 04 民终 1967 号

从合同主体资格来看，部分法官认为当事人需具备完全的民事行为能力。在袁新平与上海邦信阳中建中汇律师事务所法律服务合同纠纷二审案件中，法院认为：

袁新平系完全民事行为能力人，其为顺利办理案涉商铺权属变更手续，先行垫付了应由泽隆公司支付的增值税、土地增值税等税费，系自行处分权利。[1]

部分法官将第三人以法定的扣缴义务人的身份来确认税收债务约定承担的有效性。在李义锋与大庆市高新技术产业开发区地方税务局、大庆市人民政府税务行政管理一审行政判决中，法院认为：

---

[1] 上海市第二中级人民法院（2020）沪 02 民终 3974 号民事判决书。

原告李义锋是支付房款的买受人，是法定的扣缴义务人，负有代缴税款的义务，被告向其征收代扣代缴的个人所得税具有法律依据……原告参加司法拍卖并与人民法院签订了《拍卖成交确认书》，应视为对上述条款明知并认可，属于扣缴义务人书面承诺代纳税人支付税款的行为，故被告向原告征收个人所得税具有事实依据。[1]

从合同的内容来看，有法官认为在司法拍卖案件中，司法机关已经尽到了信息披露的义务，因而内容是明确的。在王超海与浙江义乌农村商业银行股份有限公司其他案由执行审查中，法院认为：

因该房屋仍登记在开发商东阳市德兴房地产开发有限公司名下……在拍卖公告中对拍卖房屋的权属等情况以及拍卖房屋产权登记手续办理、产权转移可能产生的税费及承担方式在拍卖平台进行了公示，并依照该规定第十四条对拍卖房屋现登记在开发商名下、需办理二次过户及税费承担等事项进行了特别提示，上述内容在公告中亦以红色加粗字体、黄色背景加以着重提醒。因此，义乌法院对拍卖房屋的瑕疵已进行了信息披露、特别提示。[2]

部分法官认为合同中已经约定了产生的税款由买受人承担，或者合同中虽没有明确承担方式，但是根据合同的目的可以推出承担方式的，应当按照合同的有关内容履行。在黄岩前迪车灯案中，法院认为：

涉案厂房系被上诉人通过司法拍卖所得，而根据拍卖规则、拍卖成交确认书的约定，因过户而产生的税、费、金等一切费用均由买受人承担缴纳。据此，在交易环节中产生的、按照税法规定不论是出卖人还是买受人应当缴纳的税费，在办理过户时均应由买受人承担。[3]

---

[1] 大庆市龙凤区人民法院（2017）黑 0603 行初 106 号行政判决书。
[2] 浙江省金华市中级人民法院（2020）浙 07 执复 124 号执行裁定书。
[3] 台州市中级人民法院（2017）浙 10 行终 32 号行政判决书。

从意思表示是否真实来看，部分法官认为合同当事人对税费承担的条款知悉，当事人是否参与交易完全可以由其自行决定和选择，对此具有充分的意思自治权，参与合同纯属自愿，并且必须接受该约定的约束。在台州紫怡金属工具有限公司与台州市黄岩地方税务局城区税务分局再审行政裁定中，法院认为：

关于案涉《拍卖规则》与《拍卖成交确认书》中有关税费缴纳约定的效力问题。《拍卖规则》系竞买人事先知悉的竞买条件，且根据《拍卖成交确认书》第七条，《拍卖规则》属确认书的有效组成部分。而《拍卖成交确认书》则由拍卖人与买受人共同签署，对协议各方具有法律约束力。根据《拍卖成交确认书》第四条约定，标的物过户变更登记手续由买受人自行了解办理，由此产生的税、费等一切费用均由买受人承担缴纳，上述约定未违反法律法规强制性规定，应认定有效。[1]

在张静珍和陈珏的房屋买卖案件中，法院认为：

房产税费的负担作为房屋买卖交易中不可或缺的一部分，交易双方应于签订房屋买卖合同时予以充分重视，被告在出售房屋之时，其作为完全民事行为能力人应对签订房屋买卖合同有完全独立、自主的理解与认识，合同内具体条款的约定应视为其真实意思表示，故被告应按照居间手写部分的约定承担 14 万元的税费，其余税费则由原告自行承担。[2]

还有法官认为其提供的证据材料不能证明买受人产生重大误解等意思表示不真实的情形。在吴柯珂申请复议案执行裁定中，法院认为：

异议人请求撤销网络司法拍卖，但其提供的证据材料不能证明本案拍

---

[1] 浙江省高级人民法院（2017）浙行申 1059 号行政裁定书。
[2] 上海市长宁区人民法院（2019）沪 0105 民初 25843 号民事判决书。

卖房屋的文字说明和瑕疵说明严重失实，致使买受人产生重大误解、购买目的无法实现，故对异议人撤销拍卖的请求，该院不予支持。[1]

一部分法官认为该条款不属于格式条款。在朱岳渝与向天淮马培华房屋买卖合同纠纷二审民事判决中，法院认为：

办理房产过户登记税费的承担因《房屋买卖合同》第二条明确约定"房屋产权手续由甲方代为办理，乙方自行承担一切税费，其款项由乙方先预交后结算（办理产权时由甲方通知乙方交款），以相关发票、单据结清账"，朱岳渝关于该条款内容不明的理由不能成立，本院不予支持。而格式条款又称标准合同，是指当事人为了重复使用而预先拟定，并在订立合同时未与对方协商的条款。案涉条款当事人可以协商变更处理，不属于格式条款。[2]

在维尔利环保科技集团股份有限公司与重庆三鑫环保标志有限公司建设工程合同纠纷二审中，法官认为：

格式条款是指当事人为重复使用而预先拟定，并在订立合同时未与对方协商的条款，具有单方先决性的特征。本案中，维尔利公司、三鑫公司签订的《合同协议书》及三鑫公司、云阳县鑫诚清洁有限责任公司签订的《合同协议书》对支付工程款的约定虽然大致相当，但不能否认维尔利公司与三鑫公司签订的《合同协议书》是缔约双方协商一致的结果，该合同的签订也不具有单方先决性，不能认定为格式条款，故该合同成立有效，对双方具有约束力，应当作为本案认定事实和裁判的依据。[3]

从不违反法律法规的强制性规定、不违反公序良俗来说，有法官认为

---

[1] 上海市第一中级人民法院（2018）沪 01 执异 229 号执行裁定书。
[2] 重庆市第四中级人民法院（2016）渝 04 终 1713 号民事判决书。
[3] 重庆市第二中级人民法院（2020）渝 02 民终 1198 号民事判决书。

税费不具有人身专属性，我国法律法规也未对纳税义务人与他人约定由他人承担税款作出禁止性规定。同时，关于不动产转让过程中相关税费承担主体的法律、行政法规只是管理性规定，而非强制性规定。在西双版纳东日置业有限公司与云南勐腊农村商业银行股份有限公司与刘维华、王英金融借款合同纠纷一案中，法院认为：

> 税法是管理性规定，并非效力性强制性规定，且由买受人承担税费并不会造成国家税收利益的流失，即便出卖人违反了税法规定，也是应由相关管理部门按照税收管理规定进行处理的问题。[1]

在杨磊、杨东与徐州市铜山地方税务局第一税务分局、徐州市铜山区人民政府不履行法定职责、行政复议一审行政判决中，法院认为：

> 目前，虽然我国税收征管方面的法律法规对于不同税种的征收均明确规定了纳税义务人，但税费具有金钱给付的特征，不具有人身专属性，因而税费的实际承担者可以由当事人约定，我国法律法规也未对纳税义务人与他人约定由他人承担税款作出禁止性规定。[2]

部分法官认为该制度未损害国家和社会公共利益及他人合法权益。在赵颖轶、王岩与仪征市刘集镇惠民农贸市场有限公司、黄国进等民间借贷纠纷执行裁定中，法院认为：

> 异议人在竞买成功后，再对相关税费提出异议，实际改变了拍卖公告的内容和条件，既违背了诚实信用原则，也可能对申请执行人、被执行人或其他竞买人利益产生影响。综上所述，异议人的异议请求，没有事实和法律依据，依法不予支持。[3]

---

[1] 云南省西双版纳傣族自治州中级人民法院（2020）云28执复1号执行裁定书。

[2] 徐州铁路运输法院（2016）苏8601行初280号行政判决书。

[3] 扬州市中级人民法院（2018）苏10执异7号执行裁定书。

部分法官认为实践中大量的案例说明有买卖双方的交易税费均由买受人承担的习惯，应当尊重。在杨玮诉唐蜜房屋买卖合同纠纷一案二审民事判决中，法院认为：

> 无论从上述合同的约定，还是二手房现行交易惯例而言，系争房屋交易所需的税费应由买受方唐蜜承担，杨玮是不需要承担任何税费的。[1]

部分法官等认为这是法院的职权，执行法院在实施网络司法拍卖活动中，依据案件实际情况确定买卖双方交易税费由竞买方承担。在倪友盛与陈萍商品房预约合同纠纷执行审查类执行裁定案件中，法院认为：

> 执行法院在实施本宗网络司法拍卖活动中，依据案件实际情况确定买卖双方交易税费由竞买方承担，并作了公开示明，其效力及于所有竞买人，符合网拍公开、公平、公正的基本原则。[2]

从合同的履行来看，（2015）浙温执复字第 7 号、（2017）浙 0903 执异 30 号等认为成交价格与税费承担密切相关。在孙铁策、刘康勇与温州星都鞋业有限公司申请承认与执行法院判决、仲裁裁决案件执行裁定案件中，法院认为：

> 重新拍卖的公告中对原拍卖公告中税费承担主体作出调整，并不影响拍卖标的的同一性，虽然该调整理论上可能会影响拍卖价格，但在拍卖标的价值一定的情况下，所涉一切税费由买受人承担，将会降低成交价格，而所涉税费由双方各自承担，则会提高成交价格，这是不证自明的道理。因此，本案中，执行法院在重新拍卖程序中对税费承担主体作出的调整客观上会提高成交价格，从而缩小重新拍卖与原拍卖之间的差

---

[1] 上海市第一中级人民法院（2016）沪 01 民终 2367 号民事判决书。
[2] 福州市中级人民法院（2018）闽 01 执复 76 号执行裁定书。

价，是有益于申请复议人的。[1]

（2）否定说

否定说可以从合同的效力、信赖利益保护原则以及正当程序这三个层面进行探讨（参见表6-4）。

表6-4　否定说的裁判理由及案例一览

角度	类型	案号
合同有效	违反法律规定	（2014）莱州行初字第37号，（2017）辽1421行初16号，（2018）粤20行终1024号，（2018）粤2071行初139号，（2016）琼97行终64号，（2016）琼9701行初3号，（2018）闽0102执异102号，（2018）闽01执复148号，（2017）鄂09执异45号，（2017）鄂执复159号，（2019）鲁13执复44号，（2018）黑执复87号，（2018）黑执复86号，（2018）吉2404执异23号，（2018）川0116执异74号，（2016）浙02执321号之一，（2018）甘04执异9号，（2019）浙1022执异33号，（2018）苏执复113号，（2017）吉02执复63号，（2017）吉0204执异43号，（2017）皖0122执异5号，（2017）吉0204执异43号，（2018）甘04执异9号，（2019）闽0182执异22号，（2018）冀01执复318号，（2018）豫0182执异32号，（2014）鄂黄石港执字第00255号，（2019）赣0983执异73号，（2015）柳市执复字第16号，（2016）赣0732执异28号，（2014）尖法执异字第4号执行，（2016）浙0327执异7号，（2018）鄂0606执异62号，（2016）黑0606执异3号，（2012）长民初字第02166号，（2014）玄民初字第2226号，（2015）莆民终字第1865号，（2015）莆民终字第1862号，（2014）西民初字第11569号，（2015）莆民终字第1858号，（2015）莆民终字第1864号，（2015）莆民终字第1865号，（2015）莆民终字第1862号，（2015）莆民终字第1859号，（2015）莆民终字第1860号，（2015）莆民终字第1863号，（2015）莆民终字第1857号，（2015）莆民终字第1866号，（2015）莆民终字第1861号，（2017）吉民申934号，（2017）吉民申941号，（2017）吉民申943号，（2017）苏05民终5886号，（2018）沪01民终4785号，（2018）内06民终587号，（2018）粤0306民初8312号，（2020）甘民终423号，（2020）鲁0811执异1038号，（2020）鲁0811执异619号，（2020）沪0115民初21117号，（2020）沪01民终377号，（2020）沪0101民初15066号，（2020）沪0118民初13583号，（2020）沪0112民初3135号，（2020）豫02民终955号，（2020）豫02执复71号，（2020）豫09民终1450号，（2020）豫06民再17号

---

[1] 温州市中级人民法院（2015）浙温执复字第7号执行裁定书。

（续表）

角度	类型	案号
合同有效	其他损害当事人利益的情形	（2019）浙 0681 执异 91 号，（2016）豫 0102 民初 5130 号，（2017）粤 0605 民初 11910 号，（2010）浦民一（民）初字第 15662 号，（2011）杨民四（民）初字第 17 号，（2011）深宝法民三初字第 771 号，（2011）沪二中民二（民）终字第 1386 号，（2014）吉高新民二初字第 21 号，（2014）虹民三（民）初字第 606 号，（2016）皖 07 民终 138 号，(2020) 陕 01 民申 602 号
	合同意思表示不真实	（2010）杨民四（民）初字第 824 号，（2010）浦民一（民）初字第 14657 号，（2010）闸民三（民）初字第 1216 号，（2011）沪二中民二（民）终字第 1008 号，（2012）普民四（民）初字第 485 号，（2013）普民四（民）初字第 567 号，（2014）浦民一（民）初字第 25544 号，（2017）沪 02 民终 5780 号，（2017）辽 01 民终 10150 号，（2017）京民申 4676 号，（2019）陕 01 民终 14364 号，（2019）鲁 0602 民初 12928 号，（2019）鲁 0602 民初 12926 号，（2020）沪 02 民终 3974 号，（2020）沪 02 民终 9085 号
	没有证据证明产生税费或没有实际发生，不具有法定纳税人的特征	（2013）贺民初字第 1615 号，（2014）元民初字第 999 号，（2015）万法民初字第 05393 号，（2015）芦法民一初字第 1947 号，（2017）鲁 0683 民初 1052 号，（2017）粤 13 民终 1775 号，（2017）浙 01 民终 8867 号，（2016）京 0115 民初 17571 号，（2017）内 0304 民初 513 号，（2016）浙 0302 民初 14248 号，（2017）苏 0115 民初 13611 号，(2016)粤 0605 执异 78 号，（2016）琼 97 行终 5 号，（2015）昌行初字第 11 号，（2018）湘 04 民终 1929 号，（2019）陕 01 民终 14364 号，（2020）鲁 02 民终 5832 号，（2020）鲁 16 民终 2911 号，（2020）川 09 民终 1085 号
基本原则	信赖利益保护	（2019）浙 1122 执异 12 号
程序上错误	合同的修改违反程序规定或违反了合同义务	（2017）苏 05 执复 119 号，（2012）杨民四（民）初字第 2633 号，（2013）沪二中民二（民）终字第 1705 号

从合同效力的角度出发，可以从四个方面进行分辨：第一，违反法律法规的强制性规定，损害国家或第三人利益。做低价款的约定，是为了减少此次交易过程中依法应缴纳的税费，已经违反了税费征管的强制性规定，

损害国家利益。在 ×× 与 ×× 房屋买卖合同纠纷一案一审民事判决书中，法院认为：

> ×× 与 ×× 关于做低房价规避税费的约定，违反法律规定，不受法律保护。[1]

超出当事人预期的税费，严重损害当事人或者竞买人利益的，应当撤销。在张学禹与河南美宸房地产营销策划有限公司、王玉玲房屋买卖合同纠纷一审民事判决中，法院认为：

> 因张学禹误认为交易税费不超过 50000 元，故在其自愿承担所有交易税费的情形下，磋商房屋的购买价格为 280000 元，鉴于涉案房屋实际交易税费等支出已高于 80000 元，不仅高于其预期值 330000 元，且实际购房支出已超过 360000 元，故张学禹因其自身认识欠缺，造成其对交易税费的错误认知，导致其签订《郑州市存量房（二手房）买卖居间合同》目的已不能实现，本院认为可以认定为重大误解。[2]

第二，真实意思表示。合同内容产生争议时，无法推定当事人的真实意思表示，合同无法继续履行，合同无法撤销或解除。在赵 ×× 与凌 ×× 房屋买卖合同纠纷一案一审民事调解中，法院认为：

> 关于缔约不成的责任，应当认为，按照税收法规的规定，出售方应当承担营业税、个人所得税等费用，买受方则应承担契税等费用，如买卖双方协议变更税费的实际负担，应当明确无歧义。×× 事务所提供的协议文本上既载明"税费各自承担"，又写明出售方"承担个人所得税"，该表述存在理解上的歧义。培新事务所虽认为修改协议文本征得了凌 ×× 的同意，但因凌 ×× 否认，培新事务所又未要求凌 ×× 在修改处

---

[1] 上海市浦东新区人民法院（2010）浦民一（民）初字第 15662 号民事判决书。

[2] 郑州市中原区人民法院（2016）豫 0102 民初 5130 号民事判决书。

签署姓名，故本院只能认定买卖双方对合同条款不能协商一致而导致买卖合同无法签订。[1]

第三，主体资格不具备。因不符合法定的纳税人的特征，故不是法律意义上涉案土地的纳税人。在海南省昌江县地方税务局、海南省昌江县地方税务局第一税务分局因与乐东黎族自治县农村信用合作联社税务行政征收及行政强制案的行政判决书中，法院认为：

> 由于被上诉人乐东县农信社至今依法并未取得涉案土地的占有、使用、收益、处分权利，其也不是涉案土地的实际使用人或代管人，被上诉人乐东县农信社因不符合法定的涉案土地的纳税人的特征而不需对涉案土地直接负有纳税义务，故被上诉人乐东县农信社不是法律意义上涉案土地的纳税人。[2]

第四，约定内容不明确。约定不一致或者约定不明，对标的物转让所产生的税款应依照相关法律法规的规定承担。在东莞市盈尔电器有限公司、招商银行股份有限公司东莞东城支行、广东冠亚铁艺有限公司等其他案由执行审查类执行裁定书中，法院认为：

> 本院在拍卖公告中对被拍卖土地使用权的税费承担问题进行了约定，但该约定内容对被执行人在案涉土地使用权拍卖之前所欠的税、费、金，以及交易环节新产生的被执行人应缴纳的税、费、金是否均应由买受人承担的问题，表述的意思不明确，故案涉土地使用权的拍卖公告关于税费承担的内容披露不充分，存在瑕疵。[3]

---

[1] 上海市闸北区人民法院（2010）闸民三（民）初字第 1216 号民事判决书。

[2] 海南省第二中级人民法院（2016）琼 97 行终 5 号行政判决书。

[3] 东莞市第一人民法院（2017）粤 1971 执异 161 号执行裁定书。

从信赖利益保护原则来看，当事人参与司法拍卖的信赖利益应予保护。在胡珍珍与胡映芳借款合同纠纷执行审查类执行裁定中，法院认为：

当事人参与司法拍卖的信赖利益应予保护。司法拍卖系基于公权力的强制执行行为，人民法院在拍卖中作为卖方，应保护交易相对方的信赖利益，除非拍卖过程确有违反强制性规定的情形，拍卖成交后不能通过变更执行行为加重买受人负担。本案中，《竞买公告》《竞买须知》《标的物介绍》均公示有关税费等问题由买受人自行向有关的税务、房管、国土等相关部门了解确认，即被执行人和买受人应按税法的规定各自缴纳相应的税费，但《拍卖成交确认书》却变更为全部由买受人承担，其行为损害了买受人的利益，应予以撤销。[1]

从正当程序的角度出发，拍卖公告的重大修改也需要依法应当重新公告。在苏州可的化妆品有限公司与上海可蒙（集团）有限公司定作合同纠纷执行裁定案件中，法院认为：

本案中……该重大修改实质上已形成了一个新的公告，依法应当重新公告三十天，但相城法院并未重新公告，客观上造成在 2017 年 2 月 3 日之前与之后看到拍卖公告的竞买人获得的信息不一致，严重影响到了竞买人是否竞拍以及以何价格竞拍的决策……因拍卖程序违反法律规定，该司法拍卖应予撤销。[2]

合同双方负有告知的义务，一方当事人没有告知真实情形，违反了合同义务，会导致合同的撤销或无效。在徐某与袁甲房屋买卖合同纠纷一案一审民事判决书中，法院认为：

---

[1] 缙云县人民法院（2019）浙 1122 执异 12 号执行裁定书。
[2] 苏州市中级人民法院（2017）苏 05 执复 119 号执行裁定书。

因此，原告承担全部税费与系争房屋是被告唯一住房须同时成立。被告对自己拥有房产情况系明知，却未在协议签订之前如实告知，协议签订之后又拒绝承担因另有住房致系争房屋交易可能发生的税费，其行为显已违约，故应当承担双倍返还定金的违约责任。[1]

在面对这一类案件时，法官的解释仍然聚焦于《中华人民共和国合同法》（以下简称《合同法》）中对于合同无效的几个要件，即使是在用税法上的理论进行解释时，也只是依托民法为基础，对于税收债务约定条款具备民法上的效力还是税法上的效力，界限并不分明。

（3）折中说

对于折中说的认定可以通过三个层面进行探讨（参见表6-5）：

表6-5 折中说的裁判理由及案例一览

类型	案号
根据当事人过错程度承担	（2013）海民初字第15542号，（2013）湖吴民初字第1185号，（2014）遂中民终字第355号，（2014）船山民初字第1208号，（2015）平民初字第125号，（2015）三中民终字第00599号，（2016）苏0106民初7251号，（2016）渝01民终7987号，（2016）沪01民终2367号，（2015）鼓民初字第7254号，（2016）粤04民终1968号，（2018）鄂民申3076号，（2018）湘1025民初212号，（2017）辽0103民初13376号
根据约定和诉讼请求	（2014）吉中民二初字第35号，（2016）云2301民初169号，（2016）云28民终184号
根据公平原则	（2014）长民三（民）初字第2809号，（2015）通民初字第07519号，（2018）沪0110民初2991号，（2018）湘0528民初1066号

第一，从归责原则出发，以行为人在合同履行过程中各自的过错程度承担相应的税款。在钱中勇与邰桂芳、王国根房屋买卖合同纠纷一审民事判决中，法院认为：

房屋过户契税从2009年的1.5%增加到2013年的3%而多交纳的税费，

---

[1] 上海市杨浦区人民法院（2012）杨民四（民）初字第2633号民事判决书。

是因为原告购买第二套和第三套房屋的原因而增加的税费，理应由原告自己承担。[1]

第二，尊重当事人意思自治，根据双方的约定，并结合原告诉请，调整双方的权利和义务。在张德革与被告吉林市金马实业有限责任公司、第三人吉林银行股份有限公司吉林汇通支行房屋买卖合同纠纷一审民事判决中，法院认为：

本案应当根据原、被告双方的约定，并结合原告诉请实际调整为被告金马公司对涉案房屋办理产权更名过户手续应缴税费承担50%为宜。[2]

第三，依据公平原则，法院认为在当事人的民事交往中以公平原则处理当事人纠纷，确定当事人的权利与义务。在石启忠与谢正卯房屋买卖合同纠纷一审民事判决书中，法院认为：

关于税费承担的问题……因此，在双方均不提出解除买卖合同的基础上，从公平原则的角度上考量，本院确定因本次房屋买卖所补缴的税款由双方各半负担为宜。[3]

该类案件中，虽然法院在进行裁判时，没有直接对于这类约定的效力进行认定，而是主要以合同中是否存在过错等民事合同的理论来进行处理，从一定程度上来说，法院对于税收债务约定的行为持默认态度，即默许当事人之间可以对税收债务的实际承担人进行约定。

（4）回避说

对于回避说的观点，大多体现在民事诉讼、行政复议、行政诉讼等程序中，对于它的评价，也脱离不了对以下几个要素的讨论（参见表6-6）。

---

[1] 湖州市吴兴区人民法院（2013）湖吴民初字第1185号民事判决书。
[2] 吉林市中级人民法院（2014）吉中民二初字第35号民事判决书。
[3] 上海市长宁区人民法院（2014）长民三（民）初字第2809号民事判决书。

表 6-6　回避说的裁判理由及案例一览

类型	案号
未经法定程序	（2017）闽 0802 行赔初 5 号，（2017）闽 0802 行初 82 号，（2017）苏 8602 行初 1312 号，（2018）闽 08 行终 4 号，（2018）闽 08 行终 72 号，（2017）苏 01 行终 996 号，（2018）闽 08 行赔终 4 号，（2018）闽 08 行终 72 号，（2017）苏 01 行终 996 号
超出规定的期限	（2017）豫 1729 行初 45 号，（2017）浙 02 行终 9 号，（2017）豫 17 行终 208 号，（2018）粤 01 民申 264 号
不属于受案范围	不属于行政受案范围：（2016）浙 0225 行初 39 号，（2016）黑 02 行初 44 号，（2015）杭上行初字第 153 号，（2014）浙温行初字第 54 号，（2014）渝一中法行申字第 00094 号 不属于民事受案范围：（2013）泉民初字第 1305 号，（2016）粤 0106 民初 6485 号，（2018）渝 0120 民初 2303 号，（2018）渝 0120 民初 2306 号，（2018）川 1902 民初 1005 号，（2018）渝 0120 民初 2304 号，（2018）渝 0120 民初 2305 号，（2014）泉民终字第 2630 号，（2018）川 13 民终 3209 号，（2019）闽 01 民终 3708 号，（2017）苏 06 行终 391 号，（2015）烟行终字第 48 号，（2014）浙行终字第 252 号 不属于审查范围：（2018）粤 2071 民初 4827 号，（2016）湘 0221 执异 28 号，（2012）深罗法执异字 33-56 号，（2018）川 0115 执异 217 号，（2019）云 2801 执异 5 号，（2012）深罗法执异字第 33-56 号，（2013）深罗法执异字第 13-36 号，（2019）浙 1123 执异 12 号，（2018）黔 0111 执 2223 号，（2018）京 02 执异 384 号，（2019）川 01 执复 151 号，（2018）苏 04 执复 31 号，（2012）深中法执复字第 109-132 号，（2018）甘执复 188 号，（2019）鲁 11 执复 9 号，（2012）深中法执复字第 109-132 号，（2014）泉民终字第 2630 号，（2018）川 13 民终 3209 号，（2019）闽 01 民终 3708 号，（2017）苏 06 行终 391 号，（2015）烟行终字第 48 号，（2014）浙行终字第 252 号，（2020）豫 09 民终 30 号
另案处理	（2011）卢民四（民）初字第 144 号，（2013）龙新民初字第 7520 号，（2017）皖 0223 民初 4550 号，（2018）苏 0585 民初 2634 号，（2011）洞民四初字第 23 号，（2015）万法民初字第 02584 号，（2018）湘 0525 民初 647 号，（2017）粤 20 民终 1396 号，（2018）粤 20 民终 5580 号，（2010）浙金民终字第 1765 号，（2017）渝 01 民终 8227 号，（2018）琼 02 民终 406 号，（2017）甘 05 执异 5 号，（2017）黑 02 执复 32 号，（2020）鲁 02 民终 6544 号

从受案范围来看，有法官认为此类案件不存在行政上的利害关系，不属于行政案件的受案范围。在周红志与重庆市渝北区地方税务局案件中，法院认为：

你起诉请求确认被申请人对你征收税费的行为违法，而被申请人出具税收电子转账专用完税证，征收相关税费的纳税人为唐文娟，且你系通过参加司法公开拍卖，按照拍卖公告要求缴纳上述相关税费，故原审认为你与被申请人对唐文娟的征收税费行为不具有行政法上的利害关系，不具有提起本案的原告主体资格，并无不当。[1]

在刘雷向被告乐清市人民政府申请行政复议的案件中，法院认为：

该税收缴款书中纳税人为邹松有，即其所载明的是乐清市地方税务局向邹松有征收涉案税费的行为。即使涉案税费款项实际上由原告向乐清市地方税务局缴纳，属于原告与邹松有之间的民事法律关系，其与上述税收缴款书所载明的征收税费的行为也无法律上利害关系。故被告认为原告与被申请复议的行政行为没有法律上利害关系而决定不受理复议申请，并无不当。[2]

也有法官认为，该类案件不属于民事诉讼的受案范围，应当由税务机关决定。在石狮市鹏龙制衣有限责任公司与蔡纯纯房屋买卖合同纠纷中，法院认为：

本案房屋买卖合同中双方各自应向税费征收部门缴纳何种税费，属当事人与税费征收部门之间的行政法律关系，且双方均未实际缴纳税费，故被上诉人关于上诉人应承担办理买卖房屋分户"两证"的全部税费的诉讼请求，不属于人民法院受理民事诉讼的范围，双方可向税费征收部门请求解决。[3]

也有法官认为未将税费问题作为独立请求提出，存在重复起诉等问题，人民法院不予受理。在郭元峰诉被告莱州市地方税务局不履行法定职责一案中，法院认为：

行政裁定书关于被上诉人诉称的其不应是缴纳除契税、印花税以外的其他税费的主体，《拍卖标的特别说明》无权约定税款承担主体等主张，

---

[1] 重庆市第一中级人民法院（2014）渝一中法行申字第00094号申诉通知书。
[2] 温州市中级人民法院（2014）浙温行初字第54号行政判决书。
[3] 泉州市中级人民法院（2014）泉民终字第2630号民事判决书。

由于不属于本案审查的范围,本院不予评判。[1]

在株洲县农村信用合作联社与刘红专、吴正根、曾慧恒金融借款合同纠纷案件中,法官理由如下:

刘红专未对执行行为提出异议,亦未对执行标的提出异议,其执行异议不符合《最高人民法院办理执行异议和复议案件若干问题的规定》第二条之规定,作出(2016)湘 0221 执异 8 号执行裁定书,裁定驳回刘红专的执行异议申请。[2]

从行政程序来看,纳税存在争议时,应当先进行行政复议,只有对行政复议不服的情形下,才能提起行政诉讼。如,在宁高案中,法院认为:

公民、法人或者其他组织向人民法院提起行政诉讼,应当符合行政诉讼法规定的起诉条件。本案复议机关以复议申请不符合受理条件为由从程序上作出驳回复议申请的决定,实际上原行政行为并未经过复议程序……本案针对原行政行为的起诉未经前置的复议程序,亦不符合起诉条件。[3]

在蒋柳燕与龙岩市新罗区地方税务局税务行政管理案件中,法院认为:

上诉人认为 136708.9 元的税款不应该由其缴纳,而应该由陈超凡来缴纳,依照上述法律法规规定,上诉人认为被上诉人在纳税对象上发生错误,要求退回其缴纳的税款及利息,应先申请行政复议,对行政复议决定不服的,才能提起行政诉讼。[4]

从诉讼时间来看,诉讼、复议期限的超过,使得当事人对于行政的诉权消失。在张理设与叶素兰乡政府二审行政裁定中,法院认为:

---

[1] 烟台市中级人民法院(2015)烟行终字第 48 号行政判决书。
[2] 湖南省株洲县人民法院(2016)湘 0221 执异 28 号执行裁定书。
[3] 南京铁路运输法院(2017)苏 8602 行初 1312 号行政裁定书。
[4] 龙岩市中级人民法院(2018)闽 08 行赔终 4 号行政裁定书。

本案应当认定上诉人张桦南等五人的起诉已经超过了法定的 2 年起诉期限，根据《最高人民法院关于适用〈中华人民共和国行政诉讼法〉若干问题的解释》第三条第一款第（二）项的规定，应当裁定驳回起诉。[1]

在石秋丽与平舆县地方税务局税务行政管理的案件中，法院认为：

上诉人石秋丽对被上诉人平舆县地方税务局 2015 年 4 月 9 日的税务征收行为不服，于 2017 年 3 月向平舆县人民政府提起了行政复议申请，因其明显超过了复议期限，平舆县人民政府作出了不予受理行政复议决定。[2]

对变动之差额款项税费承担事宜或者增加或者未裁判的诉讼，尚须由原、被告再予协商确定或另案处理，房屋买卖合同纠纷一案中，法院认为：

原告戴星、苏阿兰要求被告宫志强、胡艳琴承担过户税费，因此项费用尚未实际发生，原告戴星、苏阿兰可待该费用实际发生后再另行主张。[3]

在杨某某与廖某某房屋买卖合同纠纷一案中，法院认为：

双方签订的资产转移协议对税费承担的约定不明，双方亦未就此进行协商并达成补充协议。结合廖某某就上述资产转移协议所负债务向杨某某出具的欠条中仅载明欠款为购买厂房款，也未明确税费由谁承担等情形，应认定双方未就税费承担达成合意、本案资产转让价款不包含有关税费。双方就税费产生的纠纷，可依法另行处理。[4]

3. 现有司法裁判存在的问题

通过对上述案件的归类，虽然司法机关对于税收债务是否能由第三人承担存在着一定的争议，但总体呈现出积极的状态，肯定说所占的比例较

[1] 宁波市中级人民法院（2017）浙 02 行终 9 号行政裁定书。
[2] 驻马店市中级人民法院（2017）豫 17 行终 208 号行政裁定书。
[3] 三明市三元区人民法院（2014）元民初字第 999 号民事判决书。
[4] 金华市中级人民法院（2010）浙金民终字第 1765 号民事判决书。

大。然而，在具体论述时，也暴露出了一些问题，出现了部分不同甚至完全相反的观点。最高人民法院要求在审判工作中统一法律适用标准，因此适用标准的模糊会影响当事人合法权益的保障和社会公平正义的实现。

第一，纳税义务能否约定认识不一。判断纳税义务能否履行主要以当事人的承诺为主。例如，在司法拍卖中，法院在《拍卖公告》中已经明确规定了税费承担的主体，并且该公告已经公示出来，该公告可以看作为要约邀请，第三人参与竞拍，就可以视为对该公告内容的认同，法院已经履行相应的告知义务，因此法院认为税收债务约定承担是当事人之间就纳税义务的约定，属于契约自由的范畴。这些法官对于当事人是否达成一致的意思表示要看当事人的具体行为。在司法拍卖中，当事人参与竞拍就认为合同成立。而在二手房买卖中，当事人签订了协议，合同成立。除此之外，针对纳税义务能否约定，有法官认为纳税义务只要在合同中特别约定就可以成立生效，有的法官只依据现有的法律规范明确纳税主体。

第二，纳税义务的约定是否有效的判断标准不一。以当事人的意思表示为基础，在司法拍卖中，有法官认为拍卖公告中关于税费承担的条款属于格式条款，具有普遍适用性和规范性，原、被告此前对税费负担进行的约定，系双方自由行使和处分民事权利、义务的结果，亦未违背第 8 条所约定的格式规范。有的法官认为，因合同明确约定了房屋交易涉及的税费由乙方即被告全部承担，该条款为格式条款。最为明显的就是针对合同效力的要件之一是否违反法律、法规的强制性规定，不同的法官对此观点并不一致。

第三，履行承担的实现方式的判断标准不一。法官对于履行承担方式主要存在以下争议：首先，就第三人的责任关系，有法院直接认为第三人需要承担责任，有的法官就认为不要承担责任，这就为第三人的责任承担打上了问号，究竟第三人是否承担责任、承担哪种类型的责任都无法得到解释。其次，在第三人与纳税义务人就税费承担产生争议时，第三人往往会行使抗辩权，主要是对形成的税收债务约定承担条款进行抗辩，既包括诉讼时效的抗辩，也包括影响合同义务履行的一些要素的抗辩。然而，第三人是否具有抗辩权以及抗辩权行使的范围的不明确，将对第三人权利的保护带来困难。就第三人是否具备追偿权的态度也很模糊，第三人的追偿权是什么属性等也不明确。再次，就税务机关的征收权而言，税务机关仅仅能向纳税义务人征收，是否能够基于合同向第三人征税存在疑惑。最后，就双方当事人针对问题的救济而言，由于当事人双方的争议起源于双方签订的合同，一旦当事人对于税款的负担产生争议，就会产生如下的困境，到底是在民事的范围内进行救济，还是在行政的范围内进行救济，到底优先适用民法，还是优先适用行政法来解决纠纷，或者两种法律规范可以混合使用。除此之外，私法上其他的一些纠纷解决机制能否得到适用也存疑。

四、税收债务约定承担制度的理论依据与规范构造

"为实现一定的法律价值，就必须将之具体化为法律规定。法律规定为一种'设计'以实现该法律价值为其目的。"[1] 具体到税收债务约定承担制度的实现，必须落实到具体法律制度的设计，而法律制度的设计亦必须以实现其价值为目标。税收债务约定承担法律制度的构建主要表现在以适用模式、成立要素、生效要素、实现途径为核心的制度设立上。本部分借助于利益衡平理论对税收债务约定承担制度的构建提出一些具体的建议，以期为实现税收债务约定承担制度的价值目标提供参考。

（一）税收债务约定承担理论的批判

理论的发展为司法实践提供基础，司法实践又为理论的创造与发展

---

[1] 黄茂荣. 法学方法与现代税法 [M]. 北京：北京大学出版社，2011：100.

带来了新的活力。理论界中，学者们对税收债务约定承担进行了讨论。基于各方视角的不同，产生了截然相反的观点。因此，厘清学者的观点并进行分析是研究税收债务约定承担制度的理论基础与具体构建的重要路径之一。

1. 税收债务约定承担的理论共识与分歧

理论界对于税法上能否引入债务承担持有两种不同的观点：一种认为第三人缴纳税款是有效的，另一种认为该约定无效。认为该约定无效的理由主要集中于以下几个方面：第一，该约定违反了税收法定主义。税收法定主义对于税款缴纳的对象是有明确规定的，只有税收法律法规确定的负有纳税义务的人才是法定的纳税主体[1]，纳税人将税收债务部分转移给第三人，容易造成第三人利益受损，引发社会不公正的现象。第二，税法分配功能无法得到体现。[2]第三，纳税主体制度是效力上的强制性规定，因为纳税主体制度不仅需要保障税款及时足额征缴入库，还负担着保障税负公平分配的重要功能。第四，由于纳税人可以和第三人约定税款的缴纳，就会致使双方通过恶意串通等方式减少税款的缴纳，从而损害国家的利益。例如，在房产买卖交易中，如果由卖方进行税款的负担，房价就会提高，而由买方负担时，房价一般会降低，这相当于变相降低了交易数额，国家的税收收入会得到减损。

认为约定有效的主要有下列观点：有学者从税收之债的性质出发，认为税收债务作为一种金钱之债，不具有人身专属性；[3]有学者还从税法目的之消灭税收债权这一角度提出论述；[4]有学者认为税费承担条款并不属于效

[1] 张守文. 论税收法定主义 [J]. 法学研究，1996（6）：57–65.

[2] 郭昌盛. 执行程序中税收优先权的法律适用困境及其化解 [J]. 税务与经济，2019（6）：68–76.

[3] 施正文. 税收债法论 [M]. 北京：中国政法大学出版社，2008：146–164.

[4] 施正文. 税收债法论 [M]. 北京：中国政法大学出版社，2008：146–164.

力强制性条款，不属于合同无效的情形；还有学者认为税收债务承担包含了以人为本、尊重合意的观念，并且税收法定主义与当事人意思自治并不矛盾。[1]

从上述观点可以发现：学者们对于税收债务约定承担这个制度是否真实存在意见较为一致，都认为税收债务约定承担制度实际存在于税法中，只是在对其效力的论述上产生了争议。除此之外，学者们对于税收债务约定承担制度的解释都采用了税法上的基本理念，例如税收法定主义、税收公平主义、税法的终极目标等，不再单单依托民法上的有关规定独立地寻求解释。同时，对于税收债务约定承担的功能来说，学者们最终都落实到了国家税权的保障上。

但学者们的分歧也是十分突出的。从税收债务约定承担的效力层面来说，学者们通过从税法的基本原则以及契约效力的相关规定入手，为税收债务约定承担制度的有效与无效作出了判断。以税收法定主义而言，认为该制度无效的学者观点多基于税法对于纳税主体已经有了很明确的规定；而认为该制度有效的学者的观点认为该制度不违反税收法定主义，是属于可以约定的范畴。以税收公平原则而言，认为该制度有效的学者认为税收之债不具有人身专属性，而认为该制度无效的学者认为其违反量能课税原则，可能引起社会不公。从学者们对于税收债务约定承担的价值目标的侧重来看，有的学者更关注国家利益，关注税收债务约定承担制度对于纳税人纳税义务履行的保障作用，有的学者同时也关注了契约自由的重要意义。

2. 利益衡平理论是构建税收债务约定承担制度的理论基础

从上文中可以看出，学者们对于税收债务约定承担是否有效的分歧，多体现在论述的侧重点上。利益衡平理论的引入，可以充分缓解这一分歧，

---

[1] 高杨. 浅论税收债务的承担 [J]. 实事求是，2007（1）：66-68.

为税收债务约定承担制度的设立提供坚实的理论基础。

（1）利益衡平理论体现税法和合同法的衡平

税法与合同法都是关于社会财富分配的法律，只是财富分配的主体存在差异，一个只在人民内部进行流转，另一个在国家与人民之间进行流转。事关财产权的分配问题，合同法与税法之间存在交叉和冲突。

基于国库主义的思想，税法作为典型的公法，常常被认为是一个高高在上的独立王国，在处理税收时只追求国家财政收入的实现，而忽视其他法律的评价。[1]税法对合同课税的标的是合同行为，或者是合同行为的经济效果。在多数情况下，私法支配着税法的运用，在经济活动的背后影响着税法的实施和发展。

蕴藏着完整的经济逻辑的私法制度，其目的在于增加经济效益[2]，因此注重对于平等关系之间的纠纷作微观的调整，调整方式极具灵活性，而行政法更注重总体规则的规制和调整，手段缺乏弹性。运用行政和民事法律规范的双重标准，才能发挥规范的最大效益，为合同的履行保驾护航。以税法对经济活动或者经济后果进行评价，无法反映出法律调整对象的整体性，同时会形成税法面对复杂的交易活动难以支撑的局面。因此，税法需要尊重合同法的规定。

当合同法与税法调整的是同一个交易行为时，两种法律有着不同的分工和追求。合同法追求契约自由，合同的形式与内容可以多变，而税法奉行法定主义，较为保守与固定。如果完全依照合同法的有关规定对税法的内容进行调整和规制，合同当事人完全可能通过私法的手段减轻纳税义务，使得实际的经济后果与表面所呈现出来的不一致，从而危害国家的利益。由于两者相互独立，税法对于合同法的尊重程度、税法上的自有概念等涉

---

[1] 魏高兵. 合同的税法评价 [M]. 上海：立信会计出版社，2008：30.

[2] Posner R. The Economic Analysis of Law[M]. Maryland：Aspen Law & Business，1998：2.

及法律上的重大调整问题，因而利益衡平原则的运用可以使得在税法与合同法协调的过程中，尽量减少对于合同法价值的损害。

"管制法即是基于一定政策目的而设，旨在规范和影响人们的行为，因此应当宣导周知，且法律解释偏重合目的性。相较于私法上的自治规范具有条件反应性，管制法则带有浓烈的目的导向性。"[1] 利益衡平原则的引入，保护了合同法的价值目标。合同法中重视契约自由，除了法律特别规定，合同中的条款都能由当事人之间自由约定，不受其他约束。以合同无效的情形为例，当事人之间的契约只有在成立后严重影响了集体利益，影响了整个社会秩序的安稳，合同效力的规定才会发生作用。同时，该原则的引入使得个人未来的可预测到的利益有了更高的民众接受度。[2] 税收是对合同行为或其经济效果的强行征收，民事当事人在作出安排与实施行为时，基于节省税收成本的考虑，会理性地利用契约自由所赋予的选择可能性。

由于税收调整的是整个国家利益，因此，每个个体对这样的利益的感受是间接的，接受度也不高。税法的干预，不仅可以弥补意思自治的缺陷，保障民事主体在合理合法的范围内实现自身意志，同时还能保障他人利益免受当事人意思自治的侵害，稳定市场秩序，维护整个社会的有序运行。

（2）利益衡平理论呈现立法与执法的衡平

全国人民代表大会及常务委员会通过立法的方式将纳税人的意志体现出来，履行作为我国的最高权力机关和立法机关的职能。税法中课税要素的确定、调整，整个税法的制定、修改、废止均严格遵行税收法定理念，一般由各级立法机关掌控，对行政机关的授权立法被控制在非常狭窄的范

---

[1] 苏永钦.私法自治中的国家强制——从功能法的角度看民事规范的类型与立法释法方向 [J]. 中外法学，2001（3）：17.

[2] 孙健波.税法解释研究——以利益平衡为中心 [M]. 北京：法律出版社，2007：125.

围之内。[1]法律规定人们的权利义务,为人民的行为进行指引和规范。如今,国家课税权的行使与人民的经济生活密不可分,税收成为大多数经济活动所必须考虑的问题。因此,为了保障人民的基本权利,确保交易安全,应当使得人民知悉或能够预测其经济行为或者事实的税法效果。换言之,即各种经济行为或者事实可能发生的情形,立法都需要予以明确,从而保持税法的安定性和可预测性。为合理保障人民权益,立法机关对于课税的构成要件以及租税的课征手续必须明文确定下来,即使是具体授权,也必须明确规定授权的目的、依据、内容和范围。

税收立法的严格也为税收执法活动进行了限定。然而,税收问题的复杂使得当前的立法不足以支撑现实的需要。此时,税务机关的执法行为就可能与立法者的意图发生碰撞。其一,税务机关在进行税收征管的过程中,所参照的依据变为了广义上的法律,尤其规范性文件的适用使得法律上的普适效力与约束力欠缺;其二,税务机关执法过程中相关规定的不明确以及一些具体操作细则的缺失,使得征管案件存在一定的随意性。这些问题的暴露都折射出税收立法与执法的脱节,税务机关对于执法依据的理解与立法者的本意相互矛盾。利益衡平原则的运用,一定程度上缓解了这一冲突。面对税收征管行为,税务机关可以从不同主体之间的利益角度出发,对于纳税人以及自身的行为进行性质认定。例如,税务机关自由裁量权的运用就要考虑多方主体的利益。立法者对于税务机关自由裁量权的限制本意在于约束公权力,使得公权力在合理的范畴内行使,因此除了税务机关有延缓征收自由裁量的必要外,原则上不承认自由裁量权。但为了从具体情况出发,税务机关在法定范围内,在不损害国家利益的前提下,也应当保障私人财产利益,拥有相当程度的自由裁量权。

---

[1] 张怡. 衡平税法研究 [M]. 北京:中国人民大学出版社,2011:103–104.

（3）利益衡平理论显露国家财政收益和纳税人财产利益的衡平

由于权力具有义务的属性，权力的设定就意味着义务的设定，这就使得在实际操作中，纳税人权利与国家的税权产生对抗性。一方面，为避免人民被国家违法课税，对于纳税人权利的保护也将税务机关的行为限定在一个框架内。另一方面，国家税权指向社会整体利益，而纳税人权利则指向个体利益。一旦国家税权与纳税人权利保护不平衡，容易出现失控的情况。若国家权力的行使超过法定的界限，就会使得纳税人的税负加重，从而引发社会秩序的混乱。若纳税人权利保护过多，就会使得国家财政收入降低，反而使人民生活的不满意程度增加。税收相关法的存在，是为了限制国家税权，保障纳税人权利。因此，两者之间需要保持适度平衡。

国家税权的存在主要是为了集中国家收入，为人民提供公共服务与公共产品。因而，国家税权的目的便是筹集国家财政资金。税收的课捐是国家得以继续存在的要件，国家为了维持其存续发展，不得不有相应的支出。为了支应这些支出则有赖于相当的收入，其中税收往往是国家收入的大头，这些收入将成为政府获得各项公共支出的来源。正是税法对于公民私有财产权的承认，使得税收的征收需要经由法律同意并得到全体纳税人同意。"国家的收入是每个公民付出的自己财产的一部分，以确保他所余财产的安全或快乐地享用这些财产。"[1]税收对私有财产的收益和交易价值课以负担，税法对私有财产自由权进行限制，最终目的为创造公共利益。[2]

税权衡平的价值追求应当建立在财政资金收入与纳税人财产权保护的基础之上。人民对其所有财产，有自由使用、收益及处分，而不受国家权力非法侵害的权利。宪法中对于私人财产权的保护，使得人民能够自由从

---

[1] 孟德斯鸠.论法的精神（上）[M].张雁深，译.北京：商务印书馆，1987：213.

[2] 葛克昌.租税规避与法学方法——税法、民法与宪法[M].北京：北京大学出版社，2004：4.

事经济活动，从而产生了私法，来规范财产的取得、转让、管理等。人民在私法规范下，得以自由从事私法活动来维持生存权，发展人格及维护尊严。国家拥有公权力行使为后盾的课税权，在人民的经济活动中掌握课税时机，以取得能够以公权力保障人民财产权的财源；而课税对象的处分权则归于民间，使得个人或者组织能够自由发展，自我负责。因此，税收制度的构建需要划分国家财政收入与纳税人财产利益的边界，从而利益衡平的价值才能够显现。

（4）利益衡平理论展现税收公平主义与税收法定主义的衡平

在自由且平等的社会，为了使社会能适当发展，个人能够参与群体形成共同意志的基础上，来处理群体各种公共事务。这种共同意志表现出来的形式便是法律。国家以法律来管理众人，由此，国家应当知法守法，最为具体的行为便是依法执政。国家欲以强制力转移人民的财产为国家所有，在民主法治的制度下，便需要通过立法程序实现。因此，税收法定主义的存在，既是为了规范法的位阶，也是在一定程度上积极落实民主制度。

在人类社会，个人与个人之间，个人与群体之间，会发生错综复杂的关系，为了使这种错综复杂的关系调理铺设出正常的轨道以供社会成员遵行，就必须有合情合理、公平正义、符合社会通念的规范。正义是法律的本质，税收公平原则便是对于正义的最为直接的体现。"法律和制度，不管如何有效率，只要不正义，就必须加以改造或废除。"[1]税法对国民收入分配作用机制直接，利益衡平理论能够实现分配正义。立法政策上公平负担的体现便是量能课税原则。量能课税原则以衡量纳税人各自的纳税能力，决定税收负担的大小。其所针对的是纳税人的给付能力，从人民的经济过

[1] 罗尔斯. 正义论 [M]. 何怀宏，等译. 北京：中国社会科学出版社，1988：3-4.

程或状态上显示税收能力的指标。税收的强制性，使其不必有一定的对价。虽然人民纳税后，可由政府支出而获得利益，但此种利益未必与其所纳的税有个别对价的关系，这种特性，表明税收并非针对个别对价所课征，也不考虑个别人民的需求。因此，税收公平原则更大程度上实现的是全体公平。因此，税收法定主义和税收公平主义是正义的手段和目的。

（二）合理选择税收债务约定承担制度的立法模式

税收债务约定承担制度只是我国税法改革进程中的一个产物，然而税收债务约定承担制度立法的不完善，使得其不仅在税权债务消灭方面难以发挥有效的作用，而且也难以实现我国私人权益与公共利益衡平的目标。因此，应当借鉴各国（地区）立法模式和其他民法制度引入税法中的模式，选择适合我国具体国情的立法模式：参照适用民法中的债务约定承担或改造现有税收征管法中的约定承担规则。这两种模式的产生，一是基于公私法融合的大环境，二是基于其他制度引进的模式。对于这两种制度的优缺点进行论述，可以使得税收债务约定承担的构建更加符合我国税制改革的初衷。

1. 改造现有税收征管法中的约定承担规则

《税收征管法》可以作为税收基本法进行使用，以条文的形式将税收约定承担规则确定下来。从各国税收征管的趋势来看，在《税收征管法》中引入该制度有重要的实践意义和理论意义。很多国家税法都有允许第三人履行税收债务的规定。如《德国租税通则》第48条第1款规定就予以承认，"对稽征机关之租税债务关系之给付，得由第三人为之"。"第三人给付后，租税债务原则上归于消减，但第三人有代位时则不消减。债权人之请求权及有关之担保权及优先权，转移至该第三人。租税债务关系之请求权转移第三人后，即丧失其公法性质。"[1] 第192条规定，"基于契约之义务，

---

[1] 陈敏. 德国租税通则 [M]. 台北：台湾"财政部"财税人员训练所，1985：65—66.

为他人之租税负担责任者,仅得依民法之规定向其请求".[1]《日本国税通则》第 41 条第 1 款,也明文规定税收债务可由第三人清偿。在一些国家,一些中介机构也成了第三人。例如,在加拿大的一些税务局,金融机构缴纳的税收占到 50%。[2]不损害税收债权的契约自由应当得到保护,为该制度的设立提供了制度支撑。当然,约定的税收债务承担一定要建立在不损害税收债权实现的基础上,否则与其制定的原旨相违背,契约自由就无法得到承认。

除此之外,在《税收征管法》中引入该制度,更能够与其他制度产生联动的效果。例如,《税收征管法》第 21 条规定了税务机关的发票义务。纳税人和第三人需要履行完相应的纳税义务后向税务机关申请开具发票等完税凭证,才能够办理过户登记。由于完税凭证等上面的主体为纳税人,这就给第三人的税额抵扣造成了一定的困难。将该制度规定在《税收征管法》中,可以为该制度与发票开具管理形成合法高效的联动效果,解决实际中的困难。

2. 参照适用民法中的债务约定承担规则

税法尽管属于传统意义上的公法,但在税收债权债务关系说引入后,税法已经不单单是国家的税法,更是一部对纳税人的保护法。税收借鉴民法的相关内容,将其定义为公法之债。在此基础上的税法,呈现出私法化的趋势,最为明显的是许多民法上的制度被引入到税法中,为税收债务的实现提供了保证。私法制度在公法领域的运用,一方面,税法借助民法的规范或概念引导自身发展;另一方面,民法原理与制度的引入,使得税法的调整手段从单纯的公法扩展到了私法领域。债务约定承担来源于民法,民法中对其规定也显得较为成熟。《民法典》第 552 条规定了第三人加入

---

[1] 陈敏. 德国租税通则 [M]. 台北:台湾"财政部"财税人员训练所,1985:65-66.

[2] 亚当·斯密. 国富论 [M]. 殷梅,译. 长春:吉林出版集团有限责任公司,2012:169-173.

债务的情形。[1] 由于私法之债与公法之债都具备债的属性，民法中债务承担的一般原理也可以引入到税法中。民法中关于债务承担的规定虽然不多，但在近几年的发展中已经逐渐成熟起来，形成了一套自身的逻辑。通过对民法中债务承担的规则进行筛选，可以有效地确定税收债务承担确立的合法性和合理性，为该制度在现实生活中的运用提供方案。

除此之外，实践中对于民事规范能否成为行政裁判的依据也有所显现。《最高人民法院关于〈中华人民共和国行政诉讼法〉若干问题的解释》第 15 条第 2 款规定了合同法的适用，《最高法院关于审理行政协议案件若干问题的规定》第 12 条也提供了民事法律规范作为审查行政协议效力标准的合法性和必要性。民事规范中更以合同效力作为运用国家强制力否定当事人意思自治的工具。租税法中常见有类推适用民法规定之情形，按民法上的有关规定，如其内容与租税法性质不相冲突者，除其系一般法律原则的具体表现，可以直接适用于租税法外，在租税法欠缺有关规定，呈现有法律漏洞，又无法援用其他公法规定加以填补时，如果具备类推适用的条件（即具有事件相类似性），则可以比附援引民法就其他类似事件之规定，亦即得依类推适用方式，援引民法规定。[2] 在我国台湾地区司法上，也有很多法官给出了对于公私法之间类推适用的问题。"行政法院"民国五十二年度（1963 年）判字第 345 号判例谓：公法与私法，虽各具特殊性质，但二者亦有其共通之原理，私法规定之表现一般法理者，应亦可适用于公法关系。[3] 再如，"行政法院"民国七十七年度（1988 年）判字第 463 号判决书谓：解释意思表示，应探求当事人之真意，不得拘泥所用之词句，

---

[1] 该条款具体规定为：第三人与债务人约定加入债务并通知债权人，或者第三人向债权人表示愿意加入债务，债权人未在合理期限内明确拒绝的，债权人可以请求第三人在其愿意承担的债务范围内和债务人承担连带债务。

[2] 陈清秀. 税法之基本原理 [M]. 台北：三民书局，1993：133.

[3] 该判例肯定私法规定之一般法律原则可适用于公法关系，唯其以类推适用方式处理，而非直接适用。

此虽为"民法"第98条所规定，但在公法上于人民向政府机关所为之意思表示，亦应有类推适用。因此，民法规定中蕴含的一般原则为全部法律领域所共通的原理时，在公法上可以直接适用。

3. 参照适用民法中的债务约定承担规则是最适宜的立法模式

然而，如果通过改造《税收征管法》的现有规则去进行立法，存在着以下几个问题：首先，对于税收债务约定承担的规定应当如何改，税务债务约定承担到底该如何界定，里面需要包括哪些要素仍不确定。其次，对于税收债务约定承担的条款应该放置在哪些地方，是放在有关纳税主体的规定后面还是单独设置为一个条文还是和与其相近的纳税担保等放置在一起仍不确定。税收债务约定承担的条款一旦列出来，就存在需要程序与之相适应的问题。基于它的特殊性，税务机关在具体行使时，是否能够完全运用当前的程序规定还是另辟蹊径对其也适当地运用民法上的程序规定加以限制都存在疑问。最后，《税收征管法》的修改是一个重要的立法工作，需要公民的同意，也就意味着程序繁杂、时间较长，无法解决现实需要。

参照第二种模式也存在一定的缺陷。正是民法的私法性过强，其更注重对于契约自由的彰显，只有在私人利益触碰到公共利益的情况下，才会由合同效力的法条来进行约束，因此，在参照民法规定时，需要特别注意税法的特殊性。这就使得在将民法规定公法化的情况下需要时时注意税法环境，考虑税法在具体运用后出现的后果，从而寻求最优良的途径构造相应制度。

综上，以《税收征管法》的现有规则去构建税收债务约定承担制度不具有代表性，参照民法的一般规则去设立税收债务约定承担制度更为适宜，更符合现实需求。

（三）科学确立税收债务约定承担的适用条件

合同作为一种常见的民事法律行为，对于当事人之间的权利义务产生设立、变更、终止的影响。由此，民法中对于合同的适用条件运用了大量的笔墨来描写。基于此种考量，对于税法中的债务约定承担制度也应当设立一定的适用条件，以实现该法律价值。本部分主要依据上文中的参考模式对税收债务约定承担的形式要件与实质要件进行设立。

1. 明确税收债务约定承担的形式要件

民法中，债务承担的构成要件包括存在有效的债务、被转移的债务存在可转移性、第三人须与债权人或者债务人就债务的移转达成合意以及债务承担需要通知债权人这四个要件。对于税法上的债务约定承担，除了从这四个角度出发，还需要注意加入要件等问题。

（1）税收债务约定承担制度的加入形式明确

在保持债务同一性的前提下，并存的债务承担遵循私法自治原则。民法上，对于债务约定承担的发生方式存在四种可能的情形：第一种，第三人、债权人和原债务人三方共同合意签订债务承担合同；第二种，第三人与债权人直接缔结债务承担协议；第三种，第三人与原债务人直接签署债务承担合同；第四种，第三人单方允诺。因此，对于税法上的第三人加入债务的形式可以从上述的情形出发。

首先，有税收债权人参与的三方协议是可行的，但不具备实践价值。在三方协议中，税务机关作为国家行使征税权的法定机构，成为税收债权人。各方主体都能够表达真实意思，对于合同条款的内容三方可以进行协商，确实充分地对于权利义务进行定性，这样可以减少矛盾的产生，维护三方主体的意思自治。但是，税收债务属于公法之债，税务机关需要遵从依法行政，在没有法律授权的情况下参与到这三方协议中，对于税务机关

143

的职权范围是一个挑战，而且，实践中也没有税务机关积极加入其中的案例。因此，该种情形只具备理论上的可行性。同理，税收债权人与第三人签订合同和三方协议一样，并不具备可操作性。

其次，税收债务人与第三人以签订合同的方式加入税收债务关系中是最常见、最可能、最有效的方式。在税收债务承担中，纳税人可能通过缴纳税款的方式承担部分义务，也可能只是运用身份信息承担义务，但是他始终没有脱离税收债务关系。

最后，对于税收债务人向税务机关单方允诺的行为也是可行的。在这种情况下，扩大了纳税主体的范围，责任主体变得宽泛，税收之债的履行更具有保障，同时，债权人也能够自如地选择承担责任的主体。

法律行为是一种或书面或口头、或明示或默示的行为人的意图，其目的在于发生法律认可的效果。[1] 在民法中，合同订立的形式包括口头和书面两种。但是，在税收债务约定承担制度中，合同应当采取书面形式，这是由税收债务的公法性决定的。税收债务约定承担的协议存在的目的就是为了保障税收债权的实现，虽然两种方式都是法律所规定的，但是书面协议比口头协议取证更为容易，一旦发生纠纷，可以通过对协议的内容、履行程度进行审查，从表面上看，更具有约束力和信服力。

（2）税收债务约定承担存在有效的税收债务

在债法的理论框架下，税收之债应当是国家与公民之间形成的特定的由国家强制力保障实施的权利义务关系。税收之债的履行与政府财政资金的来源紧密相连，这就使得税收之债应当严格在法律的框架内实施，同时需要严密的程序来保障纳税义务的履行，从而使得税收之债的社会公益性得到满足。一般而言，税收债务在成立后生效，在满足税收构成要件之后，

---

[1] Schuster E J. The Principles of German Civil Law[M]. New York : Oxford University Press，1970 : 80.

税务机关的税收征管活动也在进行。税务机关的税收征管活动以税收债务的履行和实现为目标。只有在税收债务有效的前提下，税收征管活动才能够在法律的权能下实施。

原税收债务的有效是税收债务约定承担成立的先决条件之一。在司法案例中，当事人往往对于税收之债是否有效的争议主要在于合同约定的条款是否满足，最为典型的便是房屋过户中的"满五唯一"问题。

针对"满五唯一"，法院认可的观点较为一致，都不认同将此条件作为税收债务中的环节。在丁峰、杨洁莹与刘明之房屋买卖合同纠纷一审中，法院认为：

丁峰、杨洁莹认为刘明之、美然居房产故意谎称系争房屋为"满五唯一"，但"满五唯一"并未作为交易条件在合同中明确约定，且丁峰、杨洁莹在购买房屋时亦需尽到必要的审慎义务。故丁峰、杨洁莹要求刘明之、美然居房产承担由此产生的税费并无合同依据和法律依据，本院不予支持。[1]

在刘静等与赵武等居间合同纠纷二审案件中，法院认为：

根据本案所查明的事实，无论是居间协议还是买卖合同，双方均为就系争房屋属于"满五唯一"的情况作出明确约定，且在税务机关留有的"满五唯一"承诺书上亦无被上诉人赵武或其代理人袁某的签字，故尚无证据显示被上诉人赵武在出售系争房屋时承诺该房屋系"满五唯一"，或者该房屋可以按照"满五唯一"进行纳税。[2]

事实上，当事人选择满足"满五唯一"的房屋主要基于税收负担可以得到减轻的考量。因此，为了尊重当事人的真实意思，在当事人对于该条件明确约定的情形下，一旦一方当事人虚构其房屋满足该条件，而在另一

[1] 上海市虹口区人民法院（2019）沪 0109 民初 29871 号民事判决书。
[2] 上海市第一中级人民法院（2020）沪 01 民终 377 号民事判决书。

方当事人发现了这一状况时，法院应当对税收债务的效力产生怀疑，甚至可以认定为无效。在双方当事人没有明确规定的情况下，着重对当事人之间就合同成立的意思表示进行推定，以事实存在的证据合理裁判税收债务的效力问题。

另外，由于在税收债务中占据优势地位的主体是国家机关，因此在对税收债务的效力进行具体评判时，要注重税收债务人的权利保护。在税收债务中，税收债务人虽然负有履行纳税义务的责任并承担履行不能的后果，但是纳税人的财产利益也应得到保护。不仅要重视纳税人对于税收债务履行目的的重要作用，还应当重视其享有的类似于知情权等权利。所以，在对原本的税收之债的效力进行评析时，需要特别注重条款订立的目的，不能仅基于税收债务约定承担的效率，忽视对第三人公平的探讨。

（3）税收债务约定承担被转移的税收债务存在可转移性

债的可转移性理论是税收债务约定承担制度的基础。对于具有人身依附性或者法定不允许转移的债务，当事人之间的约定并不会发生效力。税收之债从表面上并不符合债的可转移理论。一方面，税收之债属于法定之债，有关的构成要件需要法律的明确规定。另一方面，税收的负担以纳税人的负税能力为准，存在一定的人身依附性。这两种特征，使得税收之债的移转存在困难。这里的税收之债是否包括所有的税收之债呢？

法院在对此观点进行评述时，注重对于税收之债属性的确认。例如，在原告南京星能传动机械有限责任公司与被告南京金腾齿轮系统有限公司买卖合同纠纷一审中，法院认为：

税法虽然规定销售货物方为纳税义务人，但由于税费缴纳系金钱给付，不具有人身专属性。[1]

---

[1] 江苏省南京市溧水区人民法院（2020）苏 0117 民初 3403 号民事判决书。

税收之债虽然受到税收法定主义的影响，但是税收的缴纳主要以金钱给付为准。在关注到税收之债的金钱给付特性外，也特别需要关注税收公平原则。在一定程度上，税收债务约定承担制度是将一部分税收债务转移给第三人，可能造成第三人税负加重的不利影响。事实上，税收公平原则的着眼点并不局限于纳税人之间的税负分担。税收公平原则旨在建立一种标准使得纳税人的缴纳公平。因此，才会对于纳税人的税负能力进行衡量，达到横向与纵向的公平。在对纳税人的义务进行确认时，需要衡量多种要素，包括当事人的经济负担等状况，因而对于社会阶层的矛盾化解有重要的指引作用。因此，在对税收债务的公平性进行考量时，也需要注意当事人的意思自治。当事人之间愿意通过该种方式去履行纳税义务，说明当事人对于税负的转移具有一定的认识能力。总而言之，税收之债需具备转移的可能性，且转移不违背税收法定与公平。

（4）第三人须与税收债权人或者税收债务人就税收债务的移转达成合意

各方当事人必须有达成一致的明确意思是协议的必备要素，且这一意思能使法律关系发生变化。[1] 所谓意思表示是指向当事人内心真实意思的行为。第三人与税收债权人或者纳税义务人之间对于税负的转移意思一致时，税收债务约定承担制度才有可能实现。在司法实践中，法官认为当事人之间是否达成合意主要依据的是一方当事人的承诺行为。

以一件二手房买卖案件为例，在曾太才让与同仁市司法局房屋买卖合同纠纷一审中，法院认为：

被告同仁市司法局筹建职工住宅楼时向本单位职工及不特定人群发出集资建房邀约，集资户认同建房方案及全额集资的费用承担方式，在意思

---

[1] Paton G W. A Textbook of Jurisprudence[M]. Oxford : Clarendon Press，1972 : 432-433.

表示自由的情况下，出于自愿签订集资建房合同，完成承诺，合同成立。[1]

在司法拍卖案件中，吴玲华与浙商银行股份有限公司绍兴诸暨支行借款合同纠纷中，法院的理由也是如此，具体如下：

拍卖公告、拍卖须知在法律上属于要约形式，吴玲华举牌竞买成功属于承诺的意思表示，表明其同意先前在司法拍卖网公开公布的合同条款，吴玲华竞买成功，标的物的买卖合同即时成立。[2]

民法中，承诺为受要约人向要约人发出的同意要约的意思表示。一旦当事人同意要约并接受要约，合同成立。民法上的该要件是否能够适用在税法中呢？尽管大家对于公法之债的概念已经十分清晰了，但是归结到底，税收之债依旧是一种债权债务关系，只是比起民法中的债权债务关系多了些许限制，缩减了适用的范围。因此，以承诺作为当事人之间的合同成立的要件有迹可循。对于税收债务约定承担的意思表示，以民法上当事人之间的承诺为准判定当事人意思表示一致，既不违反国家税权，也尊重了当事人之间的意思自治。一般而言，合同的当事人对于合同内容是否公平是具有判断力的。一旦合同内容不符合意思表示时，当事人就会拒绝合同的签订。或许，当事人在签订合同时，对于自身的权利等存在不明确的状态，但是对于税费承担的条款，当事人之间完全可以用协商的方式进行处理。除此之外，一旦当事人之间对于合意的认知不同，合意无法以承诺的方式显现出来，会造成一定的影响。以司法拍卖为例，如果不以第三人的承诺作为合意的标志，第三人可以随意地参与竞拍而不需要承担责任。即便竞拍成功，也能以合同未订立为由取消竞拍的结果。由此，司法拍卖程序的信服力下降，效率低下，司法资源浪费。对于其他参与竞拍的选手并不公平，

---

[1] 青海省同仁市人民法院（2020）青 2321 民初 784 号民事判决书。
[2] 诸暨市人民法院（2020）浙 0681 执异 263 号执行裁定书。

也阻碍了国家税款的征收。

除此之外，对于承诺实现的表示形式，司法拍卖中法官提供了两种模式：一种以当事人参与竞拍为承诺方式；另一种以当事人竞拍成功作为承诺的标志。《民法典》第472条第2款规定，一旦受要约人承诺，要约人即受该要约内容约束。出于合同履行的风险考察，以当事人竞拍成功作为承诺的标志更为合适。一方面，民事主体参与竞拍，并不代表着一定能够成功。依据合同的相对性，双方主体应当明确。而参与竞拍的一方主体是不确定的，存在多种可能性。另一方面，以参与竞拍作为当事人承诺的方式，加剧了当事人的交易困难。一旦当事人参与竞拍，就会被默认为当事人同意相关的条款，无疑加重了当事人的心理负担。当事人需要仔细衡量自身的经济状况，很可能出于安全的考虑不去参与竞拍，从而导致流拍等情况的发生，浪费司法资源。因此，以竞拍成功作为承诺的实现，不仅当事人有足够的时间可以对自身财产进行规划，也可以节约司法资源，保障债务的履行。在司法实务案例中，也有法官以提交的证据判断。基于该原理，对于税法中当事人的意思表示也应当从证据的角度出发，看第三人是否具有承担纳税义务的意思表示。

（5）税收债务约定承担需要通知税收债权人

税收债务约定承担通知税收债权人有利于充分保障第三人的合法权益。作为实际的税收债务人之一，在隐性的层面上也应当享有税收债务人享有的权利。而这些权利的行使都需要税收债务人或者第三人履行告知义务，通知税务机关税收债务的转移。

在税收债权债务关系中，作为税收债权人的国家具有请求税收债务人缴纳税款的权利，而税收债务人有权请求税收债权人提供公共产品和服务的义务。税收债权人透过税收债务人的给付行为获得了税款充入国库、税收收益权得到满足的结果。税收实体法中确保纳税人自由权以及平等权等基本权利，程序法中确保纳税人程序基本权和诉讼权。纳税人全体是国家主权的首要拥有者，而国家机关于此派生，实为纳税人服务的机关。以纳税人为尊的服务理念，使得纳税人在纳税时能够及时了解到相关的信息，从而为自身作出最优的决策。税收债务约定承担中的第三人需要获得履行的相关信息，就需要主动与税务机关加强沟通，因此，税务机关应当被通知。

除此之外，税法特别重视正义的实现。作为税收债权人的国家也需要秉承这一理念，通过社会正义的实现调节社会贫富差距。现代宪政国家认为国家仅为人性尊严与人格发展而存在，个人经济收益须得国家保护与协助。税收债务为法定之债，仅在具备法定要件时，才发生税收之债的法律关系。而税收债务人亦享有给付请求权，属于非税收性质的债权，包括退还请求权、退给请求权等。一旦税收债务人不履行或者延迟履行，税收债务人需要承担不利的后果，这个时候第三人很可能因为这一违约行为造成权益受到侵害。而且，税收债权人在行使强制措施等行为时，第三人也应当为自身的权利受损得到救济。在满足一定的税收优惠时，第三人也可以基于权利义务一体的理由向税务机关寻求优惠。

（6）税收债务约定承担中承担人具有税法上的第三人地位

第三人在税法中承担的角色也在不断地增强着，对他的定义有着两种说法。从广义上说，税法中的第三人指的是在税收债务关系中除了税收债权人和税收债务人之外的任何人。这就排除了作为实质债权人的国家和作为形式债权人的政府，也排除了作为直接负有税收债务的相关人。扣缴义务人作为一种性质特殊的主体，与纳税人存在着较大的差异，作为代扣纳税人税款的人员，是作为税收债务人还是第三人出现在税收法律关系中？

在一些案件中，实际纳税人被法院认为是扣缴义务人。扣缴义务人是指法律、行政法规规定负有代扣代缴、代收代缴税款义务的当事人。[1] 从概念来看，扣缴义务人和第三人在履行纳税义务方面存在相似性。税法规定了纳税义务人、扣缴义务人直接负责履行纳税义务，而第三人也可以直接加入税收债务关系中，成为实际的纳税人，从而直接履行纳税义务。除此之外，扣缴义务人所要履行的是纳税人的税收债务，并非自己本身的，而第三人履行的也是法定纳税人的税收债务，只是依照合同的约定承担相应的义务。

扣缴义务人与第三人存在着本质上的不同。首先，从双方的主要目的而言，税法规定扣缴义务人主要为了税收债务的直接履行，而此案中第三人的主要任务是保障税收债务的履行，不仅仅在于直接履行。而第三人不仅可以直接履行责任，也可以作为纳税人不履行义务的补救途径，这是两者之间最不同的地方。其次，从是否追偿的角度来说，由于扣缴义务人将扣留纳税义务人的税款进行纳税，实际上的纳税主体依旧是被代缴的主体，因此履行纳税义务后，不需要向纳税人追偿，而第三人可以根据合同的约定来行使追偿的权利。[2] 最后，《税收征管法》第 30 条第 2 款规定扣缴义务人的及时报告作为免除扣缴义务的条件。[3]《税收征管法》第 30 条第 3 款规定了由于扣缴义务人拥有一定的报酬权，对于第三人而言，并不存在这种责任免除的方式以及相应的报酬权。

退一步说，即使实际纳税人可以被认定为扣缴义务人，该约定生效的结论也很难站得住脚。虽然就扣缴义务人的扣缴义务而言，并不要求严格的税收法定，行政法规也可以增加人民义务。但是，对于此种义务的施加方式，虽然保持了较高的行政效率，具有效益性和便捷性，却违反了合理

---

[1] 刘剑文 . 纳税主体法理分析 [M]. 北京：经济管理出版社，2006：2.

[2] 刘剑文 . 纳税主体法理分析 [M]. 北京：经济管理出版社，2006：6.

[3] 在纳税人不配合扣缴义务人的工作，不同意扣缴义务人扣缴其税款时，只要扣缴义务人及时将这种情况向税务机关报告，其扣缴义务就应该解除，而不应当给扣缴义务人施加追缴税款的义务。

性要求,超出了合理的限度。此时扣缴义务人被增加的义务并不完全符合这三个要素,因此,该种观点无法支持。总之,对于税收债务约定中的纳税义务实际履行的当事人可以成为税收法律关系中的第三人,在满足一定条件下,以自己的财产保障税收债务清偿,作为纳税人回避义务的规制。

2. 建立税收债务约定承担的实质要件

民法中对于债务约定承担制度除了要满足构成要件,同时也要遵循关于合同效力的有关规定。对于税收债务约定承担的实质要件的构造即生效要件的构建,也应当以合同效力规定为基础。

(1)税收债务约定承担的主体适格

自然人具有一种按照自己的意愿设定、变更、终止关系的能力,而这种能力是法律行为的核心。民事合同的最终目的在于经济交易的完成,维护的主要是私人利益,而税收债务的公法属性,使得税收债务的履行有着更严格的要求,追求公共利益的保护得以实现。如果税收债务约定承担制度对于主体资格不进行合法的制约,不仅会使得公共利益的保护处于不可控的状态,而且会使得税务机关可能违背依法行政的原则,扩大公权力的适用范围。因此,对于税收债务约定承担的主体资格需要加以研判。

任何主体想要成为权利主体,必须具有承受法律关系的资格。在蔡建水案中,双方对于原告是否享有征税的权利展开了质疑。[1]这一争议点的实质就是原告是否享有该民事法律关系中的权利能力,即以自己的名义缔结契约,取得本应由其自身缴纳的税款。事实上的征税权力由法律赋予了税务机关,税务机关是法定的征税主体。由原告征税违背了法律的规定,表面上侵害到税务机关职权的行使。然而,当事人双方之间形成的债权债务关系并不会触及税务机关的征税权。一方面,当事人之间形成的是普通的房屋买卖合同,双方互有义务。另一方面,受让人与税务机关之间形成

---

[1] 具体内容参见河北省沧州市中级人民法院(2018)冀09民终4865号民事裁定书。

了税收法律关系。其中，买受人的地位属于直接向税务机关支付的当事人，只是借用受让人在税收法律关系中的地位进行缴付，与受让人是否有征税权没有关系。除了对于权利能力进行分析外，当事人的履约能力以及责任能力也需要得到考察。

从权利能力而言，当事人必须具备可以成为私法主体的能力。当事人的权利能力不仅需要寄托于双方之间产生的买卖合同关系，也要对其中的税收法律关系进行衡量。对于相对人而言，他仅仅需要私法上的权利能力，能够自由签订合同，不要求其具备税法上的权利能力。双方之间成立的约定纳税义务的合同，仅仅是当事人之间私法的约定，并不触及纳税人与税务机关的层面。一方面，私法上的权利能力表明了当事人相互之间可以"主张"自身的积极利益或者消极利益；另一方面，私法权利又包含"公"的一面，是国家对于个人权利的最后保障。对于法定的纳税人而言，他需要具备税法上的权利能力，能够成为税法上的主体，从而享受权利、承担义务、履行责任。在上述案件中，原告是否具备履行合同约定的能力就成了其能力认定的重要因素。从原告的意思表示来看，原告积极地通过向被告缴纳税款的方式为其开具发票，想要以同时履行的方式达到履行合同义务的目的，从这种情况而言，原告是具备民事行为能力的。除此之外，人本身是决定权利能力的唯一因素。对原告的民事行为能力进行限制，也是基于对原告自身利益的保护。

当事人能否具备履行的能力，实际上是从判断其能否履行义务的角度出发的。税法上对于纳税人义务的分类可以分为给付义务和其他义务。税收债务人缴纳税款，转移税款的所有权归国家所有。由于税款的征收具有一定的隐秘性，很容易造成漏税等情形，这时候为了保证国家税收债权的实现，税收债务人还需承担一定的协力义务。因此，对于第三人和纳税人应当具备税法上履行给付义务和其他义务的能力。除此之外，对于司法拍卖中的主体而言，怠于履行债务的当事人一定程度上可能存在着破产清算、账目不清等情形，对于买受人而言存在着一定的风险。在司法拍卖中，纳税义务人存在着履约能力差、丧失商业信誉的情形，可能无法提供发票，无法承担起协助过户的要求，尤其是在大多数司法拍卖中的被执行人存在着被列为非正常纳税户等情形。因此，为了保护善意第三方的利益，对于这类人群，一旦买受人能够拿出证据证明其无法履行合同目的，则纳税人不具备该行为能力。对于进行普通交易形成的税费承担约定，可以认定具备民事行为能力，应履行义务。

实际上从责任能力方面对纳税人的能力进行界定最合适不过。税收债务约定承担制度研究到最后，都摆脱不了对当事人不履行义务后所需要承担的责任进行认定。责任制度的存在主要对法律制裁的主体进行确定。法律责任的存在是以税收义务的履行为基础。因此，第三人和纳税人应当具备税法上的责任能力。如果当事人不具备税法上的责任能力，税收债务约定承担制度便没有实际存在的必要。一旦当事人无法承担起税收责任，最后责任的承担仍然落脚于纳税义务人，第三人在税收债务约定承担中成了隐形一样的存在。尤其是税收债务约定承担制度的适用，可以在一定程度上缓解纳税义务人的经济压力，降低税款征收不能的风险。除此之外，税收责任以惩罚性方式为主。纳税义务人不履行义务，不及时或者不全款缴纳税款的情况下，税务机关有权对其进行行政处罚，追究当事人的责任。

（2）税收债务约定承担的意思表示真实

税收债务约定承担协议是当事人之间通过平等协商、对于纳税义务进行约定，最终形成契约的方式。这种协议建立在各方的自由合意的基础之上，形式上与一般的民事合同相似。意思自治是私法的核心精神，重视当事人之间的意思表示是确定双方之间协议是否有效的关键因素之一。法官们对于税收债务约定承担中当事人意思是否真实的判断借鉴的是民法中关于合同效力的相关规定。

然而，由于税收债务的公法属性，对于税收债务约定承担中的当事人的意思表示的限制除了遵从合同中的有关规定，也需要在其追求合同利益的基础上，保持对国家社会公共利益的维护，因而对于当事人之间的意思表示要求更严格。

实践中，双方对于税收规定的不熟悉，在订立合同之时税款金额的不确定性，产生了很多的税收风险。以司法拍卖为例，很多竞买人在司法拍卖结束后才发现所承担的纳税成本远远超出预期。一旦竞买人不及时履行缴纳税款的义务，就会造成双方利益的损害。一方面不利于拍卖物品的过户，甚至导致交易目的的无法实现，损害了当事人的经济利益。另一方面，竞买人不履行纳税义务或者延迟履行纳税义务产生的滞纳金等费用也给受让人带去了利益损失，增加了税收负担。即便是在正常的民商事交易中，税费承担的条款仅仅作为一种附随义务存在，双方的关注点主要集中在主合同义务的条款上。

对于税收约定承担的情形，可以分为司法拍卖以及其他交易这两种类型。由于司法拍卖的特殊性，因此对其可以参照格式条款的要求对当事人意思表示进行认定。格式条款订入合同须经当事人合意，制定人需尽到合理的提醒义务。法院以及买受人发出要约时，依据格式条款的明示原则，提出的条款应当明确，有足够的时间让相对人了解，从而作出决定。法院以及买受人所要提示的内容包括：第一，必须让买受人一看见便知道其规定了当事人税费承担。第二，提示需要能够使相对人知悉税费承担的存在、承担方式、范围。第三，提示需要引人注意，放在当事人可以接触的地方。

第四，提示相对人注意义务的时间需在合同缔结前。第五，提示以一般人的理解程度为限。此时，当事人对于格式条款所特殊注明的内容才能够正常理解，在合理范围内能够引起当事人的注意。第六，对于格式条款的特殊事项需要特意说明。例如，如果当事人之间就税费承担的条款中的土地出让金存在一定的特殊要求，此时应当将该要求作必要说明，防止当事人产生重大误解，导致转让行为的效力产生争议。

对于其他类型的交易，存在着显失公平或者重大误解的风险。误解是指表意人受领相对人的意思表示并对受领的意思表示理解错误。[1] 重大误解的解决模式依托于合同内容的明确性，不在此赘述。构成显失公平不仅是内容上有失公平，而且同时包括具备客观条件和主观条件。对于税收债务约定承担而言，客观上，对方必须为无经验等缺乏判断力或意志薄弱的状态，即对税费的承担方式认知不明确，不具有深厚的判断纳税义务主体的能力；主观上，行为人必须利用对方的困境，受让人明知道对方对于此条款认知不清，并且签订该条款自己所获得的收益更多。显失公平注重对交易规则的维护，遵从市场经济体制，可能会使得价格在价值上下波动，因此，对条款中的弱者进行更多的保护，扩大价格机制作用的空间，要求在普通交易中，对于税费条款的约定，当事人需保持对税费相关信息披露的对称性，对双方义务的分配达到普通人所能理解的程度。

（3）税收债务约定承担不具有逃避税的意图

对于税收债务约定承担而言，其目的不仅在于实现公共利益，也需要在一定程度上保护私人利益，这两种价值的追求就需要平衡。虽然与民事的债务约定承担制度相比，最终保护的利益不同，但于该制度的效力判定中加入目的这一因素，可以切实保护双方的权益。在以此为基础认定当事

[1] 张俊浩. 民法学原理（上册）[M]. 北京：中国政法大学出版社，2001：292.

人之间的协议是否有效时，应该做好保护公益和私益的平衡，首先考虑该合同是否保障了公共利益，其次是否保障了私人利益，从而减少公民对行政机关的不信任的情况。

税法所规定的课税要件的主要功能在于将私人的经济活动或者产生的经济现象进行定型，因此当事人为了实现一定的经济目的或取得一定的经济成果时，通常会根据现实需要选择不同的法律模式。为了达到税收最少、获利最大的目的，产生了逃漏税、合法节税以及税收规避三种常规的情形。逃漏税是为了隐匿全部或者部分满足课税要件的行为，来减少税收债务；税收规避是为了回避满足课税要件本身的行为；合法节税是依照税法规定来减少税收负担的行为。税捐规划是纳税人的合法权利，然而现实中出现了恶意逃避税的情形，使得国家的利益受到损失。以二手房买卖为例，买受方与受让方往往会通过降低合同价格达到转移税负的目的，此时就需要对这类情形具体分析。同时基于效率的考量，在对其效力的解释过程中，尽可能让每一个条款发生效力。[1]如果当事人之间确实存在该类行为，但该行为的目的仅仅是图便利，而且预定的价格也在税法所能控制的范围内，应当不具有无效要件。但如果当事人之间的价格已经远远超出了税法所能应允的范围，那么该税收债务约定承担合同无效。

（4）税收债务约定承担的内容明确具体

当事人之间有关税费约定的条款内容是各主体自由意志的体现。为了实现纳税义务的履行，当事人之间签订的相关协议，是当事人权利义务以及责任的体现。无论是哪一种形式的税收债务约定承担协议，在内容审查上，都需要从合法性以及合约性出发。税收债务约定承担的内容明确，其审查标准与合同类型、交易内容等相关。事实上，在司法裁判中，对于当

---

[1] Lewison K. The Interpretation of Contracts[M]. 7th ed. London : Sweet & Maxwell，2004 : 198.

事人之间的约定是否明确，也仅仅是围绕着当事人的意思表示为准。法官一般会根据提交的证据从而推定当事人的意思，确认合同的真正内容。

在余忠亮与肖光辉房屋买卖合同纠纷二审中，当事人之间同时约定了"价格为出卖人的净到手价"和"个税由出卖人承担"，最终法院要求当事人之间约定的税费依照法律规定承担。[1] 对于合同内容的约定，常见的问题还包括当事人之间约定的税款是否包含税费以及包含的税费包括哪些内容。当事人之间约定的内容是否明确、具体主要是以当事人之间的意思表示为准。因此，该要件就对于有关意思表示的信息披露提出了较高的要求。

在普通的民事交易中，针对双方可以进行协商的特性，对于条款内容的要求就只要符合正常人的认知即可，能够使得正常人运用自身的理性去判断，从而作出决定。依据民法中对于合同内容的要求，当事人需要披露税费承担的实际方式、税费承担的范围以及税费履行及违约责任等。

由于竞买人对于拍卖房产等物品的相关信息主要是由执行的法院以及买受人发布的，作为信息来源方的法院以及买受人应当对于涉税条款的告知秉承谨慎的态度，尽量准确、全面、具体。对于类型化的问题，法院的提示义务标准应当与行业特别规定或概括要求挂钩，合理预估并降低初始定价，详细列出竞买方应承担的税费及房产总价的计算方法，明确告知竞拍价格上限。法院也应当以接受方的认知为判断立场，对于个案当事人的特殊情况也应当纳入考虑抑或采用一般人标准。

实践中，由于税费计算规则的不同，导致约定的税费可能超越合同签订的范围。为了保障第三人的合法权益，需要对税费约定中的承担范围进行限定。当事人是民事交易中利益得失最佳判断者。[2] 只有在当事人之间

---

[1] 上海市第二中级人民法院（2017）沪 02 民终 2078 号民事判决书。

[2] Benson P.The Theory of Contract Law：New Essays[M]. Cambridge：Cambridge University Press，2001：275.

有着明确的有关税费范围约定的情形下，税收债务约定承担的税费范围才会依照特别约定。正常情况下，税费仅限于与此次交易最密切相关的税费。以司法拍卖为例，买受人只承担司法拍卖本身形成的税费。法律对税费实际支付的主体并不限制当事人进行约定，即当事人可以约定承担税费。但税费承担条款可能具有一定的迷惑性，此时需要尊重当事人意思自治。一般情况下，从当事人合同签订的目的来看，就可明确买受人实际想要承担税费的范围，如拍卖成交前的历史性欠税，就不应当包含在内。在司法实践中，一部分法院在对约定纳税义务效力进行分析时，以税款未确定为由回避该问题。因此，对于不确定的税额，买受人无须承担。司法拍卖所形成的税费应是确定的数额，预缴税款不应当包含在内。为了防止将更多的税负转移给第三人，增添交易的风险性，非纳税义务人承担的最终税款，不应由第三人承担。

（5）税收债务约定承担不违反公序良俗原则和法律法规的强制性规定

在私法领域中，当当事人之间的合同严重缺乏法律所规定的生效要件时，该协议自始不发生效力。由于民事法律规范调整和规制的是当事人的自由行为，因此，在法律未作出明确禁止的情形下，当事人之间遵循"法无禁止即可为"的原则进行自由约定。这种行事规则在税收债务约定承担的效力判定上被绝大多数法官运用。在闵洪诉上海房雀信息技术有限公司房屋买卖合同纠纷一案二审中，法院认为：

税收法律规定卖方应承担一定的税负，但并未禁止买卖双方约定由买方代为缴纳，况且此种约定并未减少向国家纳税的金额，并未损害公共利益。在不损害公共利益的情况下，应当尊重当事人的意思自治。[1]

对于税收债务约定承担是否违反法律法规的强制性规定，除了上述的

---

[1] 上海市高级人民法院（2019）沪民申 659 号民事裁定书。

观点，法官对于约定纳税义务的行为的属性存在争议，即有关的税收法律是否属于哪种强制性规定。

在上诉人谭道衢因与被上诉人张汉荣房屋买卖合同纠纷一案中，法院认为：

本院认为，关于营业税、所得税应由出售资产（所得）方缴纳的规定，即使属于强制性规定，也应当属于管理性强制性规定。[1]

在吕某坚、张某珠与庄某坚房屋买卖合同纠纷一审中，法院认为：

双方承诺以远低于实际成交价的数额进行房产交易的备案登记，显然是为了减少此次交易过程中依法应缴纳的税费，已经违反了税费征管的强制性规定，损害国家利益。[2]

然而，不管法官对于税收债务约定承担条款的效力争议集中于哪个方面，税收债务约定承担的私法性被普遍认可是事实，而税收债务约定承担条款的公法性质则被忽略或者简单提及。

在公法领域，对于强制性规定的划分，学者们观点不一，有学者认为，对强制性规定再进行二次区分无意义，强制性规定的范围不能过窄；[3] 有学者认为限制强制性规定的范围，以行政审判实务和最高人民法院的行政裁定为准；[4] 有学者认为对行政协议效力的认定可适用合同法等司法规范，但如果该行政协议效力的存续不对国家或集体利益产生影响，则可以判定该行政协议不因违反强制性规定而无效。[5] 事实上，对于强制性规定是否进行限缩或者分类并不是税收债务约定承担条款的本质需求，是否对其进行

[1] 郑州市中级人民法院（2013）郑民四终字第 1382 号民事判决书。
[2] 深圳市宝安区人民法院（2011）深宝法民三初字第 771 号民事判决书。
[3] 李广宇. 审理行政协议案件对民事法律规范的适用 [J]. 中国法律评论，2016（1）：240.
[4] 王贵松. 行政协议无效的认定 [J]. 法学研究，2018（6）：166.
[5] 江必新. 行政协议的司法审查 [M]. 北京：人民法院出版社，2016：11.

细化不具有特殊意义。具有公法性质的税收债务约定承担协议相比于普通的债务约定承担协议，存在的基础就在于公共利益。只有在其损害税收法律所维护的公共秩序的情形下，对于民事合同的约束才会产生效力。因而，对于公共秩序的考量成为税收债务约定承担制度是否违反法律、行政法规的根本因素。"国家公权力适度干预和管制私法自治的正当性在于国家基于对国家利益和社会公共利益保护的需要。"[1]因此，对该条款的分析，取决于是否保护国家利益和社会公共利益。

国家通过法律的形式对税收要件进行规定，防止过度侵害到纳税人的财产权等权利。这种公法上的规定属于强制性规定，从表面上看有关税收法定主义的相关内容，离不开对宪法以及单行税法的讨论。宪法中对于税收法定主义的规定主要是为了解决国家征税权的前提问题，税收法定主义的制定也是围绕着人民与国家这两个主体之间形成的税收契约。从这个意义上来讲，税收法定主义的制定，只是为双方之间税收契约的生效设定了大致的框架，是一种概括的同意。各种单行税法中拟定的条款事实上也是双方就税收的具体事项进行协商的体现。人民在严格的法律规定与法律程序下同意向国家缴纳税款，国家向人民提供相应的公共服务。只有在双方互相协商的基础上设定的条款，才具有正当性，因而合法有效。不管是宪法还是单行税法，实质上都是人民与国家之间就订立具体有效的契约条款进行的意思表示。因此，税收法定主义调整的实际上是国家与纳税人之间的税收法律关系，至于纳税人之间如何进行，并不属于公法调整的对象。"税务机关与纳税主体之间原则上并非出于对立的利害关系，税务机关行使公权力的直接目的在于实现公益，但其本质目的更在于实现私益。"[2]从公共

---

[1] 江钦辉.违反法律行政法规强制性规定合同效力的司法识别——由一起违反环境资源法律之强制性规定的案件引发的思考 [J].喀什大学学报，2020（4）：27-31.

[2] 李刚.税收法律行为的私法学分析 [J].税务研究，2008（3）：58-61.

利益与个人利益的保护角度而言，约定纳税义务不违背税收法定主义，不违反税法对于纳税主体的规定。

司法拍卖中的被执行人，通常会成为"非正常纳税户"，税务机关会依照相关的规定禁止其开具发票等权利。[1]实践中此类现象屡见不鲜，一边当事人无力承担拍卖不动产的相关税费，一边当事人也没有承担的意愿，故意不履行开票的义务。因此，法院为了司法拍卖结果的顺利履行，要求买受人一并承担税费。在法院强制执行的语境中，要求纳税义务人承担税费，只会增加合同目的实现的困难。在纳税义务人主观和客观情况的限制下，税收债权人的税收债权无法实现。约定纳税义务的适用，将承担责任的主体范围扩大，进而保障税收债务的履行更为充分，国家债权的行使能得偿所愿。

考虑到公法与私法之间的差异性，对于税收债务约定承担制度的具体适用上的规则也有所不同。即便约定纳税义务违反有关法律、行政法规的强制性规定，仍然有可能确认该约定有效。一方面，地方性法规和规章在税收法律体系和私法体系中的地位不完全一致。在前者中，这些规范性文件可以直接作为有效无效的依据，而在后者中，一般仅作为参考。另一方面，在税收债务中，规范性文件的适用也可以作为法官判断的标准。尤其是在税收优惠方面，单纯地以不违反法律、行政法规作为生效要件之一不具有说服力。因此，对于税收债务约定承担制度这一生效要件，从利益衡平的角度出发，需要特别保护当事人的信赖利益。对当事人的合法预期予以保护，有利于交易安全，提升政府的公信力。

同理，对于公序良俗的这一要件也可从该角度出发。由于很多法院选择通过这种方式进行拍卖，因此这种规定被认为是一种交易习惯。同时，

---

[1] 林丽惠. 国有企业取得法拍不动产的涉税风险及应对 [J]. 闽南师范大学学报（哲学社会科学版），2019（3）：27-31.

很多非拍卖的案件中，一方当事人将税收债务转移给另一方当事人时，也会降低相应的标的额。生活中这种转移税收债务的行为能否成为交易习惯从而生效，对此，学者和法院都具有不同的意见。

《民法典》将公序良俗作为判断民事法律行为效力的要素之一。"如果行为方式违反善良风俗的固有观念和所有具有公平之人的礼仪观念，则该行为违反善良风俗。"[1] 从以上定义可看出，对于公序良俗的判断应当归结于社会共同体所具备的基本价值和基本道德。"由于立法者不可能预见一切损害国家利益、社会公共利益和道德秩序的行为而作出详尽的禁止性规定，故设立公序良俗原则，以弥补禁止性规范的不足。"[2] 公序良俗的内涵随着经济社会的发展而变化，使得法官的裁量权可以适应不断变化的社会生活。"现代行政法的核心控权，最终目的在于维护人民的私权利"[3]，因此以私法上的公序良俗作为生效的评判依据是符合社会现实要求的。

除此之外，"判断行为是否违反善良风俗，不但须考虑法律行为的内容，还须考虑内容、动机和目的之间的关系"。如果大部分此类合同旨在谋求非法利益，侵蚀了公共规则、破坏了公共利益，例如以恶意避税为例，透过该原则的适用，可以使该条款生效。而且，基于实质课税原则的兜底，税务机关可以行使推定课税权，最终依旧能够使得公共利益不受损害。

（四）有效构造税收债务约定承担的履行规则

美国法学家波斯纳认为，要测度法律解释以及其他法律提议是否成立，最好是检查一下它们在事实世界中的后果。[4] 任何的社会关系、经济关系的复杂性，使得法律的协调十分重要，因此，在构建税收债务约定承担的实现路径中，需要以利益平衡为准则，维护好公共利益与个人利益。

---

[1] 维尔纳·弗卢梅.法律行为论 [M].迟颖，译.北京：法律出版社，2013：430.

[2] 陈广辉."有偿请托"的私法定性及其司法规制 [J].中国政法大学学报，2020（6）：162-173.

[3] 刘剑文，熊伟.税法基础理论 [M].北京：北京大学出版社，2004：163.

[4] 理查德·波斯纳.法理学问题 [M].苏力，译.北京：中国政法大学出版社，2002：583.

1. 明确税收债务人与第三人的连带责任

民事法律中最基本的三大要素就是权利、义务和责任。责任的实现与权利和义务的实现相关，脱离不了国家强制力的保障。责任制度的落脚点在于，充分保障合同的履行，对于任何与合同履行有悖的行为进行制裁。税收债务约定承担的出现，第三人作为当事人之一，也应当履行相应的义务，承担不利的后果。否则，税收债务约定承担制度的实践价值降低，不利于司法实践的指导。

在税收债务约定承担中，第三人加入税收债务后究竟承担何种责任，对税收债权人税收债权的实现会产生诸多影响。实践中，法院对于第三人是否承担税费连带责任也存在不同看法。在常德市鼎城江南新城建设投资开发有限公司与常德邵商置业有限公司、刘义祥商品房销售合同纠纷一案中，法院认为：

《商品房买卖补充协议》第六条约定……出卖方应退的购房款和应付的利息及各项违约金、应缴税费均由刘义祥承担连带责任保证担保。据此，被告刘义祥是在出卖方（邵商置业公司）不履行约定的义务时，对出卖方应退的购房款和应付的利息及各项违约金、应缴税费承担连带责任保证担保。[1]

在钟永新、刘奠军、龙洲集团股份有限公司（原福建龙洲运输股份有限公司）等房屋买卖合同纠纷中，法院认为：

龙洲股份公司在二审中认可刘奠军只对钟永新尚欠龙洲股份公司购房款承担连带责任，不需对相关税费承担连带责任，系当事人对自身诉讼权利的处分。[2]

在青海泰阳融资担保有限公司、青海泰阳融资担保有限公司与被告刘

---

[1] 常德市鼎城区人民法院（2019）湘 0703 民初 3526 号民事裁定书。
[2] 龙岩市中级人民法院（2020）闽 08 民终 305 号民事判决书。

秋月等与刘秋月、青海瑞鑫矿业有限公司等追偿权纠纷一审中，法院认为：

> 关于原告要求被告青海瑞鑫矿业有限公司、青海晶源盐湖化工实业集团有限公司对上述税费承担连带责任的诉讼请求，于法无据，本院不予支持。[1]

法院对于第三人承担责任方式的不同看法，主要基于双方当事人的约定。在双方当事人有约定的情形下，法院遵从当事人之间的约定，以约定的内容作为第三人是否承担责任的标准。在当事人之间缺乏约定的情形下，法院拒绝第三人就原本的税收债务承担责任。法院观点的不同，也为税收债务约定承担制度的责任承担方式提出了疑问：第三人是否需要承担责任，需要承担哪种责任？

法院对于第三人不承担相应的责任主要基于税收的法定性而言，税法对于纳税人的范围进行了严格的限制，因而在不突破纳税义务人的规定的情况下，法院不会对额外的第三人增添纳税义务，由此对于纳税义务不履行的情形下，税务机关所能针对的对象也只有法定的纳税义务人。然而，不赋予第三人相关的责任承担方式，税收债务约定承担制度的实际运用也就失去了价值。在税收债务约定承担中，第三人的加入并不会影响原本的税收债权债务关系，仅仅在此基础上多了一个保障债务清偿的对象，原纳税义务人的清偿义务不会免除。因此，第三人应当承担责任。

民法中，有关债务约定承担中第三人的责任承担方式也存在较大的分歧，主要集中于双方之间形成的到底是连带责任还是不真正连带责任。所以归结到税法问题上，第三人与原税收债务人承担责任方式的判断实质是一个利益的平衡问题。

在对第三人责任承担方式进行规定时，需要注意当事人之间的约定。

---

[1] 西宁市城中区人民法院（2019）青 0103 民初 2115 号民事判决书。

如果当事人之间对其承担责任的形式有过约定，就依据约定来；在没有约定的情况下，第三人与纳税义务人承担连带责任。在数个税收债务人当中，只要有一人具备偿还税收债务的能力，税权利益实现的可能性就会提高。

在税收债务约定承担中，第三人与税收债务人承担连带责任更具合理性。税收债务约定承担主要以合同方式成立，如第三人与原税收债务人缔结税收债务约定承担合同等，但双方当事人存在共同的目的。"所谓共同目的，系指为确保和满足债权人的债权，多数债务人依其意思或法律的规定而相互结合。"[1] 在税收债务约定承担中，第三人的目的在于税收债务的清偿取得合同中约定的利益，例如，在二手房交易中，第三人主要是为了获得房屋的所有权从而清偿税收债务。但是原税收债务人主要是为了税收债权的消灭，都有保障和实现税收债权人的税收债权的共同目的。

对于税收债权人而言，连带责任使得任一税收债务人的清偿都会导致其他人的税收债务消灭。连带债务人之间具有追偿权，第三人在结束义务的履行后对此求偿。税收债务约定承担中，税收债务人内部的责任承担方式主要以法律的特殊规定或者当事人的约定为主。其他情况下，税收债务人之间的责任承担应当平均分配。

2. 确立第三人的抗辩权和追偿权

在债务约定承担中，债权人请求第三人履行债务时，如存在抗辩事由，第三人当然得提出抗辩，第三人的抗辩问题主要体现于第三人抗辩类型。在债务约定承担中，债务清偿主体包括原债务人和第三人。第三人在原债务人清偿债务时，因其本身对债权人负有清偿全部债务的义务，第三人对原债务人的追偿权就成了难点。对于税收债务约定承担中第三人是否具有抗辩权？抗辩权的适用范围是多少？第三人对于原纳税义务人是否具有追偿权？

---

[1] 史尚宽. 债法总论 [M]. 北京：中国政法大学出版社，2000：643.

（1）第三人具有对税收债权人的抗辩权

通说认为，因第三人加入原有债务关系未改变债的同一性，第三人享有抗辩权。由于税收债务约定承担中最鲜明的特点便是保持税收之债内容的同一性，因此第三人完全可以援用原纳税义务人的抗辩权。

其一，当原税收债务存在效力以及时效问题时，第三人享有抗辩权。原税收之债的效力是该制度的构成要件之一，一旦出现原税收债务无效、可撤销的情形时，以此为基础的税费承担条款就失去了依托，同为税收债务人的第三人不需要履行责任。若第三人仍需承担责任，就会加重税负，不存在支撑该观点的法律依据。当第三人加入原纳税义务人与税务机关的税收债权后，发现原先的税收债务约定承担过了诉讼时效，基于第三人利益的保护应当认为原税收债务人已经享有了抗辩权。因此，第三人应当拥有超过诉讼时效的抗辩权。

其二，在原税收债务存在税收优惠的情况下，第三人也应当享有抗辩权。第三人的权利在一定程度上与纳税义务人的权利对等，因此，在纳税义务人存在减免税的情形下，第三人也能够基于"权利义务一体"的法律，对于原税收之债提出抗辩。

第三人加入税收债务约定中的理由可能是多样的，但对于第三人的利益保护是明确的。不管第三人在税收债务中承担起什么样的角色，第三人都应当拥有因为加入税收债务约定承担中所享有的抗辩权。以第三人与税收债务人之间签订的有关税收债务约定承担合同来说，在发现原本的税收债务存在效力上的瑕疵时，应当以此抗辩保护自身合法利益。

（2）第三人对原纳税义务人享有追偿权

在中国工商银行股份有限公司莆田行、中国工商银行股份有限公司莆田荔城支行与陈玉明、陈国雄、福建天友拍卖有限公司房屋买卖合同纠纷一审民事判决中，法院认为：

原告中国工商银行股份有限公司莆田分行在已向税务机关缴纳营业税、城市维护建设税、教育费附加、地方教育附加、印花税、土地增值税的情况下，可以依照约定向被告陈玉明、陈国雄追偿。[1]

在陈小琼、赵斌斌其他案由执行审查中，法院认为：

执行法院在拍卖公告上确定税费承担主体，符合上述法律规定，买受人承担了应由他人承担税费后，可向义务主体追偿。[2]

司法机关对于第三人在履行清偿义务后，是否享有追偿权的意见不一。事实上，税收债务约定承担的协议成立且生效后，第三人在清偿完原本的税收债务后，应当享有就义务履行所获得的追偿的权利。原税收债务的消灭，归结于第三人税款缴纳义务的履行。如果第三人义务没有履行，纳税义务人的利益就会被损害，除此之外，可能还需要承担起相应的税法责任，例如缴纳滞纳金等。从这个层面上来讲，第三人的履行为纳税义务人不仅回避了已经产生的损失，还回避了未来可能产生的损失。如果不对第三人赋予追偿权，在税收债务中，受到损害的也仅仅是第三人。如果第三人能够顺利达成合同目的还好，否则承受的是双重的伤害。因此，为了使得交易继续平稳运行，对于纳税人进行约束是合理的。而且，在实际案例中，以房屋买卖合同为例，第三人为了维护自身利益，通常要求税务局出具房屋转让的完税凭证等通知，在这种情况下，第三人具备了追偿主体的身份，获得追偿权。除此之外，第三人的履行没有实施上削减纳税义务人的财产，构成了民法上的不当得利。如果第三人无法基于税法规定对纳税义务人进

[1] 莆田市荔城区人民法院（2013）荔民初字第4091号民事判决书。
[2] 河北省张家口市中级人民法院（2020）冀07执复129号执行裁定书。

行追偿，也能够基于民法上的规定行使追偿权。

3. 建立税务机关税款征缴的选择权

在税收债务的约定承担中，纳税义务人不会脱离原先的税收之债。在纳税义务人与第三人都没有履行义务的情况下，税务机关选择由哪个主体承担责任拥有不容置疑的选择权。严格以税收法定为基础的话，税务机关只能向法定的纳税主体发放处理和处罚决定书。纳税义务人只能接受，不得以民事合同为由进行抗辩。在不选用严格的税收法定主义的情况下，税务机关的选择权依据合同的不同形式进行具体操作。从这方面说，税务机关只能选择纳税人进行追征，但对于第三人没有权利进行追征。但是这种方式使得税收债务承担的协议处于一种隐形的状态，只能在私法领域内有实际效力。

司法实践中，法院在认定税收债务约定承担的条款的效力之际，也对不同主体之间的效力进行了分类。税收债务约定承担制度仅在民事主体之间有效，对于税务机关没有效力。在上诉人六盘水盛胜房地产开发有限公司与上诉人六盘水德远房地产开发有限公司、被上诉人六盘水市钟山区农村信用合作联社、被上诉人六盘水市水城县农村信用合作联社、被上诉人六盘水市六枝特区农村信用合作联社项目转让合同纠纷案中，法院认为：

> 该约定不能对抗第三人，也不得改变税务机关依法确定纳税主体、税种、税率等，仅为双方之间关于税费费用数额具体承担的约定，只能约束双方当事人。[1]

---

[1] 贵州省高级人民法院（2013）黔高民终字第35号民事判决书。

也有法院持相同的态度，在马启业诉袁德贵房屋租赁合同纠纷一审中，法官认为：

> 合同约定属于内部约定，不能对外产生对抗法律法规关于法定纳税义务人的规定的效力。税务机关和纳税主体之间的关系属于国家税法和行政法规调整的范畴……交纳和承担税费的约定，不能对抗国家法律、法规对纳税主体的确认。[1]

税收债务约定承担的效力不及于税务机关，就使得税务机关的征缴只能集中于原本的纳税义务人身上，并不利于保障税款的征缴。除此之外，税务机关能否对于第三人进行直接管理，主要依赖于双方债务约定承担的形式。虽然现实生活中更常见的方式是第三人与纳税义务人约定，但是在法律规定允许的前提下，其他方式也能够得到适用。税务机关税款征缴的选择权如何确立，与当事人之间的约定模式密切相关。

在有税务机关直接加入的税收债务约定承担中，基于合同的相对性原理，税务机关既可以基于原先的税收债权债务关系向法定的纳税义务人征缴，也可以基于税收债务约定承担的相关条款向第三人进行征缴。

对于没有税务机关直接加入的税收之债务约定承担中，税务机关在公法领域只能向法定的纳税义务人进行征缴。是否能够对第三人进行征缴取决于民事上对于债权人与第三人之间的规定。基于税收法定主义的限制，税务机关严格依法行使征税权，不得随意使用权力，造成他人财产利益的损害。由此，税务机关不得向税收债务约定承担中的第三人行使公法上的税收征管权。基于税收债务约定承担本质上仍然是一个合同，税务机关仍然可以在私法上寻求征税权的行使，但仅仅限于私法领域。此时的税务机关的身份仅仅是一个普通的债权人，借由民法上对于履行的债权人的选择

---

[1] 潢川县人民法院（2013）潢民初字第 1114 号民事判决书。

的规定进行处理。

4.完善税收债务约定承担的争议解决机制

法院在具体操作时，往往会发生下列情形：原先的税收债务满足一定的税收优惠，因此第三人直接向税务机关请求退税。对于税务机关而言，其所针对的主体一直都是法律规定的对象，由此，税务机关会拒绝向第三人退税。实际上，税款缴纳这一行为的真正实施主体是第三人，由于形式上的法定，使得第三人直接通向税务机关的道路被掩埋，更有甚者，第三人缺失了救济的途径。因此，对于第三人权利的救济需要进行合理的归置。在刘雷与乐清市人民政府行政复议二审中，法院认为：

如果非法定纳税义务人以法定纳税人的名义缴纳税款后又向税务机关请求退还税款的，法院不予支持。[1]

因此，税法因当本着保护第三人合法权利的目的，税务机关应当对此进行分别看待。对于非税收优惠引起的多缴或者错缴的行为，税务机关应当退回给第三人，对于因为税收优惠引起的该类行为，税务机关不能直接退还给第三人，而是应当由纳税人出面，由纳税人向税务机关提出申请，税务机关根据实际情况选择是否退回。此时，第三人可以通过民事途径向纳税人寻求帮助，依相关法律规定或约定向税收债务人索取。

法院可以引入民法的调解制度解决纠纷。实际上，在法院处理案件时，十分注重对于双方当事人的协商。在沈永乐与上海润江置业发展有限公司、陈惠军房屋买卖合同纠纷一审中，法院认为：

关于两次过户的税费负担，原、被告已经在庭审中协商确认，本院予以确认。[2]

---

[1] 浙江省高级人民法院（2014）浙行终字第 252 号行政判决书。
[2] 上海松江区人民法院（2020）沪 0117 民初 10070 号民事判决书。

行政上争议调解机制的适用为税务争议的解决提供了路径。税务机关与相对人产生争议时，可以不专注与通过行政复议、行政诉讼解决问题，而是以沟通协商的方式处理。目前，和解与调解机制在行政复议和行政诉讼中的运用并不多，适用范围狭窄。调解机制的引入，相对人与税务机关能够就问题进行更为深入的探讨，在法律规定的范围内达成一致意见。对于税务机关而言，此种解决方式减少了应诉的成本，提高了行政效率，是建设服务型机关的凸显。对于相对人而言，双方的协商，可以提高税收服务的满意度，同时对于税收政策能有足够的了解，省时省力。

五、结语

个人对于经济活动的自由是国家税收课征的前提要件，国家必须尊重人民的经济活动自由，人民有权安排经济生活与财产。基于税收法定主义，税务机关对于税款征收的对象有着明确的要求，不得随意脱离税法的规定增加或者减少纳税人的纳税义务。然而，现实生活中却出现了一批约定纳税义务的行为。

税收债务约定承担制度的出现，影响了税收法定主义和税收公平原则的适用。然而，任何法律的制定都有其文字的局限性，税收法律有漏洞或者不圆满的情况是必然的。有鉴于此，税收债务约定承担制度的提出，赋予当事人之间有关纳税义务履行的约定不受法律形式上文字的限制，以维护国家税权和纳税人权利为主要保护法益，直接以约定实际税收承担者的方式取代单纯法定的纳税主体。

目前，我国对于税收债务约定承担制度没有统一的规定，最为密切的便是最高人民法院对于司法拍卖的解释。这些规定一定程度上赋予了法院决定纳税主体的权力，然而以该条规定作为税收债务约定承担制度在法律规范上的体现显得尤为不足，无法阐述税收债务约定承担的内涵，无法解释该制度其中蕴藏的法理。在司法实践中，民法中合同效力的规定具有一定的参考意义。然而，同样的情况，法院却存在不同的观点，由此造成了司法机关与当事人之间的矛盾，这种现象的产生，既不符合立法者与司法者的期待，也损害了当事人对于契约成立的自由。税收债务约定承担所具有的保障债务清偿、交易目的实现的功能，对于税款的缴纳、公共服务的提供具有重要的意义，因此，应当尽快在法律中得到体现，从而保障公共利益与个人利益的均衡。除此之外，由于税收之债的法定性以及强制性，对于第三人在税收法律关系中的权利应及时保障，产生争议时，也应当有合理合法的途径寻求救济，从而实现该制度引入的目的。

| 第七章 |

税务稽查期限不当延长的法律控制

——基于 17 份司法裁判文书的分析 *

导语

  税务稽查延长期限，是指税务机关依法对纳税人、扣缴义务人履行纳税义务、扣缴义务情况所进行的税务检查和处理工作的延长期限。在实务中，税务稽查期限不当延长主要表现为税务检查期限与审理期限延长，以及延期事由较为抽象。税务稽查期限不当延长的主要危害是税务机关的权力难以有效制约，税务司法公信力逐渐下降，以及纳税人权利不能得到有效保障。税务机关不当延长税务稽查期限的原因主要有四：一是在指导思想上停滞于国库主义与传统的除斥期间说，侧重课税目的，对核课权在税收协力义务的形成权能方面有所忽视；二是税务稽查延长期限涉及的税收协力义务与期限限制，同消灭时效说与除斥期间说有所矛盾；三是在立法设计上固化，沿用射线型设计，缺少影响延长期限的核课障碍类型构建；四是在司法救济机制中，尚未形成成熟的制度依托与权利依托。为有效控制税务稽查期限不当延长的行为，在立法面上，应明确税务稽查延长期限的法律性质是除斥期间、延长的事由和长度应予法律保留。在执法面上，税务机关延长稽查期限应接受由程序参与性、程序中立性、程序理性和程序及时性构成的约束，遵循正当行政程序原则，保证税务机关维持中立态度。在救济面上，应赋予税务稽查期限不当延长行为一定的可诉性，应设立要求税

---

* 此部分内容由田开友与吴恺合作完成，纳入本书时略有修改。

——————

* 此部分内容由田开友与吴恺合作完成，纳入本书时略有修改。

务机关行使程序义务的纳税人抵抗权制度以应对有瑕疵或无效的延长行为，应设立明确相对人诉权的抗告诉讼制度来应对司法环节中审而不判的现象，应明确税务稽查期限起始与终了时间，且因税务机关责任等核课障碍应适用期间停止制度，不再计入税务稽查期限并于该期间停止计算税款滞纳金。

一、问题的提出

近年来，有关税务稽查的期限（税务稽查期限）的争议逐渐增加，然而法律的可预见性与正当性仍旧缺少明确的规范载体。税务稽查期限系税务机关依法对纳税人、扣缴义务人履行纳税义务、扣缴税款义务及其他义务情况进行检查和处理的期限。而税务机关在查处当事人的涉税事项遭遇一定障碍时，还需要延长税务稽查的期限（税务稽查延长期限）。

税的本质为无对价的公法之债。[1]纳税义务人在纳税后有权请求国家提供公共产品，而国家在提供公共产品后有权请求纳税义务人偿付公共产品支出的费用。为保障税款的征收与纳税人的权利，既应当贯穿公法逻辑，又应当考量债法思维。对于税务稽查期限与税务稽查延长期限，应定性为行政法上的一类核课期间，在规范税务机关的权力赋予和权力控制的同时，也要充实纳税人的期限利益。

在立法规范中，2009 年的《税务稽查工作规程》（以下简称《稽查规程》）规定了税务检查过程中检查、审理的一般期限，并规定经稽查局局长批准可以将期限延长，但是并未明确延长的要件及最终期限。2021 年的《税务稽查案件办理程序规定》（以下简称《稽查规定》）虽将原有的 15日的检查期限、60 日的审理期限合并为 90 日，却始终没有提及税务稽查延长期限的最终情形。换言之，有关税务稽查延长期限的条文并非实质意义上的强制性规范，在特定情况下纳税人的权利无法得以一致的保障。

---

[1] 丛中笑. 税的本质探析 [J]. 法制与社会发展，2006（6）：73-79.

在司法实务中，法院呈现出不同的裁判态度。一方面，有法院认为税务机关按照法定程序多次延长期限，并不存在超期问题。例如，2019 年北京康拓公司案[1]、2019 年江苏天富公司案[2]与 2020 年辽宁劲和公司案[3]。另一方面，有法院认为税务稽查期限冗长，损害了纳税人的正当权益。例如，在 2016 年福建聚善堂公司案[4]中，法院认为 5 个月以上的检查期限明显超出 60 日且未经批准，属程序违法；在 2017 年吉林丰达公司案[5]与福建标新公司案[6]中，法院认为检查期限过长，原告不应承担额外的税款滞纳金；在 2018 山东万达公司案[7]中，法院认为税务机关于听证后 9 个月作出决定，有违行政效率原则。

这两类观点围绕的中心在于税务机关在税务稽查延长期限上自由裁量权的界限问题。一方认为税务稽查权按照法定程序在期限上延伸，纠正税收违法行为，正是立法意旨所在；另一方则认为税务稽查权存在行使限制，否则存在侵害纳税人的可能。两类观点分别代表了国库主义与纳税人权利保护的立场，在某种程度上依然属于实然与应然的冲突。

实然层面的税务稽查延长期限表明，实现课税目的处于首要地位，既是立法宗旨所在，又是对依法纳税的公民正义价值的体现。应然层面的税务稽查延长期限则主张，课税目的[8]的实现不能超越法的安定性与正义价值，尤其是纳税人正常的生活秩序与合法的财产性利益。应然与实然并不是非此即彼，实际上是法的效力构建的两个方面。

---

[1] 参见（2019）京 01 行终 648 号。

[2] 参见（2019）苏 8601 行初 168 号。

[3] 参见（2020）辽 0105 行初 67 号。

[4] 参见（2016）闽 06 行初 90 号。

[5] 参见（2017）吉 03 行终 36 号。

[6] 参见（2017）闽 0602 行初 9 号。

[7] 参见（2018）鲁 03 行终 159 号。

[8] 课税不意味着是税收的唯一目的，还应认识到在税收程序对于提供公共产品的重要性。详见 Menéndez A J. Justifying Taxes : Some Elements for a General Theory of Democratic Tax Law[M]. New York : Kluwer Academic Publishers, 2001 : 20-21.

因此，税务稽查期限不当延长的问题，核心上是税务稽查延长期限的法效力构建问题，需要重新作出系统思考。其一，在应然层面，各个法的价值在税务稽查延长期限上如何体现，法价值间的关系如何展开，又意味着什么具体内涵；其二，在实然层面，采用何种技术、方式落实法价值要求的具体内涵，如何填补税务稽查期限存在的"法律漏洞群"[1]，尤其是确定税务稽查所能延长的最长期限；其三，面对应然与实然的矛盾，应当通过何种方式连接两者，重新建立统一的法效力体系。值得注意的是，税务稽查延长期限形成的原因在于阻碍还原纳税义务、纠正税收违法行为的因素，或称之为核课障碍，例如《稽查规定》提及的"案情复杂""不可抗力"。某种程度上，核课障碍既是税务稽查期限延长的原因，也是延长的限度。在这一点上，对于如何回应税务稽查延长期限在法效力上的体系构建问题或许能有所启示、有所裨益。本书选取 2013—2021 年的 17 份司法裁判文书作为分析对象，通过案情类型化处理与学理分析等，探究税务稽查期限不当延长所面临的核心难题。

二、税务稽查期限不当延长的现况分析

税务稽查延长期限作为税务稽查纠正税收违法行为的程序要素之一，处于次要地位。由于自身属性不明，同核课障碍的关系不充分，核课结果偏重课税目的等原因，如何判定税务稽查期限延长正当与否成了实务当中的难点之一。税务稽查延长期限制度须重新厘清概念，并从涉及的法价值关系阐明事实、期限与结果的构成要件，以此作为划分税务稽查延长期限正当与否的标准，对照现行制度，发现改善空间。

---

[1] 法律漏洞群是指多个法律漏洞之间相互联系，共同构成一个法律漏洞系统。对漏洞群必须以整体观来分析和认识，因为漏洞群往往是由于对一基本问题的规定存在漏洞，以致法律概念、法律规范以及它们相互之间都存在漏洞，它是一组漏洞环。详见杨解君.法律漏洞略论 [J].法律科学（西北政法学院学报），1997（3）：12-19.

（一）税务稽查期限的界定

税务稽查是税务机关对纳税义务事后的调查、认定与处理的程序，是税收核定的一类方式，其目的在于纠正税收违法行为。税务稽查期限则是税务机关克服还原纳税义务障碍的期间，是除斥期间。当期间经过，形成消灭税务稽查权的效果。

1. 税务稽查的界定

税务稽查是税务机关依法对纳税人、扣缴义务人履行纳税义务、扣缴义务情况所进行的税务检查和处理工作的总称。税务稽查的目的是纠正税收违法行为，起到维护税收秩序并确保财政收入的作用。但是我国现行有效的法律规范并未对税务稽查的概念作出明文规定，至多是通过税务稽查局的职责"专司偷税、逃避追缴欠税、骗税、抗税案件的查处"体现了税务稽查的特征之一。税务稽查与税务检查相类似，但存在以下不同：

其一，在实现的目的上，税务稽查强调对税收违法行为的纠正，税务检查强调对涉税事实的查明；其二，在发生的阶段上，税务稽查侧重于事后的监督，对事实及事实认定的更正，税务检查侧重于事前的调查，对税收构成要件的相关事实予以查明；其三，在调查的内容上，税务稽查针对的是纳税人已履行的纳税义务行为，税务检查针对的是确定税额所涉及的经济活动。

税收核定是税务机关依照税法的规定，确定纳税人应纳税款并据以征收税款的一项制度。[1] 税务稽查并非仅以调查为主要活动，还存在税额的确认行为。税务稽查中的调查阶段与审理阶段是为了还原法律规定的纳税义务，是一种确认行为。税务稽查虽侧重于事实更正后的税款确定，但仍然是税收核定的一类方式。[2]

---

[1] 丛中笑.我国税收核定制度的梳理与重构 [J].经济法论丛，2009，16（1）：215-233.

[2] 税务稽查局对税收违法行为的调查程序，也属于税收评定。详见滕祥志.论《税收征管法》的修改 [J].清华法学，2016（4）：62-72.

2.税务稽查期限的界定

税务稽查期限是税务机关依法对纳税人、扣缴义务人履行纳税义务、扣缴义务情况所进行的税务检查和处理工作的期限。在《稽查规程》中，检查阶段和审理阶段的期限分别为 60 日与 15 日，案情复杂时能予以延长。在《稽查规定》中，一般的税务稽查期限为 90 日，起于立案之日，终于处理决定作出之日，特殊情况经批准可延长 90 日或延长合理的期限。可见立法习惯采用一般与特殊的形式划分税务稽查期限的类型，保证案件稽查的灵活性。

但是，一般的期限似乎较短，同实务当中数年的情况差距较大。没有明确最终期间限制的设计与理论上的推论有所冲突。税务稽查权属于核课权，是形成权；税务稽查期限属于核课期间，是除斥期间，旨在维系权力期间经过后原秩序继续存在[1]。由此表明尚无法律意义上最长的税务稽查期限。公权力行使的时效制度，除了法安定性的考虑外，就是在防止权力无限的扩张及可能的滥用。[2]税务稽查期限是对税务稽查权的预定期间，亦是遵循该法理。因此，有关税务稽查期限的规范应当对其予以说明，构成权力的限度。

（二）税务稽查期限的正当延长与不当延长

税务稽查期限延长可根据是否符合经过延长期间、克服核课障碍与实现核课结果三要件粗略分为正当延长与不当延长两类。不正当的税务稽查期限延长在以上三个条件上存在瑕疵。税务稽查期限延长还涉及核课障碍与核课事实、税务稽查期限延长的关系。此外，应然与实然层面的税务稽查期限延长制度存在较大差距。

[1] 王泽鉴.民法总则 [M].北京：北京大学出版社，2020：494.
[2] 李惠宗.税法上核课期间问题之探讨——兼谈万年税单的消除之道 [J].台湾法学杂志,2016（9）：62-75.

1. 税务稽查期限的正当延长

按照拉德布鲁赫公式对于法律的解释，应然层面的法律由安定性、正义与合目的性组成。在拉德布鲁赫的第一公式中，实在法若与正义发生不可调和、容忍的情况，便是不正当的，会失去法的效力；在第二公式中，正义若被刻意否定，则实在法不再具有法律的性质。对于税务稽查期限的正当延长，或者应然层面的税务稽查延长期限，安定性在于预定期间经过后，征纳双方原本的秩序继续存在；正义在于纳税人的财产权益与基本权利得以保障；合目的性在于还原纳税义务，确定或更正税额，保障税收债权。法的合目的性价值是由安定性和正义来共同保障的。[1] 可见，实现纠正税收违法行为的目的，首先要考量安定性与正义的要素，而非一味追究税款的征收。

一般情况下，法的安定性处于首要地位，但也有正义先于安定性的情况。一种情况是拉氏阐述的合法罪恶，另一种情况则是拉伦茨所言的类型建构。类型建构的价值在于显现并维持相互结合的个别特征，印证"事物的本质"。[2] 虽然类型建构会对安定性形成一定影响，但是"本质相类，评价相同"的方式能够发现或者区分事物，在丰盈正义内涵的同时，又在总体上促进了安定性。税务稽查延长期限受数额、关联其他案件等因素影响会有不同类型的分化，经由法定评价反而能逐渐认识到法秩序的内在脉络。

再结合行政时效的要件——事实、期限与结果观之，税务稽查期限的正当延长应当明确以下三方面：其一，延长的预定期间能够经过，即规定明确的时间长度，且权利在此期间经过后消灭，体现安定性价值；其二，

[1] 柯岚. 拉德布鲁赫公式的意义及其在二战后德国司法中的运用 [J]. 华东政法大学学报, 2009（4）: 62-72.

[2] 卡尔·拉伦茨. 法学方法论 [M]. 陈爱娥, 译. 北京: 商务印书馆, 2019: 347.

克服核课障碍，核课事实得以正确地调查、认定与评价，即保护纳税人的自由、财产与基本权利不受侵害的同时，还原纳税义务，体现正义价值；其三，核课的结果得以实现，即在相应期间内正确地确定、更正税额，构成对税收债权的保障，并未形成其他损害，体现合目的性价值。

此外，核课障碍涵盖了核课事实，核课事实则构成核课障碍的基本类型。核课事实强调对纳税义务的还原，核课障碍则偏重事实等情形对能否还原纳税义务的难易程度与相应实现时间的考量。在核课障碍与税务稽查延长期限的关系上，应当阐明：其一，核课障碍会影响现实中税务稽查期限的延长。例如，《稽查规定》的90日表示此期间内一般的税务稽查案件基本可以完结。案情复杂可再延长90日，表明了第二层次的稽查难度。其二，税务稽查延长期限构成了核课障碍的尺度。在多长的期间内既能查清事实，克服阻碍，又不至于使公权力的裁量余地扩张，损及纳税人。其三，不同的核课障碍应适用不同的税务稽查延长期限。例如，《稽查规定》中特殊情况或者发生不可抗力时，则未再对应具体的期间，表明了核课障碍适用税务稽查延长期限的复杂性，有待于探索与研究。

必须提及的是，可能存在引发正义先于安定性的核课障碍类型。当税款及滞纳金数额十分庞大时，超出相应的期限度量，没有处理得当，引发相似情况，亦会影响安定性。例如，2021年12月，网红薇娅偷逃税被追缴并处罚款13.41亿元税款的事件，数额巨大。故此类特殊的核课障碍应当赋予公权力较长的预定期间或较大的自由裁量空间。

2.税务稽查期限的不正当延长

前述法价值的相对关系与时效要件相结合，阐述了税务稽查期限的正当延长的三个方面。某种程度上，税务稽查期限的不正当延长是在条件存有瑕疵、缺陷的情况下转化而来：其一，延长的预定期间过长、过短或者未能经过，即期限与核课障碍不相适应，或无具体的最终期间；其二，处理核课事实的过程中，程序并不正当或结论并不合理，即延长期间的依据、程序与幅度存在瑕疵，可能会影响核课结果与纳税人权益；其三，核课结果并未实现或虽实现但伴有其他损害，即对税额的确定、更正与原有的纳税义务差距较大，或者还原了纳税义务却构成了其他损害，例如，税务机关要求纳税义务人加收额外的税款滞纳金，形成税款滞纳金的加收外观。

现行的税务稽查延长期限，或者说实然层面的税务稽查延长期限，尚处于发展的过程中。一是采用开放式的、射线型的延长期间设计，却未有明文的最长限制。此举导致权力的预定期间过长，或未能经过。时间不经过终点，权力不达成消灭，除斥期间维持继续存在的原秩序目的如何实现？抑或税务稽查延长期限完全不同于税务稽查期限，并非除斥期间？二是核课障碍的类型构建单调贫乏，不同期限差距较大。《稽查规定》中的核课障碍分为适用 90 日的案情复杂与适用合理期限的特殊情况或者发生不可抗力两类。实务中，因接到举报、涉及关联案件等情况延长期限远超于 90 日，似乎可归于第二类。但仅以特殊情况涵摄其他核课障碍未免抽象，不利于体现核课障碍的个性以及与其相适应的期间层级，尚有展开的空间。三是核课结果偏重课税目的，同税务稽查还原纳税义务，矫正税收违法行为的目的有所偏差。开放的延长机制，单调的核课障碍类型，并结合实务中存在数次延长的案例来看，实在法的税务稽查延长期限更注重课税目的的实现，安定性与正义的价值体现的程度较低。但是，合目的性价值建立在安定性与正义的共同保障之上，课税目的亦不可忽视以事实与期限要件为基础的条件。

（三）税务稽查期限不当延长情形的司法实践

在司法实务中，限于种种因素，所能选取的案例十分有限，税务稽查期限不当延长的特性未能完全展现。从所搜集到的司法裁判文书来看，不当延长主要体现为税务检查期限延长、税务审理期限延长与相应事由混淆三种情形。不同法院之间存在诸多争议焦点，关涉延长的长度、事由、程序与后果。

1. 司法案例检索及说明

经由北大法宝、无讼案例与中国裁判文书网查找，分别以有关税务稽查期限延长的关键词进行检索，于 2013 年 8 月 1 日起至 2021 年 12 月 31 日止共检索到 76 份相关的裁判文书。在此基础上，以税务稽查的检查阶段、审理阶段以及延期事由为类型划分依据，筛选出 17 份裁判文书作为典型案例。[1] 在筛选的过程当中，可初步获得如下信息：

首先，相关期限称谓有别，案件检索困难。在裁判文书中，有关税务稽查的检查阶段、审理阶段的期限，用语不同。税务稽查的检查阶段期限，在不同个案当中分别冠以"检查时限""检查期限""检查期间""稽查时段"等名称。税务稽查的审理阶段期限则往往以"审理时限""办案期限"等称呼。不仅因用语各异导致查找案例不便，而且还需要通过案情、语境、逻辑等重新予以分类，类型化分析受阻。表明《稽查规程》作为规范性文件，法律效力层级较低，条文中"检查时间""审理时限"等行政时效的程序期限并未得到统一的适用。此外，该文件本身有关期限的用语也未按语法作出一致的规范。除前述检查阶段、审理阶段的期限名称略有差异外，"补充调查的时间"等以定语修饰名词的用法也较随意。为便于研究，需要区分《稽查规程》及裁判文书当中不尽相同的称谓，现将税务稽查当中

---

[1] 其中北京康拓公司案中法院观点涉及检查、审理两个阶段，因此该案被选取两次作为典型案例。

的两类期间分别称为税务检查阶段期限（简称检查期限），税务审理阶段期限（简称审理期限）。

其次，争议焦点分立，关涉程序法与实体法。征纳双方对于税务稽查的矛盾主要聚焦在延长期限程序违法与否。具体而言，其一，税务机关检查期限、审理期限是否超过法律规定；其二，延长期限程序是否具有相应的法律依据；其三，延长期限程序是否对原告产生实质影响；其四，期限延长的长度是否应当有所限制；其五，延长期限程序是否应当告知相应理由。在实体法上，则主要涉及因税务机关责任导致税款滞纳金计算争议的问题。以上争议焦点反映出有关税务稽查的规范还存在较大的完善空间。

最后，法院观点分歧，司法裁判结果各异。诸法院观点分歧的中心点在于税务稽查延长期限是否超过《稽查规程》中的规定。仅就典型案例的审判结果来看，31.2％支持纳税义务人，68.8％支持税务机关。可见，征纳双方的主张皆有法院支持，但在占比上，支持税务机关的观点具有明显优势。

2. 税务检查期限延长

有关检查期限延长的法律规范系《稽查规程》第22条第4款规定。该款确立了检查的起始点为实施检查之日，检查期限为60日，以及延长检查期限的程序为经稽查局局长批准。可见检查期限仅有一般时间限制，期限延长更是仅有程序审批的形式要件，尚存有检查结束点、延长期限以及延长条件等遗漏。该款规范过于简陋，税务机关的行政自由裁量权在未予规范的内容上将起到决定作用。在涉及税务检查期限延长的案件中，税务机关是否可能违背《税收征管法实施细则》第85条的裁量目的，又是否可能肆意延长检查期限？

（1）税务检查期限延长的案情简况

表 7-1　税务检查期限延长的案情一览

序号	案例名称	裁判文书号	争议焦点
1	北京美好童年公司案	（2016）京 0111 行初 195 号	法院认为税务机关退回案件至选案科，变更检查人员，并延长检查时限，缺乏相应的法律依据。
2	广东兆融广公司案	（2018）粤行申 1692 号	①原告认为本案检查期限违反《稽查规程》第 22 条规定的办案期限。②税务机关认为争议程序均属行政机关内部程序，未"外化"对原告的权益产生影响。
3	福建聚善堂公司案	（2016）闽 06 行初 90 号	法院认为税务机关检查时间明显超过《稽查规程》第 22 条第 4 款规定的 60 日期限，且未提供证据证明有经稽查局局长批准，属程序违法。
4	山东苏宁公司案	（2018）鲁 02 行终 500 号	①原告认为多次延长审批表中申请延长的日期前后不连贯，延长检查期限程序违法。②税务机关认为证据不足需退回检查环节补充检查，因而出现时间不连贯问题。③法院认为检查期间经税务稽查局局长批准多次延长检查时间，有审批表证明，延长程序符合规定。
5	北京康拓公司案	（2019）京 01 行终 648 号	法院认为税务机关的检查时限、审理时限均符合规定，其在法定期限内作出处罚决定，不存在超期办案的情形。
6	广州耐奇公司案	（2020）粤 71 行终 1279 号	①原告认为延长检查时限八次，其中四次理由为"该案正在资料审核中"，非"确需延长"的合理事由。②税务机关认为根据《稽查规程》延长期限，未超期办案。③法院认为因机构改革，税务机关告知了执法主体变更情况，经稽查局局长审批，依法延长检查时间，并未违反《稽查规程》。
7	江苏天富公司案	（2019）苏 8601 行初 168 号	①原告认为行政处罚证据不足、适用法律错误，程序不当。②法院认为税务机关以"检查需要"为由，经稽查局局长审批 8 次延长检查时限，符合《稽查规程》。
8	辽宁劲和公司案	（2020）辽 0105 行初 67 号	①原告认为税务机关存在调查期限超期。②法院认为因案情复杂经批准延长检查时限，调查期限问题符合法律规定。

在检索的案例当中，法院的观点主要可分为三类。第一类以北京美好童年公司案 [1] 为代表，认为税务机关延长检查期限须依照法定程序。第二类以福建聚善堂公司案为代表，认为税务机关的检查期限超过法定期限。第三类以北京康拓公司案为代表，认为税务机关的检查期限符合法定期限。可见，不同法院都认为税务检查期限的延长需要依照法定程序，但对延长的相关标准在理解上存有一定的差异。由此便可引申出：延长检查期限的条件及程序为何？税务机关检查期限最长为多少时间？税务机关延长检查期限具体为多少时间？

（2）税务检查期限延长的司法裁判逻辑

根据案情与审判结果，该类案件中的法院观点可分为以下两个层次：

其一，审而不判。在广东兆融广公司案 [2] 中，税务机关的检查期限长达 3 月有余，明显超过了 60 日的一般规定，法院对原告认为税务机关检查期限违反《稽查规程》第 22 条规定的主张置之不理，未有认定。

其二，正面回应。检查期限延长应当遵循法定程序。在北京美好童年公司案中，法院认为税务机关将案件退回选案科以延长检查期限的行为，缺乏法律依据。该案税务机关并未依照报稽查局局长批准的程序延长期限，属于程序违法。可见，检查期限的延长以稽查局局长批准为准。

检查期限的时间应当存在限制。在北京康拓公司案中，税务机关检查 27 天后因涉税资料多、核算金额大，将检查期限延长 28 天。因此，法院认为检查期限并未超出 60 日的结论是符合逻辑的。在福建聚善堂公司案中，税务机关检查期限在 5 个月以上，法院认定检查期限明显超出 60 日，且未提供证据证明有经稽查局局长批准，属程序违法。在两案中，各法院依照案情虽然作出了相反的判定，但是都认为检查期限应当存在限制。

---

[1] 参见（2016）京 0111 行初 195 号。
[2] 参见（2018）粤行申 1692 号。

此外，这两个案子还存在审判逻辑上的递进关系。在北京康拓公司案中，税务机关在检查期限尚未用尽时便予以延长，导致检查期限经过延长最终也在一般的60日内。所以该案虽然涉及了检查延长期限是多少的问题，但并未涉及检查最长期限的问题。而在福建聚善堂公司案中，检查期限已经超过规定一倍有余。法院认定程序违法是由超过期限与缺少批准程序两部分组成。其中，因发现没有检查期限最长时间、检查期限延长时间的明文规定，法院只有借由一般期限进行超过期限的表达，并依据缺少批准程序的情节，才能形成程序违法的完整判定，足见有关规范的漏洞之大。因此，该案还同时涉及了检查期限最长时间与检查期限延长时间的问题。

总之，单从所查找到的案例而言，仅表明了经稽查局局长批准是检查期限延长的法定程序。对于检查期限的长度，虽有法院认为应当存在限制，但没有直接回应检查期限最长时间、检查期限延长时间的问题。与此同时，广东兆融广公司案中的税务机关还提出检查等程序系内部行政行为而无实际影响，这便牵涉出检查期限过长是否具有可诉性的问题。因此，现行司法裁判仅认同了检查期限延长的程序，延长的条件、时间、可诉性以及检查的最长期限等问题尚未有明确的答案，还有待进一步探究和解决。

3. 税务审理期限延长

有关审理期限延长的法律规范系《稽查规程》第50条规定。该条明确了审理期限的时长为15日，起算点为审理部门接到检查部门移交的资料。同时，规定了审理期限延长的条件为案情复杂，延长的程序为经稽查局局长批准。可见，审理期限一般有15日的时间限制，审理期限延长存在案情复杂的实质要件（事由）与程序审批的形式要件，尚存有延长期限等遗漏。

笔者对该条存在以下困惑：其一，15日的审理期限是否过短，审理的最长期限及终止点又是什么？其二，案情复杂到底是什么，可否作出类型化的区分？其三，条款中的"适当"如何解释，能否进一步将延长期限作出具体的量化？从立法体系来看，上述法律漏洞是否为税务机关的自由裁量权提供了权力寻租的空间？而在司法实践中，税务机关又是否会违背《税收征管法实施细则》第85条的裁量目的，肆意延长审理期限？

（1）税务审理期限延长的案情简况

表 7-2　税务审理期限延长的案情一览

序号	案例名称	裁判文书号	争议焦点
1	山东万达公司案	（2018）鲁03行终159号	①原告认为《稽查规程》第22条中的检查时间，只能延长一次，延长期限不应超过60日。税务机关恶意延期长达25个月，程序明显违法。②税务机关认为现行法并无听证后作出决定时限的规定，并未违法。③法院认为税务机关于听证后9个月，才作出行政处罚决定书，有违行政效率原则。
2	山东金艺公司案	（2017）鲁0202行初200号	①原告认为根据《山东省行政程序规定》第93条规定，税务机关作出《税务行政处罚事项告知书》超过法定60日，程序严重违法。②法院认为根据《稽查规程》，该案税务检查行为在60日内结束后，移送至审查部门，经稽查局局长批准延长办案期限，符合规定。原告所依据条款需在没有规定期限的情况下适用，故税务机关办案期限符合规定。
3	吉林圣方公司案	（2017）吉01行终307号	①原告认为税务机关检查时间超期，检查时间长达1年4个月，故其延长期限无效。②税务机关认为因案情复杂，多次补充调查，延期审理并不违反相关规定。③二审法院认为根据《稽查规程》第50条规定，税务机关因无法联系圣方公司等事由多次补充调查、延期审理，符合规定，税务机关并未违法超期审理。
4	北京文新德隆公司案	（2018）京02行终1301号	法院认为本案涉及重大税务案件，因案情复杂，经多次延长审理时限、补正材料（补充调查）时限及多次重大税务案件审理等行政程序，税务机关不存在违法超期审理案件的情形。
5	北京康拓公司案	（2019）京01行终648号	法院认为税务机关的检查时限、审理时限均符合规定，其在法定期限内作出处罚决定，不存在超期办案的情形。

在检索的案例当中，法院的观点主要可分为三类。第一类以山东金艺公司案[1]、北京康拓公司案[2]为代表，认为税务机关经稽查局局长批准延长办案期限，符合规定。第二类以吉林圣方公司案[3]、北京文新德隆公司案[4]为代表，认为税务机关多次补充调查、延长审理期限，符合规定，税务机关未违法超期审理。第三类以山东万达公司案为代表，认为税务机关在听证后9个月，才作出行政处罚决定书，有违行政效率原则。

可见，不同法院都认为延长税务审理期限存在一定的程序与限制，但对这类程序与限制在理解上存有一定的差异。由此便可引申出：延长审理期限的时间是否有明确规定，若无，将产生什么后果？税务机关审理期限最长为多少时间？如何认定补充调查，其期限是否应当排除于审理期限之外？

（2）税务审理期限延长的司法裁判逻辑

根据案情与审判结果，该类案件中的法院观点可分为以下两个层次：

其一，照本宣科。在山东金艺公司等案中，法院对税务机关多次补充调查、延长审理期限的行为认定合法，并表示税务机关未违法超期审理。但是，审理期限已达9个月之多，远超15日。实际上，法院仅照条款判定税务机关延长审理期限的程序合法，并未比照15日进行判断，也未说明审理期限的最长时间，即没有从正面回应超期与否。有关审理期限时长的问题被法院以迂回的方式消极掩盖。

其二，另辟蹊径。山东万达公司案中，法院虽未直接从期限长度的角度阐明税务机关超期审理，但认为听证后9个月才作出处罚决定书有违行政效率原则。行政效率原则的援引表明法院间接认为审理期限是有限的，

---

[1] 参见（2017）鲁0202行初200号。

[2] 参见（2019）京01行终648号。

[3] 参见（2017）吉01行终307号。

[4] 参见（2018）京02行终1301号。

而案中的税务机关存在超过一定期限审理的行为，即该法院的观点与前述观点截然相反。

总之，单从所查找到的案例而言，仅表明了经稽查局局长批准是审理期限延长的法定程序。对于审理期限的长度，法院都认为应当存在限制，但没有直接指出审理期限的最长时间、检查期限的延长时间。结合现行司法裁判来看，法院仅认同了审理期限延长的程序，延长的时间、审理最长期限等问题尚未有明确的答案。

4.税务稽查延期事由

法规中的税务稽查期限延长事由主要分为案情复杂、特殊情况与不可抗力。

案情复杂在实务中已得到法院的认可与适用，但特殊情况与不可抗力的情况较少出现，如何进一步作出法律解释存在难度。此外，税务稽查期限的延长事由也可能与停止事由相混淆，应先对此确立区分的标准。

（1）税务稽查期限延长事由的案情简况

首先，案情复杂以及相类似的事由较多。从重庆发昌公司案 [1]、北京康拓公司案 [2] 与云南宝源公司案 [3] 来看，案件的复杂体现在核课的资料、数据较多，进而导致期限的延长。其次，税务机关延期程序缺乏法律依据、检查时间明显超过规定且未证明已经批准等程序违法行为缺少法律解释，尚未归入延长事由的三种类型当中。最后，征纳双方导致的延期情况较少，从何角度涵摄、完善延长的事由也尚不明确。

---

[1] 参见（2019）渝 03 行终 81 号。
[2] 参见（2019）京 01 行终 648 号。
[3] 参见（2018）云 05 行终 86 号。

表 7-3 税务稽查期限的延长事由一览

序号	案例名称	裁判文书号	延长事由
1	中油国门公司案	（2017）京 03 行终 164 号	案情复杂
2	文新德隆公司案	（2018）京 02 行终 1301 号	案情复杂
3	辽宁劲和公司案	（2020）辽 0105 行初 67 号	案情复杂
4	吉林圣方公司案	（2017）吉 01 行终 307 号	无法联系纳税人
5	重庆发昌公司案	（2019）渝 03 行终 81 号	案情复杂，且涉及关联举报案件
6	北京康拓公司案	（2019）京 01 行终 648 号	涉税资料多、核算金额大
7	云南宝源公司案	（2018）云 05 行终 86 号	涉嫌偷税数额巨大，证据资料收集、汇总工作量较大，数据核对费时
8	美好童年公司案	（2016）京 0111 行初 195 号	延期程序缺乏法律依据
9	聚善堂公司案	（2016）闽 06 行初 90 号	检查时间明显超过规定，未证明已经批准
10	亿发恒达公司案	（2016）京 02 行终 1485 号	经营人涉嫌犯罪被刑事羁押，稽查局对该案中止审查
11	吉林丰达公司案	（2017）吉 03 行终 36 号	稽查局重新调查期间的滞纳金由纳税人承担，显失公平

（2）税务稽查期限延长事由的司法裁判逻辑

在案情复杂的事由方面，法院已从案例中作出了进一步的提炼与细化，较为成熟。案情复杂可能会表现为冗杂的数据、资料，税务机关的工作量增加，查清事实往往耗费了较多的时间与精力，所以税务稽查期限需要顺延。

在税务机关程序违法，以及征纳双方形成的事由方面，缺乏内在的区分逻辑。当税务机关或纳税义务人的行为具有可归责性时，应当如何划分类型，归属何种事由，产生法律上的何种效果？如果说案情能够体现核课事实的复杂与否，阻止查清核课事实的原因则表明了事实外的障碍。克服障碍经过期间的效果应由具有可归责性的一方承受。例如，聚善堂公司

案 [1] 中税务机关检查时间明显超过规定且未经批准，此行为应归责于税务机关。但承受税务稽查效果的主体为纳税人，故不应归于延期事由。因此，税务稽查期限的延长事由仍具有完善的空间。

5. 小结

不同法院分别对争议焦点作出了相应的回应，内容可归纳为以下三点：首先，针对税务稽查期限延长的程序，有 58.8%（10 个）法院 [2] 认同经税务机关批准是税务稽查期限延长的形式要件；其次，针对税务稽查期限（检查期限、审理期限）的时间长度，有 35.3%（6 个）法院 [3] 认为应当存在限制；最后，针对税务稽查期限延长的后果，有 11.8%（2 个）法院 [4] 认为因税务机关责任延长税务稽查期限，将使纳税义务人额外承担滞纳金。

除上述要点外，还有诸多方面的问题：一是税务稽查期限延长的实质要件 [5] 与时间长度为何；二是税务稽查期限及有关期限的最长长度与起始点是什么；三是违法延长税务稽查期限或明显超出期限的行为是否具有可诉性；四是纳税义务人因税务机关延长期限所受影响应当如何处理或救济。

在法院的裁判态度可分为消极与积极两类。消极的，或审而不判，或

[1] 参见（2016）闽 06 行初 90 号。

[2] 参见中油国门公司案（2017）京 03 行终 164 号、福建聚善堂公司案（2016）闽 06 行初 90 号、山东苏宁公司案（2018）鲁 02 行终 500 号、北京康拓公司案（2019）京 01 行终 648 号、山东金艺公司案（2017）鲁 0202 行初 200 号、吉林圣方公司案（2017）吉 01 行终 307 号、北京文新德隆公司案（2018）京 02 行终 1301 号、广西南森公司案（2019）桂 01 行终 321 号、江苏天富公司案（2019）苏 8601 行初 168 号、辽宁劲和公司案（2020）辽 0105 行初 67 号。

[3] 参见福建聚善堂公司案（2016）闽 06 行初 90 号、北京康拓公司案（2019）京 01 行终 648 号、山东万达公司案（2018）鲁 03 行终 159 号、吉林圣方公司案（2017）吉 01 行终 307 号、北京文新德隆公司案（2018）京 02 行终 1301 号。

[4] 参见吉林丰达公司案（2017）吉 03 行终 36 号、福建聚善堂公司案（2016）闽 06 行初 90 号。在广州耐奇公司案（2020）粤 71 行终 1279 号中，法院认为原告检查期间的滞纳金不应由其承担的主张缺乏事实和法律依据，理由不能成立，不予支持。假设理由能够成立，则得出该期间的滞纳金不应由原告承担的结论。即法院的判断是在认同税务稽查期限延长，滞纳金增加的基础上作出的。

[5] 审理期限延长的实质要件为案情复杂，但缺少类型化的区分，参考其他规范性文件中的标准，其含义仍旧模糊。检查期限延长仅有经批准的形式要件，无实质要件。

照本宣科，以符合税务稽查期限延长的形式要件为由，将有关问题回避掩盖；积极的，或另辟蹊径，或正面回应，援引相关法律原则与法律规范，还双方以公正结果。简而言之，税务稽查期限延长在要件、长度与后果上存有法律漏洞，缺乏严格有效的立法控制与司法控制，税务机关的行政自由裁量权极易突破上位法的裁量目的，在损害纳税义务人权益的同时，也将破坏法的安定性。

三、税务稽查期限不当延长的主要危害

税务稽查权力在税务稽查期限的延长上虽具有法定的自由裁量空间，但是超出授权目的不正当地延长愈加模糊了权力规范的界限，这会导致税务机关的稽查权力难以得到有效制约。不仅如此，法院对相同案件的观点不一，且同税务机关的处理也未有一致的标准，导致税务司法公信力的下降。另外，超出合理期限的税务稽查会使纳税人的正常生产经营活动遭受多余的干扰，以及形成税收滞纳金的加收外观，这不仅影响法院对案件的判断，还可能导致纳税人正当的权益受损。

（一）税务机关权力难以有效制约

税务稽查期限缺乏有效限制反映了税收立法转授权导致税务行政自由裁量权的膨胀。税收行政立法的大量存在体现了征税权对税收立法权的渗透性。[1] 行政机关必须根据授权的目的进行裁量而且必须遵守裁量的法律界限。[2] 在立法体系上，这些转授权形成的条款有违《税收征管法实施细则》中税务检查工作应当规范程序的授权目的。

1. 无限制延长违反正当行政程序原则

在理论上，税务稽查权力存在无限延长的可能性。诸如稽查局集体审

---

[1] 施正文. 论征纳权利——兼论税权问题 [J]. 中国法学，2002（6）：145-155.

[2] 迪特尔·比尔克. 德国税法教科书（第13版）[M]. 徐妍，译. 北京：北京大学出版社，2018：124.

理、重点案件集体审理、执法决定法制审核、重大税收执法事项集体审议
与提请重大税务案件审理等内部审理制度，脱离了审理阶段一般期限的规
定。这些程序繁重复杂，税务机关即便不利用延长期限的漏洞，也能通过
提请审理并退回补充调查的方式，形成无限累计叠加的期限闭环。这使得
税务机关存在调整检查阶段与审理阶段的空间。而在实践中，有的税务机
关也曾多次补充调查并多次延长审理期限[1]，长达 8 个月有余。

正当程序原则是指行政机关作出影响行政相对人权益的行政行为，必
须遵循正当法律程序，包括事先告知相对人，向相对人说明行为的根据、
理由，听取相对人的陈述、申辩，事后为相对人提供相应的救济途径等。
其包含四项原则，即程序参与性原则、程序中立性原则、程序理性原则和
程序及时性原则。其一，程序参与性原则要求将受到行政决定影响的人能
够充分而有效地参与行政决定的制作过程，对决定的结果发挥积极的作用。
其二，程序中立性原则要求行政决定的制作者在行政程序的各方参与人之
间保持中立的态度，并对各方当事人的主张、意见和证据予以同等的尊重
和关注。其三，程序理性原则表现为行政行为说明理由等。其四，程序及
时性原则表现为作出行政行为的法定期限制度等。在这些原则之中，程序
参与性原则是核心，其他诸项原则都围绕着实现"当事人有效参与"这一
目的。

税务稽查期限存在无限度延长的可能，突破了正当程序原则的四项基
本限定。其一，税务稽查期限无限延长缺少严格限制，阻碍纳税义务人参与。
税务稽查期限以不断累计的形式延长，则在这一闭环过程当中，遭受权利
义务变动的纳税义务人难以实质性地参与其中，更遑论积极有效地影响决
定结果。因此，此类权力滥用行为违反了程序参与性原则。

---

[1] 参见北京美好童年有限公司案（2016）京 0111 行初 195 号。该案中，法院认为税务机关延长检
查阶段程序缺乏法律依据，但是对多次补充调查并多次延长审理期限的行为未予认定。

其二，税务稽查期限无限延长背离授权目的，税务机关立场有失中立。《税收征管法实施细则》第85条中先是明确了科学合理的标准，要求规范检查行为，再是将具体办法的制定权力授权于国家税务总局。可见，相关规范性文件应当遵循科学合理的授权目的。然而，税务稽查期限无限制延长的行为表明税务机关以国库主义为重，罔顾上位法的效力制约与纳税义务人的正当利益。税务机关立场偏颇，违反了程序中立性原则。

其三，税务稽查期限无限延长违反程序理性原则，税务稽查权力不断膨胀。法律规范中虽未规定检查、审理延长的告知义务，但根据程序理性原则延长税务稽查期限应当说明与之对应的事由，如发现案情重大复杂，抑或认定事实有误等。对于延长检查时间和审理时限的行为也应当事先告知纳税义务人，向纳税义务人说明行为的根据、理由。税务机关延长期限的行为，若无说明正当理由的必要性，缺少规范程序，则违反程序中立性原则。

其四，税务稽查期限无限延长，缺乏时限要件。目前有关税务稽查期限的规范未有明确的期限规定，表明其作为行政时效尚缺乏时限要件，违反了程序及时性原则。综上，有关税务稽查期限延长行为的规范尚有期限长度漏洞，存在无限度延长的可能，有违正当行政程序原则。

2.过重课处滞纳金违反比例原则

无限制地延长税务稽查期限导致税收滞纳金增加，有违比例原则。比例原则涵盖了适当性原则、必要性原则和均衡性原则三项内容。首先，税务稽查延长期限设立的目的在于克服税务稽查中的障碍以查清涉税事实，为此设定一定的延长期间符合目的与手段的妥当性，即适当性原则。其次，存在明确射程的税务稽查延长期限是税务稽查权力与纳税人权利相妥协的产物。相较于采取反复多次的税务稽查行为，遭遇稽查中特殊的情形或阻碍时，既要实现征缴税款的目的，又要保证纳税人承受义务变动的范围，适当延长税务稽查的期限是防止法律关系剧烈变动的必要性措施。最后，均衡性原则要求税务稽查延长期限应当与稽查障碍形成的阻力相适应，并在阻力近乎无限扩张或严重超出国民的预见可能性时，放弃税务稽查活动，防止公权力的不合理侵害，以维系传统公法上"'公共利益与私人权益'的利益衡量"。[1]

前述有关税务稽查延长期限的案例整理中，存在延长事由不清、延长期限延后等情况。在个案当中，这些行为缺少必要限度导致延期数月甚至数年以上，引发了课处税款滞纳金的争议。

其一，转嫁税务机关责任于纳税人有违适当性原则。由于税务机关违反程序等原因导致滞纳金增加且归因于纳税人，实际上阻碍了查清事实并核课款项的目的。在这一情况下，因税务机关责任采取的稽查手段对于前述目的并不是有益的、正确的，反而具有迷惑性和误导性，还将增添行政资源与司法资源运行的负担。因此，税务机关否认因果关系错误、转嫁责任的行为与目的并不具有适当性。例如，在吉林丰达公司案中，税务机关因认定调查事实存在问题而延期两年七个月之久。法院认定延期责任在于税务机关，并去除了转嫁于纳税义务人的滞纳金负担。可见，转嫁责任，过重课处税款滞纳金反而妨碍了国家征税权力与公民纳税义务的实现。此类属于税务机关背离适当性原则，缺乏延期依据，转嫁责任造成过重课处滞纳金的情形。

其二，多次延期检查有违必要性原则。多次延期实际上设定了多段不确定的税务稽查权力预存期间，加剧了纳税人承受权力变动的不稳定性，宜采用"少次多量"的延长形式。但该方式并未给纳税人带来更小侵害。如在福建标新公司案中，法院认为税务机关延期检查 5 次，历时近 330 天，

---

[1] 蒋红珍. 比例原则适用的范式转型 [J]. 中国社会科学，2021（4）：106-127+206-207.

严重影响了原告的日常生产经营并令原告额外负担税款滞纳金。可见，多次延期检查除了会过重课处滞纳金，还将对纳税人日常秩序产生积极侵害。此类属于税务机关违反必要性原则，造成过重课处滞纳金与侵害纳税人日常生活的情形。

其三，延期长度明显超出一般情形有违均衡性原则。即便数月及数年的期限与处理稽查障碍的难度相适应，但是数倍于一般期限的长度显然超出国民的预见可能性。认定数倍的延期幅度合法，实际上是突破了个人自由权的防御界限，造成利益失衡。如果一般期限与实务中的适用严重不符，应当重新予以设定，而非任由纳税人承受稽查期限变动的风险，否则不免存在滥用自由裁量权之嫌。此类属于税务机关突破均衡性原则，缺乏延期长度限制与利益衡量，造成过重课处滞纳金的情形。

（二）税务司法公信力下降

司法公信力的理想状态在于司法权的内在运行与社会公众的心理认同达到高度契合的状态。[1]然而，从目前有关税务稽查延长期限的案例现状来看，税务司法公信力伴随着法律漏洞群的展现与司法权内外交互的紊乱，出现了较为明显的下降。就内部而言，不同法院对相同争议焦点或案件的处理存在相左的观点。就外部而言，法院与税务机关对于彼此的处理在整体上也并未形成一致的标准。因此，纳税人对于两类救济途径，尤其是司法程序能否保障自身正当权益存在一定的忧虑。

1.同案不同判导致税务行政指引不明

有关税务稽查延长期限的法律漏洞主要集中在延长期限的长度和事由方面。在延长期限的长度方面，不同法院对于税务机关作出相近延期长度的行为存在不同的处理。例如，在广东兆融广公司案中，法院未对原告认

---

[1] 关玫.司法公信力初论——概念、类型与特征 [J].法制与社会发展，2005（4）：134-141.

为税务稽查长达 4 个月期限的主张作出回应。在福建聚善堂公司案中，法院认为税务机关检查时间在 5 个月以上，明显超过《稽查规程》第 22 条第 4 款规定的 60 日期限，且未提供证据证明经稽查局局长批准，属程序违法。两案税务稽查延长期限仅有 1 个月的差别，但法院出现了不同的处理方式和结果。

在延长期限的依据方面，缺乏统一明确的标准。例如，在吉林丰达公司案中，法院认为因税务机关责任导致延期所产生的滞纳金不应由原告承担，表明税务机关自身原因并非延长期限的正当理由。在北京美好童年公司案中，法院认为税务机关退回案件至选案科，变更检查人员，并延长检查时限，缺乏相应的法律依据。以上事由是否属于《稽查规程》第 22 条"确需延长"和第 50 条"案情复杂确需延长"，缺少明确解释及可供参考的类型化标准。

可见对于税务稽查延长期限的法律漏洞尚未形成具体统一的法律解释。这些法律漏洞之间并非完全独立，而是互相联系，形成了彼此关联的法律漏洞群，十分棘手。法院难以全面妥善地解决规范的不圆满性，这将导致税务机关缺乏最终的指引，在加大行政资源和司法资源的耗费的同时，并未有效保障纳税人的正当权益。

2. 司法遵从行政过度和不足并存

税务稽查延长期限的案件经过行政复议的处理，进入行政诉讼阶段后，在整体上呈现出了司法遵从行政过度和不足并存的现象。一方面，在中油国门公司案与山东金艺公司案中，法院仅以延长期限的长度符合《稽查规程》的形式要件认定税务机关的行为合法，并未对延期审理 5 次、补充调查 3 次与延期 7 个月的事实作出评价，表明存在司法遵从行政过度的情况。另一方面，在重庆发昌公司案与广东兆融广公司案中，法院对原、被告关于税务机关 6 次延长检查期限与延期 2 个月的争议置之不理，未有认定，表明存在司法遵从行政不足的情况。

法院在审理时可能并未认识到税务稽查延长期限方面存在自由裁量空间，或者没有意识到法律漏洞的存在，抑或是重实体而轻程序选择了消极忽视，从而形成了司法遵从行政过度和不足并存的表象。总体上看，法院过于遵守司法被动，有放任税务行政自由裁量权之嫌。而究其原因，实际上是司法者面对源于税收立法转授权形成的立法、行政压力，难以发挥司法能动性，定分止争。其应当实现"合法性与合理性的协调，能动与被动的平衡，法律效果与社会效果的统一"。[1]

（三）纳税人权利不能得到有效保障

税务稽查延长期限在要件[2]、长度与后果上存有法律漏洞，导致纳税人在寻求权利保障时缺乏明确标准，难以对抗行政自由裁量权的过度张力，在横向主体上，影响了纳税人的现实利益与纳税遵从度。更为重要的是，在纵向的法律体系上，此类破碎的制度图景反映了税务稽查期限、税收法定原则与秩序价值的践行困境。

1. 执法的不确定性影响纳税人的正常生产经营活动

税务稽查延长期限在执法上存有长度与后果上的不确定性，将对纳税人的正常生产经营活动形成影响。原因在于税务稽查延长期限是创设税务稽查权预定存续的除斥期间，纳税人需承受秩序的变动风险。存续期间的不确定性导致了承受秩序变动风险的不确定性。在法律价值的动态平衡上，税务稽查延长期限旨在以暂时的权力干预、义务负担形式，实现特定个体对公共利益在秩序价值上的让渡。创设权力存续期间会对双方法律关

---

[1] 王建国. 司法能动的正当性分析 [J]. 河北法学，2009（5）：148-153.
[2] 就构成要件而言，税务稽查延长期限的形式上要求经税务机关相关负责人批准，实质要件上以案情复杂为准，亦有重大税务案件的标准作为参考。《稽查规程》中的"经稽查局局长批准"，《稽查规定》改为"经税务局局长批准""经上一级税务局分管副局长批准"。

系形成现实的影响，更因为个体秩序利益的牺牲，所以必须限定长度，即税务稽查延长期限应当是一类确定时限。可见，行政自由裁量权过度扩张引发的不确定性，不仅否定了除斥期间的性质与税收法定原则的程序法定制约[1]，更是在秩序价值层面打破了个体对公共利益的让渡设计。诸多个体秩序利益的负担若未有严格规范，将形成不同公共利益（部分纳税人权益与公共产品）在秩序价值上的对峙、征税权与纳税人权利的对峙。

2. 不当延长期限形成税收滞纳金的加收外观

因税务机关不当延长期限形成税收滞纳金的加收外观，纳税义务人存在额外负担税收滞纳金的风险。税收滞纳金滥觞于纳税人超期占用税款的时间成本补偿。[2]从税收债务关系说观之，部分纳税义务人除了违反缴纳税款的主给付义务与协力确定税额的附随义务，更是意图脱离税收债权核课事实，阻碍税款缴纳。当发现核课事实的变化，税务稽查权存在延长的正当理由，该税务稽查期限的延长风险应由此类纳税义务人自负。

然而，若是因怠于行使职权等延长税务稽查期限，税收滞纳金应如何划分？有法院认为原告不应额外负担因税务机关延长期间形成的税款滞纳金。在因税务机关形成的税务稽查延长期限当中，纳税义务人虽未停止对税款的占用，但延长期限不可归责于纳税义务人，不应由其承受期限经过之效果，仅仅是税收滞纳金加收的外观。在实务中，有法院能依据《行政诉讼法》第77条作出公正的判决，不意味着纳税义务人额外负担税收滞纳金的风险就此消灭，而应在《税收征管法》第52条中填补法律漏洞，揭开税收滞纳金的加收外观，维系税收法律关系在安定性上的统一。

---

[1] 亦否定正当程序与比例原则的制约。

[2] 刘剑文. 税收征管制度的一般经验与中国问题：兼论《税收征收管理法》的修改 [J]. 行政法学研究，2014（1）：31–41.

四、税务稽查期限不当延长形成的主要原因

税务稽查延长期限的正当性基础在于克服核课税款的障碍，将税收违法行为的税收构成要件具象化，以期通过违法个体在秩序价值上的让渡，实现税款的征收。然而，指导思想停滞于国库主义，法律性质不清、立法设计固化与税收司法救济机制缺位，掩盖了核课障碍对于期限的关联性和秩序价值让渡的有限性。若核课障碍的解决仅仅依赖于权力在同一案件、同一事实上的不断运行，放大事实与价值的冲突，则易越过实体正义与程序正义的界限。

（一）税务稽查延长期限的指导思想停滞

有关税务稽查延长期限的规范反映出立法的指导思想有所停滞，主要表现在对国库主义的偏重与对税收协力义务的忽视两方面。从税收债务的属性而言，缺少明确最终期限表明国库主义强调了税收债务的结果性，但手段性不足。从税收债务的内容而言，税务机关的核课权力不仅关涉主要的税款给付义务，还涉及税收协力义务，以税收协力义务代偿主给付义务将造成利益上的失衡。

1.偏重国库主义形成延长期限桎梏

在不同阶段的社会主义市场经济体制的纲领性文件 [1] 出台背景之下，税务稽查延长期限的指导思想始终停滞于国库主义。国库主义指，在税法解释中，解释机关将国库收入作为优先事项予以考虑，对于纳税人的利益缺乏考量。[2] 其一，实现税收债务的手段性不足。税收债务是一种公法上的结果债务 [3]，纳税义务人应兼顾给付结果与给付手段，否则将影响财政均

---

[1] 1993 年《中共中央关于建立社会主义市场经济体制若干问题的决定》，2003 年《中共中央关于完善社会主义市场经济体制若干问题的决定》，2020 年《中共中央、国务院关于新时代加快完善社会主义市场经济体制的意见》。

[2] 叶金育.税法解释中纳税人主义研究 [D].武汉：武汉大学，2015：25.

[3] 结果债务的履行意在实现双方合意的结果，相对应的，手段债务仅需尽到善良管理人的注意义务即可。Nicholas B.The French Law of Contract[M]. Oxford：Clarendon Press，1992：51−52.

衡与自身权益。而对于税务机关，结果债务意味着实现税收债务也须兼顾结果与手段，即在程序制约下达成税款收缴。然而，国库主义指引下的税务稽查延长的期限无最终定论，表明实现税收债务的手段在一定程度上并非完全合理。

其二，国库主义导向滞后于经济基础。此种思想在社会主义市场经济体制改革早期阶段契合经济高速增长的要求。然而，如今随着社会发展，经济转向了高质量发展阶段。现行的税务稽查延长期限不设明文底线，存在有期限限制的稽查影响税款追缴的过度担忧，若是一味信奉国库主义，未免过时。有关税务稽查延长期限的规范最早始于2009年《稽查规程》，经2021年《稽查规定》修缮。鉴于早期的税务稽查工作初步实行，确定具体的税务稽查期限尚有难度，1995年《稽查规程》故未有提及。从之后的条文内容而言，立法者似乎认为税务稽查延长期限制度走向成熟的充分条件尚不具备，故修改的变化不大。但是，"放管服"改革在税务领域的深化，至少要在局部确立形式上的明文标准。否则，以其浅层化的法治程度将有碍于税收在国家治理中的作用。

其三，追征期限与核课期限无明确限制。一方面，无限制追征期限与有期限限制的稽查设计并存未在设计上妨碍税款的追缴。税务稽查具有强制给付税款的意思，构成追征期的中断事由，稽查结束后亦可重新起算。另一方面，无限制追征期限与无期限限制的稽查设计，某种程度上突破了拉德布鲁赫的第一公式[1]，将影响法律的有效性。税务稽查权力在抽象意义上一直存在，但不代表具体行使时是没有限制的。双重无限制的稽查制度超出了纳税义务人与税务机关的承受能力，于双方都是缺乏平等的。

---

[1] 当实在法同正义的矛盾难以调和，法律成为"非正当法"时，实在法即缺乏了法律有效性。详见柯岚.拉德布鲁赫公式的意义及其在二战后德国司法中的运用 [J]. 华东政法大学学报，2009（4）：62-72.

2.忽视税收协力义务导致利益失衡

核课期间的传统理论焦点集中在税收债权上，还应注意到税收协力义务同样是税收法律关系的客体。客体作为权利与义务共同指向的对象，对双方的利益衡量十分关键。德国的消灭时效说、日本的除斥期间说主要着眼于税收债权是否因税务机关核定形成。两说未注意到的是，核课权作为形成权能对税收法律关系的客体的影响，应包括税收协力义务。核课权在延长税务稽查期限、延长税收协力义务的负担期间上具有形成权能，即税务稽查延长期限在税收协力义务的变化意义上具有除斥期间性质。

纳税义务人的税收协力义务处于税务机关自由裁量权的规制之下，易忽视税收协力义务应有的定位，借以代偿实现征收税款的目的。税收协力义务系指纳税人、扣缴义务人与第三方提供有关税收信息、阐明课税事实的义务。[1]此种义务以辅助性为主，为纳税人主动履行纳税义务提供了余地。但是，对于偷税等行为也存在纳税人被动接受税务机关调查的情况。此时，纳税人主观上的期待可能性较小，而税收协力义务的履行降低到被动接受调查的程度。若税务机关着眼于还原纳税义务，有可能强化或异化税收协力义务，特别是在纳税人被动配合的情况下，代替税收协力义务应当实现的作用。在实务中，税收协力义务的代为实现，有可能是长时间的顺延税务稽查期限，其影响最终表现在日常生产经营与税款滞纳金缴纳两个方面。例如，在吉林丰达公司案与福建标新公司案中，法院认为税务机关延期程序存在问题，严重影响了原告日常生产经营并令原告额外负担税款滞纳金。可见，税收协力义务在一定程度上是保护纳税人权益的守夜人。即便是在被动履行税收协力义务的情况下，也能区分出日常的生活秩序。但是税务机关延长税务稽查期限太长，可能会混淆税收协力义务与纳税人权利的界

---

[1] 褚睿刚，韦仁媚.税收协力义务及其限度刍议 [J].云南大学学报（法学版），2016（6）：12-21.

限，导致双方利益失衡。总之，在指导思想层面，国库主义的印迹较重，对税收协力义务的关注较少，税务机关的自由裁量权具有一定扩展的空间，税务稽查延长期限制度缺乏相应的智力支持。

（二）税务稽查延长期限的性质不明

有关核课期间的性质主要有消灭时效说与除斥期间说。但从税收协力义务变动的视角观之，此两种观点都具有商讨的余地。消灭时效说对税收债务成立的解释能够自洽，但对税收协力义务的变动方式与所维系的秩序缺乏完善的阐述。而除斥期间说强调的有限期间又与实务表现的观点相矛盾。在理论与实践当中，皆需要区分税收债务的成立和税收协力义务变动，厘清税务稽查延长期限的性质。

1.税收协力义务变动与消灭时效说冲突

对于核课期间的性质，消灭时效说主张税收债务于税收构成要件实现时成立，除斥期间说主张税收债务经税务机关的核定后形成。[1]在税收债务的成立上，消灭时效说的观点颇值得赞同，核课处分仅有确认作用，使税收债务具备消灭的条件。但是，对税收债务的成立和税收协力义务的变动应当有所区分。

在税收协力义务的变动上，以核课权为动因，并非以履行该义务的请求权为主。针对偷税等行为，税收违法行为人还原纳税义务的期待可能性较低，请求履行税收协力义务的可行性也较低，须以调查等强制方式介入。即有这样一种常态，在税收协力义务中，违法行为人主观的积极意思缺失，客观的行为履行因核课权而被动实现。换言之，税收协力义务的履行不再是特定期间内的请求式，很可能是创设式的。

---

[1] 施正文.税收之债的消灭时效 [J].法学研究，2007（4）：55-68.

此外，税收协力义务变动处于新秩序期间[1]，非消灭时效所言的旧秩序期间。对于消灭时效说主张核课期间维持是期间届满后的新秩序，应有不同看法。消灭时效说认为核课期间届满后税收债务消灭，形成了区别于核课期间的新秩序，非除斥期间维持的旧秩序。此处，将核课期间置于秩序变动的判断之前，故能形成该观点。但是，新旧秩序的区分应将核课期间置于秩序变动的判断之后，原因在于核课期间是配合法律关系变动的调整手段。[2]税收债务成立前与消灭后，税务机关与纳税人处于相对抽象的平行秩序，为旧有秩序。在核课期间，双方的法律关系变动，处于现实的交互秩序，为新秩序。可见，该期间旨在提供双方权利与义务具体运转的时间范围，以期实现"旧到新，新到旧"的秩序更迭，保障抽象的税收征管秩序与纳税人日常秩序可以延续。因此，核课期间维系的乃是征纳双方旧有的、抽象的与平行的秩序，并不是消灭时效维系的新秩序。

2. 无明确期限同除斥期间说矛盾

现有的法律规范未关涉税务稽查延长期限的性质，在要件、长度与后果方面亦无完备限制。税务稽查延长期限的建立初衷旨在预先设定税务稽查权的存在时间，便于在此期间搜集证据，核课税款。这类期限是以保障公共利益的优先性为目的，以损害违反税收法律行为一方的短期秩序利益为手段，实现征税权与纳税人权利的相对平衡。税务稽查延长期限涉及税收协力义务的变动，应为除斥期间，必须明文规定期限的最终长度。在实务中，税务机关难免会突破授权目的，强调税务稽查权的预定期间，导致税务稽查期限不当延长，损害纳税义务人的长期秩序利益。在立法、执法

---

[1] 指现存秩序，意为因权利创造后的新秩序。参见王泽鉴.民法总则[M].北京：北京大学出版社，2020：492.

[2] 前已提及新秩序期间为权利（权力）创设后形成新的秩序，而此处调整手段指核课权的具体行使或核课权的自由裁量。

与司法环节中，未对税务稽查延长期限的长度形成统一而明确的判定，其性质依旧模糊不清。

税务稽查延长期限的性质为何？从传统的认识论来看，事物的本质即实然。例如，国库主义下的税务稽查延长期限只涉及"是或不是"此类的事实问题，税务稽查延长期限过短会不会影响税收，是否应当设计开放式的税务稽查期限以保证应收尽收，同"公正或不公正"等应然命题无关，可将这类观点称之为实然的税务稽查延长期限。区分于行政时效的事实、期限与后果三分法，完全实然的税务稽查延长期限并不考量事实与期限的相关性，仅以税款为结果导向。因此，该一元论缺乏从自身的角度对稽查的障碍与相应时间的关系评价，甚至没有进入税务稽查中事实与价值冲突层面。可见，此类实然的税务稽查延长期限尚未指涉法律的论域，所以难以窥见法律意义脉络中呈现出的相对属性。重新正视税务稽查延长期限本身，尤其是区分核课权在税收构成要件与在税收协力义务中的裁量空间差异，有助于厘清税务稽查延长期限的性质。

（三）税务稽查延长期限的立法设计固化

受制于立法指导思路的影响，税务稽查延长期限的立法设计问题逐渐暴露，尤其是在局部呈现出射线型结构的宽泛适用与延期的事由不清两大特征。此种立法设计上的固化关乎征纳双方的利益平衡，须适时推进设计结构的统一与延期事由的明晰。

1. 射线型结构的宽泛适用

税务稽查延长期限固化了射线型思路，无明确射程，造成涵盖范围不清与具体内容空洞。2014 年的《重大税务案件审理办法》规定了重大税务案件补充调查时间不超过 30 日，特殊情况延长期限不超过 30 日。2009 年的《稽查规程》第 22 条规定检查部门的检查时间一般为 60 日。应如何理解前者（新法）对于后者（旧法）补充与解释？后者意在限定税务稽查延长期限的最终长度，然而，按照前者规定在特殊情况下依然能不断地延长，税务稽查权的存在期间能够像射线一直散射，后法未能从根本上予以限制。

此外，2021 年的《稽查规定》虽然上升到了规章的层面，但是依然留存了射线模式的印迹。其第 47 条规定立案之日起 90 日内作出结论，延长不超过 90 日，特殊情况经批准可确定合理的延长期限。可见，1995 年 12 月 1 日发布的《稽查规程》到 2009 年 12 月 24 日的新《稽查规程》，再到 2021 年 7 月 12 日的《稽查规定》，始终认为税务稽查权不存在预定期间的最终有限性。但是，案例中存在相反的观点。例如，在山东万达公司案中，法院认为税务机关因听证后延期 9 个月才作出行政处罚决定书，有违行政效率原则，说明延期的长度并非开放的射线型，而应当是闭合型的。税务稽查延长期限的射线型结构应止步于制度的探索与建立过程中，对其一味坚持，意味着部分纳税义务人的秩序利益让渡不存在明确的终点，即纳税人在税务稽查期限上缺少现实的期限利益与权利保护。

2. 延长期限的相应事由不清

在立法宗旨上，2021 年《稽查规定》相较于 1995 年、2009 年《稽查规程》，首次强调了对税务稽查程序的规范，对纳税人、扣缴义务人和其他涉税当事人合法权益的保护，并且将贯彻《关于进一步深化税收征管改革的意见》的部署作为修订的目的之一。有关税务稽查期限的制度从 2009 年检查、审核二分的初具雏形，再到 2021 年合并统一的逐渐成熟，表现了调查行为与审理行为的紧密关系。[1] 但是，对于稽查障碍或者核课障碍的法定类型划分及其评价鲜有成果。

---

[1] 税收核定与税务调查的关联还在于，税务调查某种意义上也决定了税收核定的类型，可以将税收核定区分为经过了终局性调查的税收核定和保留事后调查的税收核定。详见聂淼，熊伟. 重塑税收核定：我国税收行政确定的建构路径 [J]. 税务研究，2015（12）：73-78.

税收稽查需要对个案中的税收构成要件包括主体、客体、客体归属、税基以及税率五个方面作出涵摄判断。税收稽查在将税收构成要件具象化的同时，亦须克服具象化的障碍并作出判断（事实、期限与后果）。但是，税收稽查缺乏完善的法定事实评价体系，导致应然与实然的二元冲突更加激烈，未能延续统一的法秩序脉络。例如，丰达案中因税务机关责任导致纳税义务人的税款滞纳金额外负担，如何应对现有规范外的类型，是否符合案情重大复杂，并能以此为由经批准延长60日直至两年后作出处理决定？税收违法行为与税务机关的失误或失责行为在整体上共同构成了克服税收构成要件具象化的障碍，可称之为片面共同核课障碍，对于额外负担税款滞纳金处理结果亦不能割裂地认为由税务机关所致。因此，若在税收核定期间发现片面共同核课障碍，又是否要延长，延长多少时间？

在规范性文件当中，以涉及司法程序为由延长处理重大案件的情形较多。而在裁判文书当中，又多以数额巨大、拒不配合、经人举报与涉及关联案件等为延长期限之事由。涉及关联案件，可能因证据的处理多次剥离不同案件的税收构成要件，形成重叠的核课障碍，进而需要延长期限。可见，由于现实的复杂性，税务稽查期限的延长亦应整体观之，综合考量涉及案件、金额等影响税收构成要件具象化的因素而定。

（四）税务稽查不当延长期限的司法救济机制缺位

税务稽查延长期限的司法救济机制尚未完全成形。对于纳税义务人，缺少完善的救济权利体系，尤其是在有关税务稽查期限不当延长的可诉性与及时抵抗的权利方面。对于法院，则缺乏统一的救济标准与制度，主要体现在延长期限的审查和税款滞纳金计算方面。

1.纳税义务人缺少权利依托

有关税务稽查期限延长的司法救济，纳税义务人缺少权利依托。税务稽查期限不当延长的行为是否具有可诉性不明。在 2018 年广东兆融广公司案中，稽查局认为申请人提出的选案、检查环节及移交手续等，均属行政机关内部程序，未"外化"而对申请人的权益产生影响。[1] 在吉林丰达案中，补充调查到案件审结期间过长，对滞纳金缴纳产生影响，说明税务稽查期限延长的行为对纳税人的实际权利产生了限制。这类内部行政行为产生了外化表征，若按不具备可诉性的传统理论，则难以在立法规范不完备与司法裁判不一致的条件下公平保障纳税人的正当权益，而若按具备可诉性处理，则有违内部行政行为的有关理论。

纳税人依据何种程序抵抗税务稽查期限不当延长的行为不明。《税收征管法》第 85 条规定了税务检查人员进行检查时出示证件的条件。若未出示证件，则被检查人有权拒绝检查，即该条规定了纳税人拒绝税务检查的程序抵抗权。相较而言，《稽查规程》有关稽查期限的规范存在前述诸多的法律漏洞。当税务稽查期限出现明显不合理的延长时，纳税人却无法律规范上的依据保障权益。税务稽查期限需要在限制具体期限的基础上，构建税务稽查期限延长的程序抵抗权。

2. 司法系统缺少制度依托

有关税务稽查期限延长的司法救济，法院缺少制度依托。法院缺少对税务稽查的期限及其延长期限的审查。实务中，部分法院对于纳税人提出的稽查期限不当延长的观点置若罔闻，不仅因为立法漏洞妨碍了法院进行法律解释，更因为法院无法确定规范的一致援引而倾向于保守态度。因此，出现税务稽查延长期限审而不判的现象也在情理之中，但这不意味着具有法律上的正当性。

法院就税务稽查期限延长的滞纳金计算问题面临困难。丰达案中法院

---

[1] 参见广东省高级人民法院行政裁定书（2018）粤行申 1692 号。

是以因税务机关延长期限作为滞纳金中止计算的事由。虽然滞纳金缴纳的期限划分上也因没有期限延长的立法限制而存在瑕疵，但法院援引法律作出适法判决实属难能可贵。由于没有明确的延长期限，法院在认定滞纳金中止计算的截点上存在困难。法院认为，本案因税务机关责任退回补充调查的时间不能作为滞纳金的计算期间。但是，若税务机关在决定补充调查时就超出了法定期限，或者在其他阶段也出现了类似情况，又当如何适用法律。这就表明税务稽查期限延长的滞纳金计算问题在检查和延长阶段都有存在的可能性。所以不仅税务稽查期限需要作出限制，而且有关税务稽查期限延长的滞纳金计算也需要一并作出规定。

总之，在实体正义上，税务稽查延长期限的分化取决于核课障碍类型的构建，在程序正义上，税务稽查延长期限的分化又关涉违法个体承受秩序价值让渡的限度。指导思想停滞、法律性质不清、立法设计固化与税收司法救济机制缺位等因素使得税务稽查延长期限制度在实体与程序、事实与价值两个维度上存在缺陷。

五、税收法治进程中有效控制税务稽查期限不当延长的构想

税务稽查期限不当延长虽表明税务稽查制度在时限问题上存在法律漏洞，但随着社会经济环境的变化与税收法治进程走向深化，亦是重新审视及正本清源的机会。从司法案例积累的情况而言，税务稽查延长期限的性质是各类争议的实际交锋点所在。故应当厘清性质，从而在立法、执法、司法等环节逐步完善制度设计。其一，以税务稽查权作为法定形成权的角度观之，税务稽查延长期限是限制权力存在的预定期间，是确定的时限与特殊除斥期间；其二，该期间主要通过延长的次数和延长的期限构成最终的期间长度，须以法律保留，明晰涵盖范围与具体内容，并提高法律位阶；其三，对于税务稽查期限不当延长导致的滞纳金加收外观与纳税人救济权利等问题，须以

正当程序原则中的程序参与性、程序中立性、程序理性和程序及时性作出针对指引；其四，当以利益衡平原则，设计税务稽查期限延长的可诉性、抵抗权、抗告诉讼与税款滞纳金停止计算制度，维系征纳双方的最终衡平。

（一）除斥期间理论指引下税务稽查延长期限法律性质的厘清

税务稽查延长期限属于特殊除斥期间。税务稽查期限延长权是一类法定形成权，在核课事实或核课障碍变化时，能将税务稽查权预定的存续期间相应延长。但该权力需要对明确、合理的税务稽查延长期限予以限制，防止纳税人在秩序利益让渡上的异化，并承担额外的滞纳金，保证原有的税收征管秩序在抽象层面继续存在。同时，税务稽查延长期限也是确定时限。不论是从行政时效上的行政主体活动的时效、秩序行政的活动时效等类型方面，还是除斥期间具有权力的时间存在性与权力行使性的二分方面，税务稽查延长期限都以确定为圭臬。

1.税务稽查延长期限是除斥期间

税务稽查延长期限作为核课期间是除斥期间。税务稽查主要包括检查与审理两个阶段，主要目的在于通过税收违法案件的审查认定应当征收的税款及滞纳金。税务稽查期限的延长可分为检查期限延长与审理期限延长。核课权是通过核定处分确认税额的形成权，兼具确定与形成意义。[1]相应的，核课期间则是税收债权的确定期间。从学理看，税务稽查权系属核课权，是一种形成权；税务稽查延长期限系属核课期间，是一种除斥期间。税务稽查延长期限为税务稽查权预定的存续期间，时间经过，产生权力消灭与核课形成效果，纳税义务人受有公共服务的权利与协力确认税额的义务继续存在。[2]

根据《稽查规程》第 22 条与第 50 条，税务机关能够视情况延长稽查

[1] 施正文.税收之债的消灭时效 [J].法学研究，2007（4）：55-68.
[2] 除斥期间乃在维持继续存在的原秩序。详见王泽鉴.民法总则 [M].北京：北京大学出版社，2020：494.

期限，表明其具有税务稽查期限延长权。该权力在法定 60 日的检查期限与 15 日的审理期限基础上分别延长，实际上是核课期间的延长，增设了相对人协力确定税额的义务期间。可见，税务稽查期限延长权是决定能否延长税收违法案件稽查期限的法定形成权。除斥期间应当为不可变期间，则延长的期限又当何解？延长原因在于发现税收债权的核课事实变化或遭受核课障碍，相对人承受秩序风险变动，需要将期限另予限缩。税务稽查延长期限为特殊除斥期间。

2. 税务稽查延长期限是确定时限

税务稽查延长期限应当是行政时效上的确定时限。行政时效是一定事实状态经过法定期限而产生某种行政法律后果的程序法律制度。[1] 其以事实、时限和后果为基本要素。依据不同的标准，可分为一般期限的时效和特殊期限的时效、行政主体活动的时效与行政相对人活动的时效、秩序行政的活动时效 [2] 与服务行政的活动时效、确定的时限与不确定的时限。而税务稽查延长期限则是行政主体活动的时效、秩序行政的活动时效及确定的时限。税务稽查期限身具以上三个时效类型的特性，归结于一点就是时间期限应当明确具体，即时间长度的有限性是税务稽查延长期限的核心特征。

除斥期间具有权利的时间存在性与权利行使性。[3] 权利的存在期间包含了权利的行使期间，对于权力同样适用。依据除斥期间对权力限制的两类特性，税务稽查延长期限的有限性可分为广义与狭义两说。广义上，税务稽查延长期限的有限性是指税务稽查权力的时间存在性，始于权力的产生，终于权力的消灭。狭义上，税务稽查延长期限的有限性是指税务稽查权力的行使性，始于权力的行使，终于权力行使的结束。可见，根据权力

[1] 方世荣，戚建刚. 论行政时效制度 [J]. 中国法学，2002（2）：81-92.

[2] 秩序行政是限制行政相对人权利，加以惩罚性义务的行政活动。秩序行政的活动时效则要求行政机关在合理期限内作出相关处理。

[3] 耿林. 论除斥期间 [J]. 中外法学，2016（3）：613-645.

存在期间与行使期间的关系，在时间范围上，税务稽查延长期限有限性的广义说包含了狭义说。

总之，税务稽查权作为核课权是一类形成权，税务稽查延长期限应当定性为除斥期间。不论采用权力存在期间的广义说还是权力行使期间的狭义说，税务稽查延长期限都是确定时限。

（二）经由法律保留原则完善税务稽查期限的立法规则

对税务稽查权而言，法律保留原则意味着在兼顾时间存在性与行使性的同时，达到拘束性与能动性的相对动态平衡。但是，税法规范的漏洞与法院对司法案例的不同态度，暴露出现实中税务稽查权拘束性及时间存在性的消解。此种消解在税务稽查期限之延长上主要体现在长度与事由缺少法律明文的限制。

1.税务稽查期限延长长度之立法保留

域外有关税务稽查期限的长度在 5 到 10 年不等。韩国针对骗偷漏税等税收违法行为的除斥期间规定为 5 年，日本与我国台湾地区的规定则为7 年，而德国的最长为 10 年，我国税法对追征期也有 3 年的一般限定。但是除《稽查规程》中检查部门 60 日与审理部门 15 日的时间具有一定核课意义外，有关税务稽查的核定期间未有明确。结合前述日本的除斥期间分类制度，可将税务稽查的延长期限归于特殊除斥期间。建议设立税务稽查3 年的普通除斥期间与 2 年的特殊除斥期间。在明确税务稽查期限的长度后，可从以下三个方面予以完善：

首先，规范税务稽查期限的涵盖范围。重大税收执法事项集体审议等由规范性文件 [1] 制定的程序，繁多复杂，也未逐一明确相关的详细期限。

---

[1] 参见《国家税务总局关于印发重大税收违法案件督办管理暂行办法的通知》（国税发〔2010〕103 号）、《关于印发优化税务执法方式全面推行"三项制度"实施方案的通知》（税总发〔2019〕31 号）、《重大税务案件审理办法》（国家税务总局令第 34 号）等。

建议将内部审理制度纳入特殊除斥期间范围之中，并规范税务行政程序，以便于案件审结。

其次，厘清税务稽查期限与追征期限的关系。《税收征管法》第52条确立了偷税、抗税的无限追征规则。若基于此等考虑，则无设立税务稽查期限的必要。税务机关可能会认为既然追征没有限制，能在任何时候开始、结束，那么稽查就可以在任何时候开始、结束，这明显同权力的时间存在性相悖。因此，明确偷税、抗税、追征的有限追征期限，是税务稽查期限与延长期限能够确立的基础，建议在这一基础上设立追征期的中断制度。税务稽查行为具有国家请求纳税人给付债务的意思表示，可构成中断事由。

最后，提升有关税务稽查延长期限规定的法律位阶。"按照税收法定主义的要求，对纳税人的侵害程度越深，法律形式的要求就越严格。"[1] 鉴于税务稽查关涉税额的核定，直接影响纳税人的生产生活，税务稽查延长期限的法律位阶应有所提高。建议在上位法中作出概括性规定，再在下位法中阐明具体内容，以完善税务稽查期限的立法体系，凸显履行税务稽查职权的规范性。借鉴域外相关制度，考量法律价值之关系，建议在《税收征管法》第59条，或者《税收征管法实施细则》第89条中增设如下规范，以期实现立法控制之功效：案件应当自实施检查之日起3年内审结并作出税务处理决定，案情重大、复杂的，经稽查局局长批准，可以延长到5年，并将延长期限的理由告知当事人。

2.税务稽查期限变动事由之立法保留

税务稽查期限的变动事由分为延长事由与停止事由。两者虽各具殊异，但都对核课处分形成了阻碍，故统称为核课障碍。德日两国的核课期间停止制度较为成熟，对完善我国《稽查规定》第47条具有重要的参考价值。

---

[1] 刘剑文，熊伟.税法基础理论[M].北京：北京大学出版社，2004：367.

表 7-4　税务稽查期限的核课障碍一览

类型	序号	案例名称	裁判文书号	事由
延长事由	1	中油国门公司案	（2017）京 03 行终 164 号	案情复杂
	2	文新德隆公司案	（2018）京 02 行终 1301 号	案情复杂
	3	辽宁劲和公司案	（2020）辽 0105 行初 67 号	案情复杂
	4	吉林圣方公司案	（2017）吉 01 行终 307 号	无法联系纳税人
	5	重庆发昌公司案	（2019）渝 03 行终 81 号	案情复杂，且涉及关联举报案件
	6	北京康拓公司案	（2019）京 01 行终 648 号	涉税资料多、核算金额大
	7	云南宝源公司案	（2018）云 05 行终 86 号	涉嫌偷税数额巨大，证据资料收集、汇总工作量较大，数据核对费时
停止事由	8	美好童年公司案	（2016）京 0111 行初 195 号	延期程序缺乏法律依据
	9	聚善堂公司案	（2016）闽 06 行初 90 号	检查时间明显超过规定，未证明已经批准
	10	亿发恒达公司案	（2016）京 02 行终 1485 号	经营人涉嫌犯罪被刑事羁押，稽查局对该案中止审查
	11	吉林丰达公司案	（2017）吉 03 行终 36 号	稽查局重新调查期间的滞纳金由纳税人承担，显失公平

（1）域外核课期间的停止制度相较

《德国租税通则》第 171 条规定了核课期间的停止事由。核课期间的停止（不完成），指因不可抗力或其他因素导致税务机关不能作出、变更或废弃核定处分时，核课期间停止进行。[1]停止进行期间届满后，核课期间继续进行，停止进行期间不计入核课期间。核课期间的停止事由，主要有不可抗力、明显错误的核定、破产程序的申报等。停止事由终结后的期

[1] 参见陈敏.德国租税通则 [M].台北：台湾"财政部"财税人员训练所，1985：190-192；陈清秀.公法上消灭时效之问题探讨——以税法上消灭时效为中心 [J].中正财经法学,2016(12)：125-178.

间分别适用 3 个月、6 个月或 1 年的时间。《日本国税通则》第 71 条也对核课期间规定了停止事由，旨在缓和除斥期间所引起的不公平问题。其主要内容为诉讼导致的处分变更，纳税人请求导致的处分变更，以及对税款重复认定的撤销，停止事由终结后的期间适用 6 个月或 3 年的时间。

《德国租税通则》第 171 条系采消灭时效说，停止进行期间为停止事由终结后的期间。例如，租税裁决有明显不正确者，于租税通知后未届满一年前，核定时效不完成，停止进行期间为处分通知后一年之内，不计入核课期间，主观起算以防止停止事由经过而纳税人无请求权行使空间。

《日本国税通则》第 71 条系采除斥期间说，停止进行期间即停止事由经过的期间。例如，诉讼导致的处分变更 [1]，在法院判决确定后 6 个月内，继续行使核课权，停止进行期间为处分变更直至判决确定的时间，不计入核课期间，客观起算防止核课权不当延伸，纳税人于该期间内承受秩序变动，继续履行额外的税收协力义务。待停止事由终结后，核课权继续行使，此期间为特殊除斥期间。[2] 可见，德日两国立法例所采核课期间的性质学说不同，停止进行期间的起算各异，但皆是出于公平正义的考量，以期保障纳税人权利之维系。

（2）我国税务稽查延长事由与停止事由的完善

我国《稽查规定》第 47 条，确立了延长与停止两类事由。延长事由为案情复杂、特殊情况及不可抗力 3 项。在实务中，延长事由以案情复杂为常见情形，证据较多、金额较大、涉及关联案件与无法联系纳税人 [3]，为此事由的细化类型。

停止事由为中止检查、征求意见、组织听证等 7 项。但是，实务中对

---

[1] 金子宏 . 日本税法 [M]. 战宪斌，郑林根，等译 . 北京：法律出版社，2004：445-446.

[2] 陈清秀 . 税法总论 [M]. 北京：法律出版社，2019：456.

[3] 参见（2017）京 03 行终 164 号，（2018）京 02 行终 1301 号，（2020）辽 0105 行初 67 号，（2017）吉 01 行终 307 号，（2019）渝 03 行终 81 号，（2019）京 01 行终 648 号，（2018）云 05 行终 86 号。

程序严重违法[1]、事实认定有误[2]缺乏定性，未归入两类事由当中。例如，在吉林丰达公司案中，因税务机关认定事实有误形成了额外的补充调查期间，法院认为此期间的滞纳金不应由原告承担，侧面表明税务稽查延期行为缺少正当性。如何评价此类因税务机关责任（可归责于税务机关）引起的税务稽查期限变动？

其一，案涉延长事由与停止事由的区分问题。本案税务机关认定事实有误，撤销先前的处罚事项告知书，重新调查补充证据。实际上，税务机关撤销初次结论，是核定处分的废弃，属于核课期间的停止。停止的事由系明显错误的核定，已为《德国租税通则》第171条所确立。《稽查规定》第47条的案情复杂属于延长事由，在实务中多表现为核查内容繁多[3]，核算数额较(巨)大[4]，涉及关联案件[5]或缺少纳税人配合[6]。可见，在两类事由的区分上，延长事由旨在穷尽核课事实以期还原纳税义务；停止事由重在排除核课事实外的障碍（包含事实认定有误）影响，以防公允有失。

其二，案涉停止进行期间的效果负担问题。我国核课期间以除斥期间为通说[7]，故停止进行期间亦采客观起算为停止事由经过的期间，即纳税义务人不必承受额外的负担，补充调查期间不属于核课期间。本案中的丰达公司无须承担停止进行期间所生的税款滞纳金。值得注意的是，应对《稽查规定》第47条中的不可抗力与特殊情况作出重新认定。不可抗力指不

---

[1] 税务机关检查时间明显超期，且未提供证据证明经过批准，参见（2016）闽06行初90号；税务机关重新回退案件至选案科并变更检查人员，且将案件的检查时限予以延长，该程序缺乏相应的法律依据，参见（2016）京0111行初195号。

[2] 税务机关前期调查认定事实部分存在问题将该案退回重新调查，参见（2017）吉03行终36号。

[3] 参见（2019）京01行终648号，（2018）云05行终86号。

[4] 参见（2019）京01行终648号，（2018）云05行终86号。

[5] 参见（2019）渝03行终81号。

[6] 参见（2017）吉01行终307号。

[7] 施正文. 税收之债的消灭时效 [J]. 法学研究，2007（4）：55-68.

能预见、不能避免且不能克服的客观情况，一般有碍于核课事实的调查及认定，属于核课事实外的障碍，应参照德国立法例归于停止事由。

总之，可归责于纳税人的行为应作为特殊情况归于延长事由。除不可抗力外，还应基于司法实务的情况，参考德日两国的核课期间停止制度，添加明显错误的核定（事实认定有误）、程序严重违法[1]等可归责于税务机关的停止事由。

（三）依据正当行政程序原则规范税收执法程序

行政法上的正当程序原则是指行政权力的运行必须符合最低限度的程序公正标准[2]，其主要包含程序参与性、程序中立性、程序理性和程序及时性等子原则。税务稽查期限延长作为税务行政程序，理应遵循正当程序原则。以丰达案为例，将正当程序原则的四个子原则分别展开，可以对正当行政程序如何控制税务稽查期限延长行为一作窥探。

1.税务稽查期限延长的程序参与性约束

程序参与性原则要求应当保证受到法律程序影响的主体能够充分有效地参与到其中，并对程序的结果形成影响，其功能在于保障法定程序的承受者有效参与和影响结果的机会，便于事实阐明以提升处理的合理性。[3]吉林丰达公司案存在两次税务稽查期限延长的行为：一是2012年7月24日，因案情复杂将审理时间延长至2013年4月30日；二是2013年6月28日案件被退回重新调查补充证据，直至2016年1月8日稽查局作出税务处理决定。这些期间分别长达9个月和2年6个月，其中第二段期间形成的原因在于税务机关认定事实有误，需要补充调查。根据重大税务案件终止

---

[1] 调查程序的违法性程度严重时，构成取消征税处分的违法事由的"折中说"。参见赤壁隆司.税务调查の再调查手续における"新たに得られた情报"に关する考察[J].税务大学校论丛，2017（88）：169-263.

[2] 周佑勇.行政法的正当程序原则[J].中国社会科学，2004（4）：115-124.

[3] 高军，李文波.论课税处分——基于台湾地区"税法"理论与实践的考察[J].广西大学学报，2016（1）：109-117.

审理的后续处理规定，经补充调查后，本案并未达到重大税务案件标准，故由稽查局作出最终处理决定。

税务机关应当预见听证后续的稽查难度与具体程序。案件经补充调查后可能达不到重大税务案件标准，而转由自身处理。税务机关应充分考虑补充调查的难度与时长，并且对相对人承担这一期间税款滞纳金的后果也应在其预料之内。然而，税务机关并未在听证结束前向重大税务案件审理委员会及相对人告知，导致第二次稽查时间远超第一次。这一过程当中，丰达公司失去了影响有关第二次稽查事项的机会，不能在事前左右不属于其范围的滞纳金承担问题。

税务稽查期限延长的规范属于机关内部组织和管理的规定，具有指示特征。检查、审理期限延长的事项需要经由稽查局局长批准，说明税务机关仍然保留期限延长的自由裁量权，可据案情进行适用。审理阶段的法制审核、稽查局集体审理等制度也同样如此。这类具有指示特征的内部管理规定，涉及内部的稽查事务，与税务机关的正常运转有关。可见，税务机关延长税务稽查期限的行为系属行政内部行为，不具有可诉性。除了税务机关可能刻意回避丰达公司对案件的程序参与性外，税务稽查期限延长作为内部行政行为也具有参与上的阻却性。

法院虽未明确税务稽查期限延长行为是否具有可诉性，但是其肯定了延长行为对丰达公司权利义务造成了实际影响，需要重新划定滞纳金的缴纳期间。因此，税务稽查期限延长行为因影响了纳税人的滞纳金缴纳等实际权利义务而具有可诉性。若存在可诉性，则纳税人是否又具有现实意义上的救济权基础。法院虽然依据《行政诉讼法》第77条作出判决，但这不是直接有关期限延长的条款。若税务机关有关行政处罚的款额确定符合法律规定，又当如何适用法律保障纳税人的其他权益。由于税务机关责任导致补充调查而延长税务稽查期限的，应在事前明确延长的时长与滞纳金的承担责任。丰达公司至少应当具备滞纳金问题上的程序参与性。建议此类滞纳金承担问题纳入听证范围之内，保证相对人的事前参与，或者直接由法律作出规定。

2.税务稽查期限延长的程序中立性限制

程序中立性原则要求作出程序结果的主体维持中立态度，对参与者予以平等的对待与关注。其功能在于有关程序处理的信息得到公平有效的表达，以利于结果的正确性。中立是一种主观上的态度，可根据税务机关的具体行为推断。在吉林丰达公司案中，一是由于税务机关认定事实存在问题需要补充调查，其在具有主观预见性的情况下回避了丰达公司对案件的参与。二是税务机关辩称执法程序合法，自身不存在责任，其认为滞纳金应当严格适用"税款缴纳期限届满次日起至税款实际缴纳入库之日止"的规定，并未对第二次稽查期限远超第一次的行为说明原因。综上观之，税务机关刻意回避并推卸责任，存在故意的主观心态，未对相对人以公平对待，有失中立。

就税收违法案件的核课障碍而言，依主体可分为由相对人形成与由税务机关形成。由相对人形成的核课障碍系指确定税款义务的违反相对人于履行主给付义务前，尚应履行如实确定税款之协力义务。相对人缴纳税款出现给付延迟或给付不能系属不完全给付。不完全给付是否扩展解释及于附随义务的违反，应采肯定说。[1]违反确定义务是否导致国家受损，而依不完全给付债务不履行规定，能否请求损害赔偿？此等行为干扰了税收征管的秩序，阻碍税款转于公共产品的提供，致有损害应可请求损害赔偿，但现行法并无规定。

---

[1] 我国台湾地区继受德国法上积极侵害债权的理论，而称之不完全给付，是否及于附随义务的违反，未臻明确。为期涵盖，得扩张解释不完全"给付"，使之包括二者，或加以类推适用。详见王泽鉴.债法原理[M].北京：北京大学出版社，2020：86.

偷税等违法行为系违反确定义务积极阻碍国家核课权行使，对相对人不再具有恪守义务之期待可能性。违反税收债务关系中的确定义务，导致税务稽查关系发生相应的变化。违反确定义务的程度与核课难度相关，难度越大，税务稽查期限的长度越长，相对人承受的期间也越长。同时，这对税务稽查权的行使也更为严苛，故难免出现税务机关偏移中立责难相对人的情况。

由税务机关形成的核课障碍系指其怠于行使权力、违反法定程序等导致税款、滞纳金的确定有误。《税收征管法》第52条第1款列举了因税务机关导致相对人漏缴税款的后果，相对人可在3年内补缴税款而不加收滞纳金。丰达公司占用税款且税务机关怠于职权，无主观合意，构成客观之共同核课障碍，税款滞纳金的期间由双方行为的期间组成，则双方应当承担税款滞纳金加收的"共同责任"[1]，但税务机关对其行为予以否认。可见，税务机关的核课障碍，至少可分为内在、外在与客观混合三类。采用逻辑类型等类型化区分方式，又可推导出第三方形成、双方共同形成及意外形成的核课障碍。税务机关在税务稽查期限延长的自由裁量过程中不能完全保证程序的中立性。因此，建议在明文确定延长长度的基础上，赋予相对人抵抗税务稽查期限违法延长的权利，避免其权益遭受进一步损害。

3.税务稽查期限延长的程序理性控制

程序理性原则要求作出程序结果的主体必须说明相应理由。其功能在于通过程序活动主体理性对话与论证、说服的方式，压缩权力行使过程中恣意与专横的空间。[2]《稽查规程》中并未规定检查、审理延长的告知义务。吉林丰达公司案第二次延长期限，并没有进行延长的审批，即税务机关并未就期限延长的事项告知当事人。虽然本案经过听证，由重大税务案件审

---

[1] 李刚,徐战成,池生清.从"类案检索"视角看税收滞纳金加收 [N].中国税务报,2020-12-22（7）.
[2] 王锡锌.行政程序理性原则论要 [J].法商研究（中南政法学院学报）, 2000（4）：18-24.

理委员会退回重新调查补充证据，相对人可能已知晓。但税务机关也应当经程序作出延长决定并告知相对人延长原因与具体事项，否则有违程序的理性控制。因此，建议在赋予延长行为可诉性与完善法定延长程序的基础上，建立有关税务稽查期限延长的诉讼制度。

前述相对人抵抗违法延长的权利在实质上欲达到终止税务机关不当创设延长核定义务之效果，其属于形成权当中的终止权。但是其相较于作为单纯形成权的税务稽查权处于弱势，形成力不足。故建议将抵抗延长的权利设置为形成诉权，相对人经起诉由法院认定形成权的要件是否具备并作出形成判决，借由司法程序明确双方的法律状态，维系税务稽查期限延长的程序理性。

4. 税务稽查期限延长的程序及时性制约

程序及时性原则要求程序有具体的期限，应当在一定时间内运行并终结，其功能在于规范权力的存在与行使，防止权力滥用并过度干预他人。程序及时性应体现在税务稽查及延长的期限有明确的时间规定。行政时效可以分解为法律事实、时限与后果三要件。[1]税务稽查期限作为行政时效亦是如此。但从吉林丰达公司案来看，不论是第一段稽查的审理期限延长，还是第二段过长的稽查期限，法院都找不到有关时限的法律规范。表明现行法对其定性为不确定的时限，且不存在具体的界限。对于偷税等行为的追征期限立法采取的是无限制策略，在稽查期限上也是如此。对特定行为的追征与稽查都没有程序及时性的制约。

税务稽查缺乏时限要件，容易导致双方的法律状态不稳定，进而导致法律后果不明，出现法律上的漏洞。本案因税务机关导致滞纳金的承担问题，也存在时限上的划分，而所划分的期间本身就属于不确定的时限。即

---

[1] 方世荣，戚建刚. 论行政时效制度 [J]. 中国法学，2002（2）：81-92.

因税务机关原因延长到何时是正当的，因此导致增加的滞纳金怎么划分才是合理的？建议将税务稽查期限不确定时限的定性改为确定的时限，并对税务机关原因延长期限导致滞纳金承担等后果予以明文规定。

（四）由利益衡平原则健全税务稽查期限延长的司法救济规则

前述丰达案中税务稽查期限延长的行为分别违反了正当程序的四个子原则，尚存有优化纳税人参与、救济等程序的空间。对此，应当以明确法律保留的范围为起点，以便于相对人行使救济权利为导向，以税务稽查期限延长的可诉性、抵抗权、抗告诉讼与税款滞纳金停止计算制度为节点，勾勒出司法控制下衡平征纳双方利益的救济路径。

1.适当赋予税务稽查期限违法延长行为的可诉性

首先，税务稽查期限延长是一类过程性行政行为。过程性行政行为是指行政主体行使行政职权过程中的某个能产生法律效果的阶段。[1]其要件有二：一是以辅助最终行政行为形成为目的；二是可能以间接方式影响相对人的权利义务。

税务稽查以确定税收违法案件中的税额为主要职能，税务稽查期限延长以辅助核定行为形成为目的。税务稽查期限延长一是顺延了税务机关核定权力的履行，二是顺延了纳税义务人税收之债迟延履行的形态。该期间内，纳税义务人仍处于违反债权债务关系的状态而依旧负担占用税款的责任，即期限延长间接导致税务滞纳金的计算期间后延。可见，税务稽查期限延长行为符合前述过程性行政行为定义，具备辅助目的与间接影响二要件，是一类过程性行政行为。税务稽查期限违法延长行为则属于违法的过程性行政行为。

其次，税务稽查期限违法延长行为是新的税收之债迟延履行类型（因

---

[1] 王菁，宋超.过程性行政行为的可诉性考量[J].南通大学学报（社会科学版），2019（4）：67-74.

税务机关责任）。纳税义务人因主观故意心态违反依法纳税义务，导致主给付义务税款缴纳与附随义务税额确定的迟延履行，具有可归责性。在税务稽查及延长期间内，纳税义务人始终处于税收之债迟延履行的形态之中，仍旧负担两类义务迟延履行的责任。因此，税务机关延长稽查期限的行为具有正当性。此外，税额确定义务迟延履行，纳税义务人所负担的责任为何尚不明确，视其为税收核定征收或须另外科以处罚？

当法定的税务稽查期限经过，税务机关延长稽查期限的行为则具有违法性。税务机关因怠于行使职权故意延长期限，则兼具非正当性。这便引出：因税务机关责任是否暂时停止了税收之债迟延履行形态，或者是否暂时停止了税款的占用？

从债法而言，依照《民法典》第 591 条，纳税义务人虽已违约，但税务机关作为守约方应负有防止损失扩大的减损义务（不真正义务）。若税务机关违反该义务，一则不得请求赔偿扩大损失，即延长期间的滞纳金；二则造成了纳税义务人日常生产生活的积极侵害（此处，税务机关应承担何种责任）。

因税务机关责任延长稽查期限，引起双方权利和义务状态变化。在该期间内，税务机关以权力的违法行使创设了非法的税额核定期间，中断了原先的预定期间，即因为税务机关行为延长了税收之债迟延履行的形态。对于纳税义务人而言，由其导致税收之债迟延履行形态只是被中断，在整体上并未变化。可见，从主体来看，税收之债迟延履行存在因纳税义务人责任与因税务机关责任两类。其中，特殊性在于原本应当克服纳税义务人迟延履行障碍的税务机关，反而形成了新的迟延履行类型。

最后，税务稽查期限违法延长行为作为过程性行政行为的例外，具有可诉性。主要观点认为，过程性行政行为可诉性的一类标准是具备外部效力、利害关系与必要性。[1]外部效力是指过程性行政行为的内容已告知于相对人，形成外部效力；利害关系是指对相对人的权利义务产生明显的实际影响；必要性指无法通过其所辅助的最终行政行为以诉讼方式进行救济。第一项要件来源于成熟原则，第二项、第三项要件确立于最高人民法院的指导判例。[2]

税务稽查期限违法延长的案件均可符合上述要件。其一，符合外部效力要件，纳税义务人基本是在收到处罚决定书或事前的告知书时提起诉讼的，其在先前即被告知税务稽查期限的延长；其二，符合实际影响要件，延长期间较长将对日常生活与滞纳金计算产生一定干扰；其三，符合必要性要件，通过紧密相连的税务行政处罚行为也无法进入司法审查，已然用尽救济手段。因此，税务稽查期限违法延长行为作为过程性行政行为，在一定条件下具有可诉性。

2. 构造税务稽查期限不当延长的抵抗权制度

抵抗权通常指人民所拥有的、在必要时对其国家法律所产生之义务采取不服从以及抵抗行为的权利。[3]抵抗权的目的在于赋予公民特定条件下的抵抗权以防止政府专政，维护自由民主的宪政秩序。[4]抵抗权经历了从政治学到宪法，再到行政法的转变，侧重点从反抗专制政府到抵抗危害宪政秩序的公权力，再到抵制行政决定设置的义务。在部分西方国家，宪法视域下的抵抗权条款大多数已在行政法律体系中得到了很好的制度落实，并且在行政法治实践中运用。[5]伴随行政抵抗权的制度化，其保护个体权

---

[1] 王菁，宋超. 过程性行政行为的可诉性考量 [J]. 南通大学学报（社会科学版），2019（4）：67-74.

[2] 参见最高人民法院2016年指导案例第69号：王明德诉乐山市人力资源和社会保障局工伤认定案。

[3] 宫泽俊义. 宪法（Ⅱ）法律学全集 4[M]// 陈新民. 德国公法学基础理论. 济南：山东人民出版社，2001：603.

[4] 陈新民. 德国公法学基础理论 [M]. 济南：山东人民出版社，2001：603；朱孔武. 论"抵抗权"的三个维度 [J]. 环球法律评论，2007（1）：21-24.

[5] 谭宗泽. 反思与超越：中国语境下行政抵抗权研究 [J]. 行政法学研究，2010（2）：49-58.

利的作用逐渐凸显。

但是，行政抵抗权的适用具有严苛的条件。其在运行中具有以下困境：其一，相对人较难理解、判断无效行政行为并适用行政抵抗权；其二，行政行为公定力和强制力的制约将阻碍抵抗的有效性；其三，与抵抗权相对应的责任不明。[1] 对此，税务稽查延长期限的抵抗权存在微妙的差异。其侧重于程序义务的实现性、救济途径的功能性及现实效果的辅助性 [2]，也并非单独衡平国家征税权的手段。

若税务机关延长长度与期限明显不符明文规定，形成有瑕疵或无效的行政行为，则触发了纳税人要求税务机关履行程序义务或诉诸司法路径的开关。该抵抗权旨在维系强制性规范的秩序脉络并承接纳税人的期限利益，规范行政自由裁量权的恣意空间。可见，税务稽查延长期限的抵抗权，最终表现为复议或诉讼中的一项请求，弱化了行使权利的难度与责任，强化了抵抗的正当性与合理性。

可设立我国税务稽查延长期限的抵抗权制度，让纳税人及时自主地避免不当延长行为对自身权益的侵害。在美国，纳税人可以有条件地拒绝缴纳超过规定所欠税款的抵抗权。[3]《美国国内收入法典》还规定，除非经纳税人同意延长，检查账簿和档案的期限在填报纳税申报单到期日起的 3 年内进行。[4] 此外，也可参照《税收征管法》第 59 条，对未出示检查证予以拒绝的权利，构造税务稽查期限延长的抵抗权制度，对有瑕疵或无效的延长行为，纳税人具有要求税务机关行使程序义务（如出示延期决定）并复议或诉讼的权利。

---

[1] 王锡锌. 行政行为无效理论与相对人抵抗权问题探讨 [J]. 法学，2001（10）：16-20.

[2] 抵抗权制度的辅助性体现在其需要相关制度的协调配合方得落实。详见唐艳秋，于文豪. 论行政相对人抵抗权的程序性与制度化 [J]. 山东社会科学，2010（7）：117-120.

[3] 施正文. 略论税收程序性权利 [J]. 税务与经济（长春税务学院学报），2003（1）：42-46.

[4] 李锐，李堃. 美国国内收入法典——程序和管理 [M]. 北京：中国法制出版社，2010：437.

3.构建税务稽查期限不当延长的抗告诉讼制度

抗告诉讼是日本行政法上的诉讼类型之一，系指"对行政机关违法行使公权力的行为不服而提起的诉讼"[1]，其属于主观诉讼，意在维护当事人的主观权益。[2]抗告诉讼存在四种类型，其中的行政行为撤销诉讼、裁决撤销诉讼与无效等确认诉讼是请求除去由于公权力行使而引起的违法性或者确认无效等的诉讼；不作为违法确认诉讼则是请求确认应作出某种行政行为但不作出违法的诉讼，准用行政机关存在首次判断权[3]时的诉讼的相关规定。这四种类型的诉讼被称为法定抗告诉讼。

此外，还存在其他类型的抗告诉讼，即法定外抗告诉讼或者无名抗告诉讼，系从学说和判例发展而来，具有灵活填补法律漏洞的功能。这两类抗告诉讼在维系安定性的同时，又能衡平法律价值之间的关系，逐渐减少实在法与社会需求的落差。

与抵抗权相同，抗告诉讼也是以辅助的方式实现当事人的救济权利，但两者在具体的方式上有所不同。抵抗权侧重权利行使的即时性，强调当事人在行政机关出现法定程序或义务上的瑕疵、缺失时，能够暂时自行救济。而抗告诉讼侧重权利行使的保障性，强调原告具有较为广泛的诉权，衔接并实现救济功能。

税务稽查期限不当延长的抗告诉讼尤其是无效等确认诉讼、不作为违法确认诉讼，能够明确相对人的诉权，有效地针对当前司法环节中审而不判的现象。若抗告诉讼成为税收征管程序的一环，亦应当遵循税收法定主

---

[1] 中西又三.日本行政法 [M].江利红，译.北京：北京大学出版社，2020：214.

[2] 参见马怀德.完善《行政诉讼法》与行政诉讼类型化 [J].江苏社会科学，2010（5）：110-116；赵清林.类型化视野下行政诉讼目的新论 [J].当代法学，2017（6）：64-74.

[3] 行政首次判断权理论是指法院在司法审查的过程中，应尊重行政机关对行政事务作出优先判断及处理的权力.详见黄先雄.行政首次判断权理论及其适用 [J].行政法学研究，2017（5）：113-123.

义原则，以明文规定 [1] 为前提。在纳税人行使延长抵抗权后，税务机关依然违反规定超出法定期间进行稽查，则可以申请行政复议或提起行政诉讼。参照《行政复议法》（征求意见稿）第 12 条第 6 项规定，对权利义务不产生实际影响的行为不属于行政复议的范围，税务稽查期限延长违反法律超过期限，影响滞纳金缴纳，具有可复议性。若税务机关违法突破税务稽查期限或不作出（出示）延期等决定，则相对人可诉诸法院，确认延长税务的稽查行为存在瑕疵或者无效。因税务机关的这类行为导致税务行政处罚中滞纳金期间的延长，法院或复议机关应当认定延长无效，而违法延长期间的滞纳金不应由相对人承担。

4. 设立税务稽查期限不当延长的税款滞纳金停止计算制度

依据《税收征管法》第 32 条，税款滞纳金的起算日期为应缴纳税款期限届满之次日，结束日期为实际缴纳税款之日。加收税款滞纳金的要件有三：一是相对人负有税款给付义务；二是相对人未按照规定期限履行税款给付义务；三是税款征收机关已经履行了告知义务。[2] 可见税款滞纳金的计算期间是以纳税人未依法实际履行税款给付义务为起算点，实际履行为结算点，该期间也是纳税人履行税款给付义务的补充期间。如果纳税人对作出税务行政处罚后的税款滞纳金予以确认即可进行缴纳。根据规范性文件，税务稽查期限的相关节点未予说明。税务稽查期限是始于税务机关作出检查决定还是出示税务检查通知书，是终于税务机关作出税务处理决定还是相对人收到税务处理文书，并不可知。而且在裁判文书当中，检查与审理阶段只能从案件的移交区分，这也并非准确的时间节点。

---

[1] 行政诉讼类型的规范模式应当坚决采取"明定主义"的模式。详见章志远. 行政诉讼类型化模式比较与选择 [J]. 比较法研究，2006（5）：87–101.

[2] 张峰振. 税款滞纳金的性质与法律适用：从一起税款滞纳金纠纷案谈起 [J]. 河北法学，2015（19）：8–106.

（1）税务稽查期限的起始点、结束点之厘定

在学理上，有关时效的起算可分为三种类型[1]。一是主观说，从权利人知道或应当知道权利产生之时起算，其倾向于对权利人的权利保护，侧重权利的时间存在性。二是客观说，从权利发生之时起算。这一类型更偏向于法之安定性考量，侧重权利的行使性。三是折中说，混合主客观两说，采用双重的起算时间节点。例如我国《民法典》第564条规定，既无约定也无法定的解除权行使期限，自解除权人知道或者应当知道解除事由之日起一年内不行使或者经对方催告后在合理期限内不行使的，该权利消灭。这同时兼顾了双方的利益保护。

税务稽查分为选案、检查、审理与执行四阶段。从征税权、纳税人权利的配置观之，税务稽查权作为征税权的一类在此时是抽象的。但当其开始针对特定案件着手时便具象化，即在选定所准备稽查的案件时，是具体的税务稽查权产生之际，其权力的时间存在性由此展开。若依主观说税务稽查期限的起点为选案之时，税务机关此时知晓其具体权力已经产生。当税务机关开始检查，搜集证据、认定事实、确定税额并作出处罚时，才真正地行使了核课权力，权力的行使方才体现。因此，检查阶段的开始是税务稽查权的发生之时。若依客观说，税务稽查期限的起点为检查人员出示证件与通知书的检查之时，税务机关核课职能于此刻才进行现实的行使。从双方利益保护的角度而言，若采主观说，则对税务机关更为有利，但弱势地位之相对人因无法确定选案的确切时间，对其更为不公。因此，应当以检查之时作为税务稽查期限的起算点。而检查阶段的开始，又可分为税务机关作出检查决定时与出示税务检查通知书时，前者相较于出示时，尚需送达，特征与选案之时相类，故当以出示税务检查通知书时为税务稽查期限的起算点。

---

[1] 朱岩.消灭时效制度中的基本问题：比较法上的分析——兼评我国时效立法 [J].中外法学，2005（2）：156-180.

税务稽查期限包含检查审理阶段，结束应在案件审结之时，又可分为税务机关作出税务处理决定时与相对人收到税务处理文书时。税务稽查权于期限结束时产生权力消灭与核课形成效果，其时间存在性与权利行使性同时消灭，故无侧重之比较。作出决定时相较于收到文书时，税务处理文书尚需送达，相对人还未受到确定与形成效力影响，因此税务稽查期限终于收到文书时更为准确。综上，税务稽查期限起始于税务人员出示税务检查通知书时，终止于相对人收到文书时。

（2）税务稽查期限不当延长的核课障碍应适用期间停止制度

停止是与德国民法上中止相似的制度，偏重于债权人的保护。停止的事由包含协商、拒绝给付权及不可抗力等。[1]发生停止事由，时效停止计算并将该期间排除于时效之外，不予计入。从丰达案来看，税务稽查期限处于应缴纳税款期限届满之次日至实际缴纳税款之日当中，与税款滞纳金计算期间存在部分重合。税款滞纳金的本质应当是占用税款的时间成本补偿。在由税务机关形成的核课障碍期间，虽未停止相对人占用税款的行为，但该障碍不可归责于相对人，且对相对人不具有履行确定义务之期待可能性，形成了对相对人税款滞纳金加收的阻却事由，应当由其自身承担障碍期间经过之效果。前述由相对人形成的核课障碍，对国家造成损害的有请求损害赔偿的余地。而在克服形成障碍过程中因税务机关责任导致相对人损害，相对人能否请求赔偿？若能，则双方之请求权又当如何变化？对此存在进一步探讨空间。

因此，当采用停止制度，将因税务机关导致税务稽查期限延长的核课障碍纳入停止事由之中，产生相对人得拒绝给付停止期间滞纳金之效果。此类核课障碍的停止期间应起于延长决定作出之时，终于相对人收到文书

---

[1] 参见《德国民法典》第203条至第208条规定。

时，不再计入税务稽查期限当中，税款滞纳金的计算亦同。对于现行立法规范，建议增设"因税务机关的责任，致使纳税人、扣缴义务人多缴滞纳金的，纳税人、扣缴义务人可以要求税务机关退回"等条款。总之，应当设立税务稽查期限延长的税款滞纳金停止计算制度，将停止期间适用于不当延长行为，以体现程序及时性原则制约。

六、结语

经前述分析发现：一是核课权的形成权能侧重在对税收协力义务的影响，因核课障碍变化延长税务稽查期限将加重纳税人的负担，表明税务稽查延长期限是一类特殊除斥期间；二是构成要件分为经过延长期间，克服核课障碍与实现核课结果，分别体现了法的安定性、正义与合目的性价值，正当延长与否取决于要件的成立；三是延长期限的类型为各价值间关系变化的表现，不同情况下考量的价值及要件将增加相应的权重；四是核课障碍体系的构建是解决税务稽查延长期限在应然与实然冲突中的关键点，否则仅凭抵抗权制度、抗告诉讼制度与期间停止制度等，亦难以弥补法效力上的瑕疵。然而，所采用的实证研究方法，案例数量过少，且比较研究等方法也限于个人能力与客观条件的限制，无法对税务稽查期限延长的核课障碍体系予以系统梳理，至多作出了片面共同核课障碍的提炼，概括因税务机关责任延长期限的情况，而对于税收协力义务在核课期间的消灭时效说与除斥期间说中的内容仍有进一步展开的空间。此外，若将债务关系说延伸到因税务机关责任形成的损害，则减损义务（不真正义务）能否成立，有无必要？此类违反减损义务的行为又能否有别于履行不能、履行迟延等而称之为"不真正给付"？减损义务能否以谦抑立场在事实上保障纳税人权益并引入税法？诸此种种，仍有较大的探究余地。

| 第八章 |

实质课税原则适用的学界论争、司法态度与规范再造 *

导语

作为一种非常态状况下税法条款的解释与适用原则，税务机关经由经济实质标准来防范纳税人逃避纳税义务，从而保障国家财政利益与实现公平分配税收负担之目标。但该原则的适用会从形式上破坏税收法定原则下所确定的税收制度的合法性与正当性，进而侵害纳税人的合法权益。因此，为克服此种因课税要件的形式与实质相分离所带来的矛盾与冲突，保持国家税收利益和纳税人合法权益之间的平衡，税务机关交易性质认定权的行使必须恪守比例原则，实质课税原则的适用范围应限制在课税要件的认定、无效或者即将无效法律行为、违法行为以及避税行为等专门领域，而且税务机关适用该原则时应承担主要的举证责任，纳税人仅履行相应的协力义务。

一、问题的提出

实质课税原则（学界又叫实质课税主义，德国税法规范上称之为经济观察法）[1]，是指对于某种情况不能仅根据其外观和形式确定是否应予课税，而应根据实际情况，尤其应当注意根据其经济目的和经济生活的实质，判

---

* 此部分内容由田开友与袁杨合作完成，纳入本书时略有修改。

[1] 有学者认为，实务上常用的"实质课税原则"本质上不应成为原则，而应以"经济观察法"代之，亦即"实质课税原则"其实是个例外，不应以"原则"称之。参见李惠宗 . 税法方法论 [M]. 台北：元照出版有限公司，2021：66.

断是否符合课税要素，以求公平、合理和有效地进行课税。[1]实质课税的"实质"是透过法律形式、根据经济实质来重新考量税收构成要件，是税务机关征税权扩张的另一种方式。在规范层面，我国实质课税的适用依据主要散见于《税收征管法》[2]、《企业所得税法》[3]、《增值税暂行条例》[4]、《消费税暂行条例》[5]和国税总局发布的《特别纳税调查调整及相互协商程序管理办法》[6]等法律文件中。作为一种例外、非常态的税法条款解释与适用原则，税务机关虽然可以根据特定经济实质标准来防范纳税人滥用私法逃避纳税义务，从而有效保障国家财政利益以及促进税收负担的公平分配，但实质课税原则所隐藏的税务机关裁量权的扩大使得人们对于税务机关适用实质课税原则进行认定交易性质的行为也产生了质疑。

二、税务机关适用实质课税原则的理论争议

实质课税原则自诞生以来，学术界既有基本意旨、理论依据、功能定位与税收法定原则的冲突等诸多宏观层面的分歧[7]，也有交易定性权、适用范围、程序规则以及举证责任等微观（适用）层面的争议。由于现行税收法律制度对此的规定较为抽象，学者们对于相关的问题也存在着不同的见解。本

[1] 刘剑文，熊伟.税法基础理论[M].北京：北京大学出版社，2004：155.

[2]《税收征管法》第35条第6款规定，纳税人申报的计税依据明显偏低，又无正当理由的，税务机关核定应纳税额的具体程序和方法由国务院税务主管部门规定。第35条规定企业或者外国企业在中国境内设立的从事生产、经营的机构、场所与其关联企业之间的业务往来，应当按照独立企业之间的业务往来收取或者支付价款、费用；不按照独立企业之间的业务往来收取或者支付价款、费用，而减少其应纳税的收入或者所得额的，税务机关有权进行合理调整。

[3]《企业所得税法》第六章规定了"特别纳税调整"，第41～44条调整关联企业交易，第45条调整受控外国企业设在低税率国家不作利润分配或减少利润分配的情况，第46条是关于资本弱化的应纳税额调整，第47条是关于反避税的一般性条款。

[4]《增值税暂行条例》第7条规定，纳税人销售货物或者应税劳务的价格明显偏低且无正当理由的，由主管税务机关核定其销售额。

[5]《消费税暂行条例》第10条规定，纳税人应税消费品的计税价格明显偏低且无正当理由的，由主管税务机关核定其应税价格。

[6]《特别纳税调查调整及相互协商程序管理办法》全文对关联交易等特别纳税调整事项进行了详细的、具有可操作性的规定。

[7] 闫海.绳结与利剑：实质课税原则的事实解释功能论[J].法学家，2013（3）：14-23+175.

章从中提取出交易定性权、适用范围以及举证责任这三方面的争议予以探讨。

（一）税务机关经由实质课税原则认定交易性质的争议

当法律形式与经济实质存在差异时，税务机关通过实质课税原则的形式突破表面呈现出的法律状态，从交易活动展现的真实经济行为出发，从而弥补税收法定主义所带来的滞后性等影响税收秩序的缺憾。税务机关对交易性质的不同认定影响着后续的一系列操作，是适用实质课税原则的基本前提。对于税务机关认定交易性质这一问题，学者们有着不同的看法，大致可以分为以下三种情形：

一是赞成说，即认为税务机关具有交易性质认定权。学者们从相关法律的条文展开，税务机关拥有实质课税权，能够进行交易定性，如卢庆亮从实质课税原则在我国立法中的规定出发，明确了税务机关在涉及特别纳税调整方面拥有税收核定的权力。[1] 姜美、何长松认为我国在一些法律条文内容中融合了实质课税原则的主要精神，同时在不同程度上赋予了税务机关运用实质课税原则的权力。[2] 刘映春认为我国《税收征管法》规定了税务机关有权核定纳税人应纳税额的权力，这是贯彻实质课税原则的体现。[3]

二是否定说，即认为税务机关不具备交易定性权。李金艳认为，西方国家的普遍原则，纳税人有权利用法律漏洞实现税收最小化，当税法模糊不清时，通常都对模糊之处作出有利于纳税人的解释。[4] 胡巍认为，如果税法有不确定性，存在漏洞，纳税人有权依法趋利避害，法律应当认可纳税人为最小化税负所作的安排。[5]

三是折中说，即税务机关是否具有交易性质认定权要视具体情况而定。

[1] 张婉苏，卢庆亮. 特别纳税调整"一般条款"之法律解读——以税收法定主义和实质课税原则为视角 [J]. 苏州大学学报（哲学社会科学版），2010（4）：77-81.

[2] 姜美，何长松. 我国实质课税原则的立法建议 [J]. 江西社会科学，2013（9）：159-164.

[3] 刘映春. 实质课税原则的相关法律问题 [J]. 中国青年政治学院学报，2012（1）：113-120.

[4] 李金艳，陈新. 国际税收关系中的法治 [J]. 国际税收，2020（1）：14-19.

[5] 胡巍. 如果税法不明确，利得应归纳税人所有 [N]. 中国税务报，2019-12-24（7）.

日本学者吉良实认为，税务机关进行交易定性应当满足法律形式或名义或外观等与真实的事实或实态或经济上的实质有不一致、以法律形式课税无法实现租税公平主义以及无法获取具体而妥当的结果、税务机关应主张以及举证上述两种情况存在；[1]有学者认为还包含应证明纳税人为实质经济利益享受者。滕祥志认为，交易形式和交易实质并非总是一致，在产生"形—实"冲突或者"名—实"冲突的场合，需要坚守税法的实质正义即税法实质课税原则来把握交易定性。[2]从学者的观点来看，税务机关拥有交易认定权是有一定的法律基础的，对于这方面的争议不多，更多的是通过案例的方式展现出来，个案性很丰富，对抽象性的总结设置了困难。

（二）税务机关适用实质课税原则的范围争议

实质课税原则的地位如何至今存在着争议，是作为基本原则存在还是作为一般原则存在，各有利弊，但是不可否认，实质课税作为规制契约自由的一种手段维护了国家税权，保障了其他纳税人的合法权益。但是，实质课税原则的适用是有限的，否则就会造成税务机关借实质课税之名行滥权之实。理论界对于实质课税的适用范围也存在着不同的观点：

一是中范围说，适用范围有限即适用哪些具体范围。黄茂荣认为实质课税原则的适用范围包括：税捐客体存在与否（包括税捐客体的定性、违法或无效法律行为是否课税）、税捐客体的范围（即税基的计算）、税捐客体的归属、税捐主体资格的有无认定。[3]陈清秀认为，经济观察法在事实认定方面的个别适用类型有：税捐客体的经济上归属、税捐客体的核实认定、无效法律行为满足课税要件的课税、违法或者违反善良风俗行为满足课税要件的课税以及税捐规避行为的否认。[4]陈敏认为，实质课税用于法律行为

---

[1] 吉良实. 实质课税主义（下）[J]. 郑俊仁，译. 财税研究，1976（5）：131.

[2] 滕祥志. 税法的交易定性理论 [J]. 法学家，2012（1）：95-107.

[3] 黄茂荣. 税法总论（第一册）——法学方法与现代税法 [M]. 台北：台湾植根法学丛书编辑室，1994：405-450.

[4] 陈清秀. 税法总论 [M]. 台北：元照出版有限公司，2010：205-223.

违反规定、公序良俗或基于其他原因而归于无效。[1]刘剑文、熊伟认为，实质课税原则可以具体应用于违反情形规定或善良风俗的行为、存在瑕疵的行为、心中保留或虚伪表示的法律行为和虚伪的事实行为以及经济财产的归属。[2]熊晓青认为，实质课税原则解决实质与形式不符的问题包括三类：第一类是无效行为，即虚假、虚拟行为和违法或者违反善良风俗的行为；第二类是纳税人交易定性错误问题，主要是指纳税人对其交易本身的定性，交易的数量（价格）、交易所产生的所得之定性归属定位等错误，需要税务机关纠正的情形；第三类是纳税人与其他当事人约定的权利义务履行出现瑕疵的情况。[3]徐阳光认为，实质课税原则适用的领域主要包括纳税主体资格的确认、税收客体的归属、征税客体的合法性、无效和可撤销行为的税务处理、税收规避防范等方面。[4]闫海认为实质课税原则适用的领域通常包括在课税客体的经济上归属、课税客体的核实认定、违法或违反善良风俗行为满足课税要件的课税、无效法律行为满足课税要件的课税和税收规避行为的否定。[5]滕祥志认为实质课税原则适用的范围具体认定为纳税主体、税收客体（有无、定性及其量化）、税收特别措施条件是否成立、税收管辖权的归属，等等。[6]吕铖钢、张景华认为适用范围包括认定课税要件事实、解释与适用相关税收法规、判断税捐主体、判断税捐客体、判断所得归属、否认税捐规避。[7]贺燕认为，实质课税原则适用于税收要件认定的各个方面，通过将按照交易形式或者私法规定在表面上不能归属于课税要件的情形，

[1] 陈敏. 税法总论 [M]. 台北：新学林出版有限公司，2019：182-185.

[2] 刘剑文，熊伟. 税法基础理论 [M]. 北京：北京大学出版社，2004：160-161.

[3] 贺燕. 实质课税原则的法理分析与立法研究——实质正义与税权横向配置 [M]. 北京：中国政法大学出版社，2015：104.

[4] 徐阳光. 实质课税原则适用中的财产权保护 [J]. 河北法学，2008（12）：44-50.

[5] 闫海. 绳结与利剑——实质课税原则的事实解释功能论 [J]. 法学家，2013（3）：14-23.

[6] 滕祥志. 税法的交易定性理论 [J]. 法学家，2012（1）：95-107.

[7] 吕铖钢，张景华. 实质课税原则的路径重塑 [J]. 税务研究，2018（1）：81-86.

按照税法的目的，纳入税法的调整范围，以实现实质主义。[1]

实质课税的适用除外情形，黄茂荣认为，基于稽征经济原则，税法以类型化标准课税的情形，可以不适用于实质课税原则；熊晓青认为，实质课税的例外在于税收优惠、定额征收和核定征收；贺燕认为，实质课税原则的适用例外情形主要是税法类型化和推定征税。

二是小范围说，实质课税原则仅适用某一种行为，有学者建议在个人所得税申报过程中实行实质课税原则，以消除广大纳税人不愿纳税的心理不平衡状态；[2]张婉苏、卢庆亮认为实质课税原则适用于特别纳税调整；[3]姜美、何长松认为对实质课税原则的具体要求是对各种规避税法的行为进行禁止和打击；[4]刘映春认为可以通过"特别纳税调整"规制纳税人试图利用合法的法律形式来减少本应负担之税负、具有明显的规避意图几种典型行为；[5]张晓婷认为征税机关基于反避税目的进行纳税调整，从而保障实质课税原则的适用。[6]从上述争议可以发现，学者们对于实质课税的适用范围围绕在事实认定方面或者税法解释中，对于实体的研究较多，程序方面的研究很少，即使有程序上的研究，研究的范围也较为狭窄，没有体系化。

（三）税务机关适用实质课税原则的举证责任争议

学界对税务机关适用实质课税原则举证责任存在不同的看法，根据税务机关承担责任的多少，可以将税务机关的举证责任分为主次说和区分说。

持主次说的学者认为，税务机关适用实质课税原则进行课税，税务机

[1] 贺燕. 实质课税原则的法理分析与立法研究——实质正义与税权横向配置 [M]. 北京：中国政法大学出版社，2015：10.

[2] 吴晓红. 论实质课税原则在个人所得税全员申报中的运用 [J]. 江淮论坛，2013（2）：131-135.

[3] 闫海. 绳结与利剑：实质课税原则的事实解释功能论 [J]. 法学家，2013（3）：14.

[4] 张婉苏，卢庆亮. 特别纳税调整"一般条款"之法律解读——以税收法定主义和实质课税原则为视角 [J]. 苏州大学学报（哲学社会科学版），2010（4）：77-81.

[5] 刘映春. 实质课税原则的相关法律问题 [J]. 中国青年政治学院学，2012（1）：113-120.

[6] 张晓婷. 实质课税原则的制度实现——基于企业所得税法文本的考察 [J]. 财贸研究，2010（5）：138-144.

关要承担主要的举证责任，纳税人承担次要的举证责任即协力义务。基于法律的规定，客观举证责任的分配的原则，一般都认同税务机关对课税原因事实或增加税负的事实负举证责任，纳税人就减免的事实负举证责任。当事人主张有利于自己的事实的，就其事实负有举证责任。原则上税务机关负举证责任，但纳税义务人未尽协力义务致调查困难或花费过多时，降低其证明程度；基于税收法律法规规定进行法律上的事实推定，纳税人原则上就税捐机关征收的限缩、减免负举证责任。[1]税法上出于征税效率考虑，有大量的类型性规定和法律的拟定及对意思表示的推定，可能无举证的必要，除非根据税法的规定及目的，纳税人有权举证进行推翻的除外。[2]客观举证责任分配的例外：纳税人如对证据有破坏妨碍等情况，亦即事实阐明在其负责范围内，其有阐明并期待者，负举证责任；[3]有学者认为，税务机关要对课税事实的非真实性承担举证责任，合理规定纳税人的协力义务，避免举证责任倒置；[4]有学者认为，通常情况下，纳税人为维护其自身合法权益，可以提出相反的证据以资主张，而税务机关对其进行特别纳税调整的具体行政行为则负有完全的举证责任，必须以充足适当的证据证明其对纳税人进行特别纳税调整的合理性，否则就需要承担举证不能的后果。[5]

而区分说认为，税务机关适用实质课税原则进行课税，举证责任应根据不同情形负举证责任，金子宏主张，根据利益状况对由税务机关负举证责任进行修正，对于特别经费，在很多场合应被认为举证责任在原告方。[6]有学者认为，在确定举证责任的具体情形时，应当立足于税务案件所具有

[1] 翁武耀. 论税收诉讼中举证责任的分配 [J]. 中南财经政法大学研究生学报，2006（4）：150-154.

[2] 贺燕. "视同应税行为"规则的税法解析 [J]. 中国律师，2012（1）：23-25.

[3] 葛克昌. 行政程序与纳税人基本权，税捐稽征法之新思维 [M]. 台北：翰芦图书出版有限公司，2012：760.

[4] 侯卓，吴东蔚. 税基调整权的理论勘误与实践调校——以《税收征管法》第三十五、三十六条的差异为视角 [J]. 税务研究，2020（6）：14-20.

[5] 闫海. 绳结与利剑：实质课税原则的事实解释功能论 [J]. 法学家，2013（3）：14.

[6] 金子宏. 日本税法 [M]. 战宪斌，郑林根，等译. 北京：法律出版社，2004：549.

的不同特点，大量行政和经济课税的考量以及课税资料多为纳税人所掌握等。[1]肖路认为，税务机关作出行政行为涉及"消极事实"认定、在举证能力确实力有不逮时，依法要求相对人提供能够证明其主张事实的证据，并主动对其证据的效力作出评价。[2]有学者认为，纳税人如已尽协力义务，事实仍可能无法阐明，即使因未尽协力义务致证据程度降低，亦可能事实尚未阐明,此时仍需举证负担(俗称举证责任)归属作为补充。[3]有学者认为，对于纳税人具有资料提供的特殊优势的这些事项，应当发生证明责任的部分转移，适当减轻税务机关的举证责任。如果纳税人没有充分地履行协力义务，尤其是故意违反协力义务、妨碍法院调查法律事实时，税务机关将有合理理由被容许自行推定课税，而税务行政诉讼中的纳税人一方将承担诉讼主张得不到法院支持的败诉结果。[4]

从学者对于举证责任的争议可以看出，由于存在着一定的法律基础，学者们的观点较为一致，遵从相关的规定，但这些协力义务的履行，更多的是针对纳税人避税行为而言，对于存在的其他类型，很少有学者进行讨论。

三、税务机关适用实质课税原则的司法立场

现行制度设计上的缺憾使得税务机关在适用时可能存在不法侵害，致使税收公平的意义落空,但是司法层面中存在的案例会提供大致的研究方向。司法实践中对于实质课税原则的判定处于不断摸索的阶段,以"实质课税""实质重于形式""税收核定"为关键词进行搜索，经过筛选，以下面的案例最为典型。这些案件在交易定性、适用范围以及举证责任方面都作出了一定的回应。同时，借助于这些案例，也可以揭示司法机关的态度。由于案例样本

---

[1] 黄士洲 . 税务诉讼的举证责任 [M]. 北京：北京大学出版社，2004：6-18.

[2] 肖路 . 对税务行政诉讼中若干争议问题的思考 [J]. 税务研究，2019（10）：58-61.

[3] Vgl.W.Jakob, Die, Abgabenordnung, 5Aufl.2009, Rn.185。

[4] 刘剑文 . 论税务行政诉讼的证据效力 [J]. 税务研究，2013（10）：56-61.

的不全面，可能得出的结论并不一致，但总体表现了大致的趋势。

（一）对税务机关交易定性权的司法认定

交易定性是实质课税原则适用的最重要的一环，直接影响着纳税人缴纳税款的方式。为了更加直观地体现交易定性，通过对上述案例的分析，总结出结论。

表 8-1　对交易定性权的司法态度

司法态度	案号
直接认定税务机关具有交易定性权	（2012）东行初字第 239 号；（2012）深罗法行初字第 67 号；（2013）长宁行初字第 30 号；（2013）二中行终字第 116 号；（2013）深中法行终字第 73 号；（2014）宜行终字第 13 号；（2014）合行初字第 7 号；（2014）海南二中行终字第 84 号；（2014）东行初字第 10 号；（2014）淮中行终字第 0110 号；（2014)淮行初字第 0030 号；（2014）澄行初字第 10 号；（2014）朝行初字第 155 号；（2014）韶仁法行初字第 13 号；（2014）韶中法行终字第 75 号；（2015）浙杭行初字第 4 号；（2015）浙行终字第 441 号；（2015）杭拱行初字第 97 号；（2015）芝行初字第 16 号；（2015）北行终字第 6 号；（2015）行提字第 13 号；（2015）姑苏行初字第 00122 号；（2016）最高法行申 1867 号；（2016）鲁 06 行终 324 号；（2016）浙 01 行终 133 号；（2016）苏 0104 行初 23 号；（2017）浙 02 行终 322 号；（2017）浙 0212 行初 27 号；（2017）苏 0508 行初 236 号；（2017）闽 08 行终 59 号；（2017）浙 0681 行初 327 号；（2018）苏 0804 行初 81 号；（2018）浙 09 行终 86 号；（2018）最高法行申 253 号；（2018）苏 05 行终 384 号；（2018）浙 0921 行初 29 号；（2018）鲁 02 行终 67 号；（2018）浙 06 行终 440 号；（2018）最高法行申 209 号；（2019）苏 08 行终 122 号
间接认定税务机关具有交易定性权	（2012）浦行初字第 249 号；（2014）茂南法行初字第 28 号；（2015）茂中法行终字第 49 号；（2015）盐商终字第 00602 号；（2015）粤高法行终字第 685 号；（2015）清中法行初字第 1 号；（2015）文行初字第 22 号；（2016）苏 8602 行初 1521 号；（2016）浙 03 行终 198 号；（2016）浙 0327 行初 3 号；（2016）辽 1224 行初 7 号；（2016）浙 8601 行初 194 号；（2016）云 26 行终 12 号；（2017）浙 08 行终 110 号；（2017）浙 0802 行初 100 号；（2017）苏 01 行终 1120 号；（2017）苏 08 行终 161 号；（2017）浙 0624 行初 28 号；（2017）浙 08 行终 111 号；（2017）浙 0802 行初 99 号；（2017）晋 0828 行初 51 号；（2017）浙 01 行终 164 号；（2017）闽行再 6 号；（2017）鲁 0202 行初 140 号；（2018）渝 0119 行初 175 号；（2018）闽 0203 行初 192 号；（2018）晋 08 行终 3 号；（2018）闽 01 行终 732 号；2018 粤 53 行终 22 号；（2019）粤 2071 行初 797 号；（2019）渝 03 行终 81 号；（2019）闽 02 行终 121 号
否定税务机关具有交易定性权	（2013）琼行终字第 209 号；（2016）苏 01 行终 776 号

通过表 8-1 中的司法案例可以发现，司法机关在对于交易定性的判断上，可以发现法官三种惯用的思路：一是直接认定税务机关可以适用实质课税原则对交易进行定性，即直接认定税务机关具有交易定性，如陈建伟案中，法官认为税务机关依照法律、行政法规的规定征收税款系其法定职责，在征收税款过程中必然会涉及对相关应税行为性质的识别和判定，而这也是实质课税原则的基本要求。否定税务机关对名实不符的民事法律关系的认定权，不允许税务机关根据纳税人经营活动的实质内容依法征收税款，将不可避免地影响税收征收工作的正常开展，难以避免纳税义务人滥用私法自治以规避或减少依法纳税义务，从而造成国家法定税收收入流失，而有违税收公平原则。在儿童投资主基金与中华人民共和国杭州市西湖区国家税务局再审行政裁定[1]中，最高院认为原审法院通过适用《企业所得税法》第 47 条规定[2]并结合法律法规的其他规定[3]，据此强调中华人民共和国的税务机关有权依法确定涉案情形下的征税对象和征税标准，对相关企业的避税行为作出判断并予以合理调整是合法合理的。

二是间接认定税务机关可以适用实质课税原则对交易进行定性，即通过法院（法官）自身对实质课税原则的理解推断出税务机关具有交易定性权，如吴正鑫与杭州市地方税务局西湖税务分局税务行政管理二审行政判决书[4]，

[1] 本案案号为（2016）最高法行申 1867 号。
[2] 该规定为"企业实施其他不具有合理商业目的的安排而减少其应纳税收入或者所得额的，税务机关有权按照合理方法调整"。
[3] 该规定主要为《企业所得税法实施条例》第 120 条规定"企业所得税法第四十七条所称不具有合理商业目的，是指以减少、免除或者推迟缴纳税款为主要目的"和 698 号文第六条规定"境外投资方（实际控制方）通过滥用组织形式等安排间接转让中国居民企业股权，且不具有合理的商业目的，规避企业所得税纳税义务的，主管税务机关层报税务总局审核后可以按照经济实质对该股权转让交易重新定性，否定被用作税收安排的境外控股公司的存在"。该条系国家税务总局为执行《企业所得税法》及《企业所得税法实施条例》而对税务机关如何认定"不具有合理商业目的"及如何"按照合理方法调整"作出的技术性、程序性规定。税务机关在适用《企业所得税法实施条例》第 120 条的同时适用 698 号文第 6 条，具有正当性和必要性。
[4] 本案案号为（2017）浙 01 行终 164 号。

在本案中，法院以《财政部、国家税务总局关于股票增值权所得和限制性股票所得征收个人所得税有关问题的通知》（财税〔2009〕5号）第3条的规定 [1]，确定在案涉股权激励计划中，吴正鑫所获得的系股权期权，而非限制性股票。吴正鑫因高管身份离职后，所获股份受到的锁定，并非基于股权激励。

三是以实质课税原则违反税收法定主义不承认或否定税务机关可以适用实质课税原则对交易进行定性的案件，如在南京土壤仪器厂有限公司与江苏省南京地方税务局稽查局、江苏省南京地方税务局二审行政判决中 [2]，法官认为国家税务总局就《企业所得税法》第6条规定的九种形式中的第（一）项销售货物收入、第（二）项提供劳务收入应如何确认企业所得税收入的专项规定，除《企业所得税法》及《企业所得税法实施条例》另有规定外，企业销售收入的确认，必须遵循权责发生制原则和实质重于形式原则。实质重于形式原则是指企业应当按照交易或事项的经济实质进行应纳税所得额的计算。这是当一个行为的法律形式和经济性质之间有差异时如何作最后处理的原则。当经济事实和法律形式不一致时，否定其形式而重视其实质，但其适用必须要有明确的法律规定和授权。该案件中，由于缺乏法律规定及授权，所以不予适用。

（二）对实质课税原则适用范围的司法立场

税法上的实质课税原则，突破了双方之间形成的法律关系的法律形式，转向经济实质，这种方式符合量能课税原则的要求，但如果通过法律形式就能得出真正的事实，回避法律实质直接采用经济实质，就会存在滥用课税权的行为。因此，对于实质课税原则适用范围的限制，有利于保障税收

---

[1] 该规定为《财政部、国家税务总局关于股票增值权所得和限制性股票所得征收个人所得税有关问题的通知》（财税〔2009〕5号）第3条的规定，限制性股票是指上市公司按照股权激励计划约定的条件，授予公司员工一定数量本公司的股票。

[2] 本案案号为（2016）苏01行终776号。

法定主义的适用，维护法律的安定性。

表 8-2　对适用范围的司法认定

适用范围	案号
纳税客体	（2012）浦行初字第 249 号；（2012）深罗法行初字第 67 号；（2013）深中法行终字第 73 号；（2014）西刑初字第 166 号；（2015）文行初字第 22 号；（2016）苏 8602 行初 1521 号；（2016）浙 8601 行初 194 号；（2016）云 26 行终 12 号；（2017）苏 01 行终 1120 号；（2017）苏 08 行终 161 号；（2017）晋 0828 行初 51 号；（2017）浙 01 行终 164 号；（2017）闽 08 行终 59 号；（2017）鲁 0202 行初 140 号；（2018）晋 08 行终 3 号；（2018）闽 01 行终 732 号；（2018）闽 01 行终 732 号；（2018）鲁 02 行终 67 号；（2019）粤 2071 行初 797 号
避税	（2012）东行初字第 239 号；（2013）二中行终字第 116 号；（2014）澄行初字第 10 号；（2014）合行初字第 7 号；（2014）海南二中行终字第 84 号；（2014）东行初字第 10 号；（2014）淮中行终字第 0110 号；（2014）淮行初字第 0030 号；（2014）朝行初字第 155 号；（2014）韶仁法行初字第 13 号；（2014）韶中法行终字第 75 号；（2015）浙杭行初字第 4 号；（2015）浙行终字第 441 号；（2015）杭拱行初字第 97 号；（2015）芝行初字第 16 号；（2015）北行终字第 6 号；（2015）行提字第 13 号；（2015）姑苏行初字第 00122 号；（2016）浙 01 行终 133 号；（2016）鲁 06 行终 324 号；（2016）最高法行申 1867 号；（2016）浙 03 行终 198 号；（2016）浙 0327 行初 3 号；（2016）沪 7101 行初 520 号；（2016）辽 1224 行初 7 号；（2017）苏 0508 行初 236 号；（2017）浙 08 行终 110 号；（2017）浙 0802 行初 100 号；（2017）浙 08 行终 111 号；（2017）浙 02 行终 322 号；（2017）浙 0212 行初 27 号；（2017）浙 0681 行初 327 号；（2018）苏 05 行终 384 号；（2018）最高法行申 253 号；（2018）苏 0804 行初 81 号；（2018）浙 09 行终 86 号；（2018）浙 0921 行初 29 号；（2018）苏 05 行终 384 号；（2018）浙 06 行终 440 号；（2018）最高法行申 209 号；（2019）苏 08 行终 122 号
纳税主体	（2008）嘉民二终字第 381 号；（2013）长宁行初字第 30 号；（2014）宜行终字第 13 号；（2014）茂南法行初字第 28 号；（2017）浙 0802 行初 99 号；（2017）浙 08 行终 110 号；（2018）闽 0203 行初 192 号；（2018）粤 53 行终 22 号；（2019）闽 02 行终 121 号
纳税客体的经济归属	（2015）粤高法行终字第 685 号；（2015）清中法行初字第 1 号；（2015）文行初字第 22 号；（2015）茂中法行终字第 49 号；（2016）云 26 行终 12 号；（2017）浙 0624 行初 28 号；（2017）闽行再 6 号；（2018）渝 0119 行初 175 号；（2019）渝 03 行终 81 号

通过表 8-2 中的司法案例可以发现，实践中实质课税原则的适用范围大体有四种：第一种是主要应用于纳税客体上，如淮安宝瑞祥泰汽车销售服务有限公司与淮安经济开发区国家税务局、江苏省淮安市国家税务局行

政复议二审行政判决 [1] 中，关于原告提出的涉案 30255800 元土地返还款系原告自有资金，法院根据原告与原清河区人民政府签订的《项目合同书》及《补充协议》的内容、票据开具以及相关税费缴纳情况看，认为土地返还款应作为土地交易业务之外的政府吸引企业投资的财政性资金补助。

第二种主要是避税行为，例如，在陈建伟案中，根据交易的特征以及相关证据，法院认为案涉《商品房买卖合同》仅仅是双方为了保证出借资金的安全而签订，具有一定的让与担保属性，但该交易行为也符合《合同法》第 196 条规定的借贷合同法律关系。因此，税务机关依据实质课税原则，根据当事人民事交易的实质内容自行、独立认定陈建伟、林碧钦与鑫隆公司之间实际形成民间借贷法律关系，将陈建伟收取的、鑫隆公司支付的除本金以外的 2140.5 万元认定为民间借贷利息收入。

第三种是纳税主体的确定。针对制度设计中的对于纳税主体的定义，寻求真实的纳税主体。例如，在清远市伟华实业有限公司与清远市地方税务局税务行政管理（税务）二审行政判决书 [2] 中，法官认为，依据伟华公司和多个中标公司签订的工程承包合同、合作经营合同，均明确反映其与中标公司为承包和发包关系。一审判决以伟华公司不具有建筑资质，认定伟华公司与中标公司之间不构成总分包关系，但伟华公司是否具备建筑资质，只是涉及其与中标公司签订的承包合同效力问题，并不能改变伟华公司和中标公司之间形成的承包合同关系。

第四种则是纳税客体的经济归属。

（三）对税务机关举证责任的司法态度

举证责任的认定，影响着纳税人与税务机关在司法裁判中的力量对比。了解举证责任的分配，有益于完善该原则在程序中的适用。

---

[1] 本案案号为（2017）苏 08 行终 161 号。

[2] 本案案号为（2015）粤高法行终字第 685 号。

表 8-3　对举证责任的司法态度

司法态度	案号
税务机关要承担主要的举证责任	（2012）东行初字第 239 号；（2012）浦行初字第 249 号；（2012）深罗法行初字第 67 号；（2013）长宁行初字第 30 号；（2013）二中行终字第 116 号；（2013）深中法行终字第 73 号；（2014）澄行初字第 10 号；（2014）宜行终字第 13 号；（2014）茂南法行初字第 28 号；（2014）合行初字第 7 号；（2014）海南二中行终字第 84 号；（2014）东行初字第 10 号；（2014）淮中行终字第 0110 号；（2014）淮行初字第 0030 号；（2014）朝行初字第 155 号；（2014）韶仁法行初字第 13 号；（2014）韶中法行终字第 75 号；（2015）芝行初字第 16 号；（2015）北行终字第 6 号；（2015）行提字第 13 号；（2015）姑苏行初字第 00122 号；（2015）粤高法行终字第 685 号；（2015）清中法行初字第 1 号；（2015）浙杭行初字第 4 号；（2015）浙行终字第 441 号；（2015）杭拱行初字第 97 号；（2016）浙 01 行终 133 号；（2016）苏 8602 行初 1521 号；（2016）鲁 06 行终 324 号；（2016）最高法行申 1867 号；（2016）浙 03 行终 198 号；（2016）浙 0327 行初 3 号；（2016）沪 7101 行初 520 号；（2016）辽 1224 行初 7 号；（2016）浙 8601 行初 194 号；（2016）苏 01 行终 776 号；（2016）苏 0104 行初 23 号；（2017）浙 01 行终 164 号；（2017）闽行再 6 号；（2017）闽 08 行终 59 号；（2017）浙 0681 行初 327 号；（2017）鲁 0202 行初 140 号；（2017）苏 0508 行初 236 号；（2017）浙 08 行终 110 号；（2017）浙 0802 行初 100 号；（2017）苏 01 行终 1120 号；（2017）苏 08 行初 161 号；（2017）浙 0624 行初 28 号；（2017）浙 08 行终 111 号；（2017）浙 0802 行初 99 号；（2017）晋 0828 行初 51 号；（2017）浙 08 行终 110 号；（2017）浙 02 行终 322 号；（2017）浙 0212 行初 27 号；（2018）闽 0203 行初 192 号；（2018）最高法行申 253 号；（2018）晋 08 行终 3 号；（2018）苏 0804 行初 81 号；（2018）浙 09 行终 86 号；（2018）浙 0921 行初 29 号；（2018）苏 05 行终 384 号；（2018）闽 01 行终 732 号；（2018）鲁 02 行终 67 号；（2018）浙 06 行终 440 号；（2018）粤 53 行终 22 号；（2018）苏 05 行终 384 号；（2018）渝 0119 行初 175 号；（2018）最高法行申 209 号；（2019）渝 03 行终 81 号；（2019）闽 02 行终 121 号；（2019）苏 08 行终 122 号；（2019）粤 2071 行初 797 号
纳税人协力义务	（2012）深罗法行初字第 67 号行政判决；（2013）长宁行初字第 30 号；（2017）浙 02 行终 322 号；（2017）浙 0212 行初 27 号
纳税人负主要举证责任	（2012）深罗法行初字第 67 号；（2013）长宁行初字第 30 号；（2015）茂中法行终字第 49 号；（2015）文行初字第 22 号；（2016）最高法行申 1867 号；（2015）浙杭行初字第 4 号；（2015）浙行终字第 441 号；（2016）云 26 行终 12 号；（2017）浙 0681 行初 327 号；（2018）闽 0203 行初 192 号；（2019）渝 03 行终 81 号；（2019）闽 02 行终 121 号

通过表 8-3 中的司法案例可以发现，就举证责任而言，一般情形下，都是由税务机关进行举证。在陈建伟案中，法官就认为税务机关对实质课

税原因以及应纳税所得额认定等事实负举证责任。行政审判对行政行为合法性的审查主要针对行政机关作出行政行为时所依据的证据、事实和法律规范，税务机关需要对实质课税原因以及应纳税所得额认定等事实负举证责任。

对于纳税人而言，纳税人承担两种责任，一种是负担协助义务，例如陈建伟案中，法官认为纳税义务人在税收调查、核定和征收等行政程序中，仍负有主动或应要求的协助义务，以厘清是非曲直；在浙江京桥实业有限公司与龙游县国家税务局稽查局、衢州市国家税务局其他一审行政判决 [1] 中，法官认为原告采用刻意收回并销毁已签订的合同、与建筑公司签订虚假的附属工程合同、利用非本公司账户接收款项等方式掩盖事实，且在税务自查中，仅自觉补交了部分税款，而不如实纳税申报，从而认定其为偷税行为。在厦门市全新彩钢结构有限公司与国家税务总局厦门市税务局稽查局行政复议一案二审行政判决 [2] 中，法院根据《税收征管法》及《税收征管法实施细则》中对于纳税人法定义务的规定，认为全新彩钢公司设置有记载公司真实经营情况的内部现金日记账，因部分账页被全新彩钢公司销毁，无法向税务稽查部门提供核对，且全新彩钢公司违反公司财务制度规定，存在通过公司财务人员等个人银行账户收取公司货款等行为。在全新彩钢公司无法提供相反证据的情况下，原市国税稽查局以该费用一览表作为认定全新彩钢公司2012年至2014年2月营业收入的依据，并无不当。因全新彩钢公司违反纳税人法定义务、违反公司财务制度造成税务稽查过程中取证不能导致的不利后果，应由全新彩钢公司承担。

另一种是负担主要的举证责任，在陈建伟案中，法官要求纳税人需要主张对其有利的扣除、充抵、减免的有利情节负举证责任，否则将可能承担税务机关对其不利的认定或者推定。在茂名市天普药业有限公司与茂名市国家税务局第一稽查局其他二审行政判决[1]中，法院认为双方提供的往来账簿、付款凭证以及相关发票能证实原告与高州市人民医院之间确实存在购销关系，高州市人民医院已将全部货款打入原告茂名市天普药业有限公司在中国银行茂名分行的账户。原告提供的《药品暂代保管协议书》、高州人民医院提交茂南区国税局的《证明》等材料能证明原告、高州市人民医院与邱建朝等人这三方之间存在交易往来，但不足以证实涉案的交易存在于邱建朝等医药代表与高州市人民医院之间。因此被告茂名市国家税务局第一稽查局主张原告茂名市天普药业有限公司为涉案发票的纳税义务人依法有据，应予认可。在何文辉与深圳市罗湖区地方税务局行政其他一案二审[2]中，法院根据国税发〔2006〕108号《国家税务总局关于个人住房转让所得征收个人所得税有关问题的通知》第2条的规定[3]，认为何文辉以黄×在购房时存在签订阴阳合同的情况、其房地产证的登记价并非实际购置价的观点因为其无法提供真实的购房合同予以证实，且该登记价已经由房地产权登记部门认可，故罗湖地税局按照房地产证上记载的价格予以减除并无不当。

四、法治进程中税务机关适用实质课税原则的立法规范建议

从案例的分析可以发现，司法机关对于实质课税原则的运用仍然以税法的相关规定为主，每一个案件背后都夹杂着公共利益与私人利益的衡量。虽然法官对于该类案件的评判有共性也有差异，但都为立法提供了向导，在此基础上进行立法的完善更为妥帖。因此，借鉴上述的司法裁判，对实质课税原则的适用提出相应的完善建议。由于我国尚未出现《税收总则》，

[1] 本案案号为（2015）茂中法行终字第49号。

[2] 本案案号为（2013）深中法行终字第73号。

[3] 该规定为对住房收入计算个人所得税应纳税所得额时，纳税人可凭原购房合同等有效凭证，经税务机关审核后，允许从其转让收入中减除房屋原值。

目前的使用状况主要是有明文规定的依照明文规定，没有规定的则通过援引《税收征管法》以及各税种法的相关条文并对此进行税法上的解释。鉴于我国立法制度的滞后性，可以在这次《税收征管法》修改过程中，增设实质课税原则条款，明确实质课税原则的内涵，规定实质课税原则的适用限制，完善税务举证责任。

（一）税务机关行使交易性质认定权的比例原则之引入

比例原则指行政主体实施行政行为应兼顾行政目标的实现和保护相对人权益，如果行政目标的实现可能对相对人权益造成不利影响，则这种不利影响应被限制在尽可能小的范围和限度之内，二者有适当的比例。依照一般通说，比例原则至少包含三部分：适当性原则、必要性原则以及狭义比例原则。[1]适当性原则又称为合目的性原则，行政机关在限制公民的基本权利时，需要符合宪法规定的目的。必要性原则即侵害最小原则，行政机关在必须侵害公民权利的前提下，选择使用侵害最小的手段。狭义比例原则也可以称为过度禁止原则，对于基本权的侵害结果必须符合其所欲达成的目的的比例。"比例原则是拘束行政权力违法最有效的原则"，正是基于这一强大的功能，比例原则成了行政法中的"帝王条款"。[2]

比例原则在税法中同样得到广泛适用，成为一项基本原则。由于税收的无偿性，税务机关在行使职权时不可避免地对纳税人的财产权造成侵害，此时更需要对其权力进行约束。税务机关征税权的行使，涉及国家与人民两方利益权衡，尤其是在两者之间产生争议的情况下，税务机关需要通过比例原则的适用，约束自身的自由裁量权，防止双方利益的失衡，致使最终的行政行为造成不合理的结果，侵害双方。[3]因此，税务机关适用实质

---

[1] 谢世宪. 论公法上之比例原则 [M]// 城仲模. 行政法之一般法律原则. 台北：三民书局，1994：119-122.

[2] 陈新民. 行政法总论 [M]. 台北：三民书局，1995：62.

[3] 施正文. 论税法的比例原则 [J]. 涉外税务，2004（2）：26-30.

课税主义进行交易定性时需要符合比例原则，也就是说税务机关行使交易性质认定权时只有同时符合比例原则的三个要素才具有合法性，否则其行为违法。

我国台湾地区的"大法官""释字第 420 号"指出，"涉及租税事项之法律，其解释应本于租税法律主义之精神，依各该法律之立法目的，衡酌经济上之意义及实质课税之公平原则为之"。可以看出，适用实质课税原则时，税务机关不仅要受到税收法定主义的约束，同时还要遵循立法目的，受到实质公平原则的限制。从一定意义上讲，该解释已经具备比例原则的要求。从三个子原则出发，税务机关在适用实质课税原则的过程中运用比例原则时，也该满足以下要求：税务机关在适用实质课税原则进行交易定性时，所采取的手段需要符合税法的公共利益目的，即实质课税原则的运用可以提供财政资金、维护国家运作、提供公共服务与公共产品的目的；税务机关在面对整个交易活动中所展现的法律形式与经济实质不符的情况下及在多种方式可以采取的情形下，应当采用对纳税人财产权益侵害最小的手段，作出有利于纳税人的解释；税务机关在进行交易定性时，财产权的侵害与维护公共利益之间应当维持衡平的状态，不得是侵害结果远远大于财产权利的保护。在欧洲，在反避税领域运用比例原则，也是审查反避税措施的适当性和必要性。[1]

在陈建伟案中，税务机关在整个的交易活动中共涉及两次交易定性问题。第一次的交易定性是关于当事人之间形成的到底是借贷关系还是买卖关系。最高人民法院通过纠纷的解决方式、资金往来状况以及交易习惯等方面认定双方之间的合同不能为商品房买卖合同。从适当性而言，税务机关对该交易进行定性是为了防止纳税人之间借用民事关系进行避税，是符

---

[1] Zalasinski A. Proportionality of Anti-avoidance and Anti-abuse Measures in the ECJ's Direct Tax Case Law[J].Intertax，2007，35（5）：316-319.

合公共利益的目的的；从必要性来看，纳税人通过买卖合同所承担的税负比借贷形成的税负要轻，但是从经济实质的享有来看，他们通过合同形式掩盖减少税负的目的，危害了公共利益，违反了税收公平原则，最高人民法院对此进行重新认定，将交易活动的性质进行纠正，对纳税人的侵害也没有扩大；从禁止过度原则来看，为了保障国家税收利益，税务机关没有采用表面的法律形式进行课征，而是直接采用经济实质来分析判断纳税人的交易行为，因为行为在形式上仍然符合课税要件的要求，但是税收负担却减轻了，或者将自身的税收负担转移给其他的纳税人承担，这些都不符合公平的要求，这是符合该子原则的。

第二次的交易定性涉及陈建伟、林碧钦按月收取交易金额的 5% 到底应当属于哪个税目。最高人民法院认为，该金额与利息的收取习惯相吻合，陈建伟与鑫隆公司资金款项来往中多出的人民币 2140.5 万元为利息收入，属于营业税中规定的应税劳务行为中的"金融保险业"税目，依法应当缴纳营业税。从适当性原则来看，该款项的收取是为了财政收入，且以为公众提供公共服务以及公共产品为目的，符合该要素；从最小侵害性原则来看，将多出的利息收入列入金融保险业税目，是基于贷款的性质，虽然双方之间形成了借贷关系，但是陈建伟、林碧钦这两个民事主体等同于金融保险机构并不合适，将金融保险业进行扩大解释，违反了该原则，对于该利息收入的划分，应当结合实际情况；从禁止过度原则来看，将该利息收入划入金融保险业税目，使得对于财产权的侵害远远高于对于公共利益的保护，违反了该元素。

（二）税务机关适用实质课税原则的范围之明确

"所谓的'实质课税原则'正是滥用征税权力在法理上正当化的手段"[1]，

---

[1] 北野弘久 . 税法学原论（第5版）[M]. 郭美松，陈刚，等译 . 北京：中国检察出版社，2008：81-92.

如果过分强调实质课税原则的适用，"人民的经济活动将毫无预测可能性，法律秩序的安定性也势必难以维持"[1]。因此，在《税收征管法》的修改中将实质课税原则及其适用范围进行规定，限制在课税要件的认定、无效或者可撤销法律行为、避税行为以及其他等。

1. 纳税主体的确认

纳税主体在税收构成要件中的重要地位决定了它在实质课税原则的适用中也有着使用的空间。遗憾的是，在对于纳税主体地位的确认是否属于实质课税原则适用范围中的一环节时，较少数的学者支持了这一观点：滕祥志从纳税主体与交易定性的关系出发，强调行为主体的确定对于纳税客体的有无与定性存在着重要的作用；徐阳光从税收执法过程中暴露出来的有关纳税人身份确定的角度来进行探讨纳税主体确认的重要性等。不管是从理论层面还是从实践层面，实质课税原则在纳税主体这一方面都存在着发挥的余地。

纳税主体指的是在税收法律关系中承担税收债务的主体，解决的是对谁征税或者税收债务应当由谁承担的问题。[2]在民商事活动中，纳税人进行涉税交易从而产生了经济利益，此时纳税人成为该经济利益的所有人。纳税主体的确定，离不开对税收客体以及税收客体经济归属的判断。经济市场的复杂性与流动性使得税收客体在不断运动着，与各种纳税主体进行接触，产生不同的税收。税务机关在针对某一环节对税收客体征税时，就会发现存在多个可能的纳税主体。在形式上的纳税主体与实质上的纳税主体不一致的情形下，税务机关通过实质课税原则的适用，确定经济利益真实流向的人群，从而解决纳税主体的选择问题。由于纳税主体的选择问题与税收课题的经济归属存在着竞合的关系，暂不对其进行讨论。除此之外，

---

[1] 陈清秀. 税法总论 [M]. 台北：元照出版有限公司，2012：188-211.

[2] 施正文. 税收债法论 [M]. 北京：中国政法大学出版社，2009：29.

纳税主体的资格也和纳税人的税收行为能力密切相关。实践中，也出现了一些对于纳税主体资格纠纷的案件。

我国《税收征管法》第 4 条规定了纳税人的特征，即只有依法具备纳税义务的单位和个人能够成为纳税人。该条文的抽象性，给纳税人的确认带来了困难。例如，进入清算程序的企业能否成为纳税人？已经注销登记的企业能否成为纳税人？对这类特殊的主体课税是否受溯及力影响？实践中暴露出来的这类问题已经成为税务机关税收执法中的困难之处。对这类问题的探讨，不仅体现实质课税原则适用的正当性，也对构成要件的完善具有重要意义。

下面的两个例子就体现了这类主体的特殊性。在浙江京桥实业有限公司与龙游县国家税务局稽查局、衢州市国家税务局其他一审中[1]，有关的争议点便是进入清算程序的企业能否成为纳税人；而在王子银不服长宁县地方税务局稽查局《税务行政处理决定》案一审[2]中，相关的争议点便是已经注销的企业能否成为纳税人。公司的两种状态影响了双方的民事行为能力以及民事权利能力，对税法上的适用产生了争议。税法虽与民商法密切相关，税收的产生也离不开民商事交易活动，然而税法的独立性使得特定

---

[1] 本案案号为（2017）浙 0802 行初 99 号。在该案件中，原告京桥实业企业已经进入清算。针对原告企业为对象作出的处理行为的合法性，原告主张，被告对原告作出行政处理时，原告已被吊销营业执照，且已成立清算组，企业已进入清算状态，被告对被吊销营业执照的企业作出行政处罚不符合行政处罚的立案目的，企业的营业执照被吊销相当于自然人已经死亡，应该经其财产或者说遗产承担债务，但再予处罚显然没有法律依据。法院认同税务机关的决定，认为企业被吊销营业执照，企业法人依然存在，其作为民事、行政相对人的主体资格依然存在，丧失的是实施清算范围以外的活动的能力。

[2] 本案案号为（2013）长宁行初字第 30 号。在该案件中，原公司已处于注销状态。关于处理对象，原告认为"原长宁县某某镇石料厂已于 2011 年 6 月 21 日注销，主体资格不复存在"。但法院认为，税务机关作出的"长地税稽处〔2013〕7 号"《税务处理决定》中称谓"长宁县某某镇石料厂（投资人王子银）"的表述确存在瑕疵，但不影响本案的处理决定。《中华人民共和国个人独资企业法》规定投资人以其个人财产对企业债务承担无限责任的经营实体。个人独资企业解散后，原投资人对个人独资企业存续期间债务仍应承担偿还责任，但债权人在五年内未向债务人提出偿债请求的，该责任消灭。原告在收到行政处理决定书已完了追缴部分税款。

情形下税法可以脱离民商法的束缚。纳税义务的产生以课税要素的成立为标准，税法的规定可以独立于民法主体资格的要求。[1] 由此可以看出纳税人纳税义务的履行，不以具有民事行为能力作为绝对的标准，主要看纳税人是否存在实际的经济收入。对于这类特殊的情况而言，只要纳税人有纳税能力，能够承担起相应的税负，符合量能课税原则的要求，不管其私法地位如何，都能够进行实质课税。

需要注意的是，在实践生活中出现了一批约定纳税义务承担的案例[2]。这些案例中，纳税义务人将自身需要履行的纳税义务转移给第三人，由第三人成为实际的承担者。第三人认为这种约定纳税义务的方式违反了实质课税原则，请求法院确认真实的纳税主体。最终，法院凭借着规范中对于纳税人的规定，否定了这种约定纳税义务承担的案例。借由这些案例，不禁会让人思考：这种类型的案件是否应当适用实质课税？"纳税主体所享有的权利来自私有财产的让渡，即财产权的丧失或者可以理解为一种托管"[3]，纳税人以自身财产权的丧失作为权利的对价，纳税人可以在法律的框架内遵循契约自由。只要双方的契约自由不以滥用从而达到避税的效果，该约定就是合法有效的，不需要实质课税原则对此进行适用。有学者担心通过这种方式转移纳税义务，会违反税收正义。实际上，纳税人与第三人签订的合同是建立在双方意思自治的基础上，双方当事人对于该内容有充分的了解和磋商的机会，因此也就不存在税务转嫁的危险。一旦运用实质课税进行严格的界定，双方之间存在的约定纳税义务的条款无效，当事人之间存在的交易也可能被打破，在第三人已经缴纳税款的情形下，税务机

---

[1] 刘剑文. 税法学 [M]. 北京：人民出版社，2003：311.

[2] 这些案例分别为（2017）粤04民终1499号、（2015）盐商终字第00602号、（2017）闽01民终4074号、（2008）嘉民二终字第381号、（2017）粤06民终12475号、（2014）中二法古民一初字第22号。

[3] 刘剑文. 纳税主体法理研究 [M]. 北京：经济管理出版社，2006：47.

关需要进行退税，并且第三人无法以自身的名义要求退税，第三人的权益无法得到保障。

2. 税收客体的确定

税收客体解决的是对什么对象征税的行为。在理论上，税收客体的对象被分为消费、所得、财产等，这种分类的方式在一定程度上明晰了税收客体的分类标准，在此基础上的税收客体可以明显地区分出来。然而，在稽征便利、政策衡量等多方面因素的影响下，税收财产转化为税收客体的时候无法做到一一对应，使得税收客体的确定变得复杂。[1] 除此之外，税收客体的不同处理方式、税率、享受的抵扣政策等的不同，也为税收客体的确定增添了难度。[2] 基于此，学者们对于税收客体的确定适用实质课税原则持赞同的态度。

实质课税原则在税收客体的确定包括了税收客体的有无以及性质问题。税收客体的有无，针对的是纳税人是否存在应税行为或者产生了应税收入。福建省固体废物处置有限公司诉闽侯县国税局税务其他行政行为、福州市国税局行政复议一案 [3] 中，对于"原告从事垃圾处置业务是否属于增值税应税劳务范畴"的问题，法院借由《中华人民共和国增值税暂行条例》第一条加工的含义 [4] 以及"财税〔2011〕115 号"文件第二条对垃圾处理的界定 [5]，认为原告主营的垃圾处置业务属于加工类应税劳务范畴，只是因为

---

[1] 刘剑文，熊伟 . 税法基础理论 [M]. 北京：北京大学出版社，2004：192.

[2] 贺燕 . 实质课税原则的法理分析与立法研究——实质正义与税权横向配置 [M]. 北京：中国政法大学出版社，2015：113.

[3] 本案案号为（2018）闽 01 行终 732 号。

[4]《增值税暂行条例》第 1 条所称的加工，是指受托加工货物，即委托方提供原料及主要材料，受托方按照委托方的要求，制造货物并收取加工费的业务。加工修理修配劳务类按税收编码分类中，加工劳务包括稀土冶炼分离产品加工劳务、垃圾处理、污泥处理处置劳务、污水处理劳务、工业废气处理劳务等。

[5]"财税〔2011〕115 号"文件第 2 条对垃圾处理作出以下界定，即指其中垃圾处理实质运用填埋、焚烧、综合处理和回收利用等形式，对垃圾进行减量化、资源化和无害化处理处置的业务。

符合"财税〔2011〕115号"文件第二条规定享受免征增值税的优惠政策。从该案可以看出,判断税收客体的有无须要对经济交易相关的事项进行定性,在对其定性过程中,纳税主体所享受的优惠政策也会在一定程度上对其进行干扰。只有在明确是否存在税收客体的前提下,才能对客体进行定性。

税收客体的性质问题关乎私法定性与税法定性的关系,税法在对不同性质的收入进行定性时,往往会借助私法上的一些规定。在陈炳辉与国家税务总局中山市税务局东凤税务分局、国家税务总局中山市税务局税务行政管理(税务)一审[1]中,认定涉案房地产究竟属于一次销售还是二次销售,法院借助《中华人民共和国物权法》(现已失效)第九条第1款有关物权效力的规定[2],认为涉案房地产已发生两次销售,形成两次应税行为,第一次销售行为已由万科公司向杨柳菊开具销售不动产发票并申报缴纳销售不动产相关税费,第二次销售行为应由杨柳菊依法申报缴纳销售不动产相关税费,陈炳辉则应依法申报缴纳拍卖取得房地产相应的契税。

税收客体中讨论最热烈的莫过于非法所得的可税性。对于非法的所得能否得到承认,相应的规定中还没有出现,但是学者对此的观点分为三类:第一类持赞同观点,从税务机关的职能、现行税法的规定、量能课税原则、对非法所得课税并不等于承认其合法性、不会违背社会道德理念、仅对合法所得课税不具有可操作性以及德国税法的规定出发,认为非法的收入应当需要交纳相关的税款;第二类以实质课税的适用范围对此进行限定,认为非法的收入不应当缴纳税款,同时,对非法所得课税违反了税收的依据、违背了税法的正义性与社会道德观念以及税收原则并不要求对非法所得课税。除此之外,还有学者认为,对于非法所得可税性的问题,应当将特定

---

[1] 本案案号为(2019)粤2071行初797号。

[2] 原《中华人民共和国物权法》第九条第一款规定:"不动产物权的设立、变更、转让和消灭,经依法登记,发生效力;未经登记,不发生效力,但法律另有规定的除外。"这里所谓的物权效力是物权登记的公示效力,不是创设物权的效力。

的时间限定加入讨论的范围内，在征税之时，国家并不会认为他们是非法所得，即第三类认为征税之后，国家仍然可以认为是非法所得并给予没收，征税与合法与否没有关系。[1]

对于非法所得，所有学者的观点实际上都是围绕着税务机关职权的行使为主要内容，即税务机关对纳税人的非法所得课税或者不课税，产生什么样的法律效果以及社会影响，都以税务机关为本位，忽视了从纳税人的角度去评判是否对非法所得课征。我国台湾地区对此的规定就显得更符合纳税人权利保护的意志。例如，我国台湾地区对于卖血所得准予免纳综合所得税。除此之外，税务机关对于非法所得征收应当符合最小成本原则，纳税人对于非法行为都有认识能力，对他们而言防范此类行为的成本较低，应当就由纳税人承担由此产生的责任。因此，税务机关应当对于非法所得征税，但对于涉及非法所得触及纳税人基本生存权利的，税务机关不应当征收。

3. 税收客体的归属

税收客体的归属，就是明确税收客体属于哪个纳税主体，该由哪个纳税主体进行承担。由于税收客体的归属存在名义与实体、形式与实质的不统一性，这就给实质课税原则在税收客体归属的判断中也产生了纷争。为了解决这一问题，《德国税法通则》第 39 条、《日本法人税法》第 12 条、《日本消费税法》第 13 条以及《韩国国税基本法》第二章第一节都对此进行了阐述，都在寻求真实的经济关系。

实践中，有关税收客体归属的案件也很多。例如，文山威克传媒广告有限责任公司与文山壮族苗族自治州地方税务稽查局税务行政管理（税务）一审 [2] 中，一审法院就参照中华人民共和国财政部、国家税务总局令第 52

---

[1] 翟继光 . 财税法原论（第 1 版）[M]. 上海：立信会计出版社，2008：407-408.
[2] 本案案号为（2015）文行初字第 22 号。

号《中华人民共和国营业税暂行条例实施细则》第 11 条的规定[1]，认为原告与和谐集团不属代理关系，其作为"和谐之夜公益晚会"的承包人，是以自己的名义对外签订合同并承担责任的。而在二审[2]中，法院认为上诉人威克公司与和谐集团之间不仅是代理关系还是承包关系，不属于本案审理的范畴。一审二审法院的不同判决结果，体现了税收客体归属案件的难度。事实上，由于税收客体经济归属的难以确定，法院在对此进行评判时尽量依靠相关的税法规定进行填充，最为普遍出现的就是在承包以及购销合同中。

在税法没有相关规定的情况下，对于实质课税原则能否适用于税收客体经济归属，学者们的看法各不相同。有学者认为，基于量能课税原则和负担公平原则，就所得归属，应当归属于实际从事经济活动而获得所有者；有学者认为基于税收法定原则，税收客体的经济归属只能由法律进行规定；有学者认为，税务机关是否能够适用，取决于各国的法治完善程度和权利救济的可能性。事实上，不管从国内已有法律的角度，还是从国外立法的角度，在没有直接规定的情形下，更倾向于倒向经济实质的获得者。就之前案子里的法律规定而言，税法想要追究的是获得实质利益的人，对这些人进行征税，更符合以自身的纳税能力承担税负的初心。然而，在特殊情况下，基于税务机关征税的效率以及信赖利益保护原则，税务机关以发包人作为征税主体。《德国税法通则》第 39 条规定，经济财产归属于财产所有人，只有第三人掌管经济财产可以排除其他人影响的前提下归属于第三人。

4. 无效法律行为、可撤销法律行为

我国《民法典》将民事法律行为的效力分成了有效、无效和可撤销三

---

[1] 该规定为单位以承包、承租、挂靠方式经营的，承包人、承租人、挂靠人（以下统称承包人）发生应税行为，承包人以发包人、出租人、被挂靠人（以下统称发包人）名义对外经营并由发包人承担相关法律责任的，以发包人为纳税人；否则以承包人为纳税人。

[2] 本案案号为（2016）云 26 行终 12 号。

种情形。有效的法律行为，势必会带来相应的经济效果，面对其他无效或者可撤销的法律行为，税法又该如何对此进行评价呢？基于民法中对于法律行为有效要件的判断，私法行为被预先评定为有效、无效以及可撤销。这种特性使得一部分具有可税性的经济效果不具备有效性，最终这部分收入不被课征。税法需要坚持课税要件标准和实质课税原则，只要民事法律行为产生的经济行为和经济效果满足了课税要件，税务机关就要对其征税。[1]

对于无效的法律行为，能否适用实质课税原则取决于是否产生了应税收入，也就是说产生了相应的经济效果，使得课税要件得以满足，此时税务机关应当履行职责。以合同这一典型的民事法律行为而言，无效的合同会带来两种结果：一种是自始无效，一种是绝对无效。这两种结果使得法律不再对其进行保护，但是由此产生的事实效果不会因此消失，当满足课税要件时，税务机关依旧可以对此行使征税权。无效合同的经济实质是税法最为关心的问题。如果该无效合同尚未履行，税法一般不会对其评价，一旦产生经济收益、满足课税要件就要纳税人承担纳税义务。对于已经履行的合同，被判定为无效时，会产生原物返还等恢复合同成立前状态的行为，此时对于正常补救行为产生的经济效果不作评价，对于额外产生的经济效果，税务机关可以适用实质课税原则。[2]

对于可撤销的法律行为，能否适用实质课税原则取决于纳税人撤销权是否行使。纳税人对于撤销权的不同态度直接影响了最终合同所呈现出来的状态。当纳税人不行使撤销权时，该合同为有效合同，税务机关正常征税。当纳税人行使撤销权时，合同变为无效合同，此时可以参照无效合同的情形进行处理。面对纳税人只想对合同中约定的一些内容进行变更，可

---

[1] 杨小强，叶金育. 合同的税法考量 [M]. 济南：山东人民出版社，2007：69.
[2] 杨小强，叶金育. 合同的税法考量 [M]. 济南：山东人民出版社，2007：73.

以通过对经济效果的实质把握，由此进行征税。可能在这个过程中，税种、税率等都产生了变化，只要紧扣经济实质，在满足税收构成要件的情况下，税务机关依法行政。

5.税收规避防范

实质课税原则在设定的初期就是以防纳税人滥用民事关系造成国库损失，这就使得税务机关在发现经济实质与法律形式不符且造成不利后果时，裁定该原则的适用。我国《税收征管法》规定了税务机关有权核定纳税人应纳税额，事实上就赋予了税务机关实质课税适用的法律依据。2007年《企业所得税法》中关于特别纳税调整制度的内容，也丰富了我国实质课税原则的适用，对于企业之间利用私法漏洞进行的避税行为进行了有力的约束。

在浙江神舟置业有限公司与绍兴市国家税务局、浙江省国家税务局其他一审[1]中，法院对于杨汛桥镇杨江公路以南、江夏公路以西地块2007年出让，认为原告在开发上述地块时所实际支付的拆迁安置费用以及原告与绍兴鼎峰水泥有限公司之间的关联关系，从而认为税务机关在查明借款企业双方年度盈利及亏损情况，结合双方企业税负情况作出调整，根据《企业所得税法实施条例》第123条的规定，对其进行纳税调整。从案件本身来看，该公司在运用其关联企业的身份将拆迁安置费用进行转移，表面上并没有违反相关的规定，但是实际上，原告通过对于这一法律漏洞的适用达到了规避税收义务的目的，因此，税务机关有权对其进行核定，从而达到税款入库的目的。

我国台湾地区"税捐稽征法"第12条第1项规定的实质课税原则以外，仅单独针对一般性之税捐规避行为。德国也对税收规避进行了明确的

---

[1] 本案案号为（2017）浙0681行初327号。

列举。域外国家对于税收规避行为的限制，都是实质课税原则在这方面最好的例证。由于该裁定主要依靠税务人员的自由裁量，也就给了税务机关肆意发挥的空间，在适用实质课税原则对税务机关有利的情形下，税务机关会使用这一武器从而对纳税人进行征税，在不利的情形下，税务机关不会自动适用该原则。这就需要对实质课税原则的适用范围进行规定，减少此类现象的发生。因此，税务机关适用实质课税原则要符合税收法定原则，在交易活动合法且真实的情况下，税务机关不能适用实质课税原则。

6. 其他（中立性的影响）

实质课税原则具有中立性，不以税务机关的意志为转移。它的功能在于保护国家税权、规制不法偷逃税现象产生，本身没有利益偏向性。也就是说，当把实质课税原则作为税法解释和适用的工具时，税务机关可以用来确定纳税人的纳税义务，纳税人也可以用来减轻或者免去税负的承担。然而，实践中却出现了纳税人通过实质课税原则保护自身利益等行为，税务机关和司法机关对此采取回避或者否定的态度。

在上诉人海南国托科技有限公司（以下简称海南国托公司）因诉被上诉人海南省地方税务局第一稽查局（以下简称省地税第一稽查局）纳税担保复函纠纷案[1]中，省地税第一稽查局为避免此前认定的税款流失查封"八里银海"项目。由于，《纳税担保试行办法》第17条规定被依法查封的财产不得抵押，海南国托公司想透过实质课税原则，依据《纳税担保试行办法》第14条规定将"八里银海"项目六号楼作为纳税担保，依法对琼地税一稽处（2012）13号《税务处理决定书》及琼地税一稽变处（2013）1号《变更税务处理决定书》提起行政复议。该案件中最重要的一个细节就是省地税第一稽查局查封了价值远远超过应纳税款的"八里银海"整个项

---

[1] 本案案号为（2013）琼行终字第209号。

目。税法中对于税务机关查封的金额有明确的规定，查封的财产的数额应当与需要缴纳的税款数量相当。在此种情况下，上诉人想要通过实质课税原则来明确查封的范围的诉求是合理的。基于实质课税原则的中立性，也应当保障纳税人的合法权益。由此，纳税人在主动适用实质课税原则的情形下，税务机关不能忽视或者直接否认，而是采取更加审慎的方式，去保障纳税人的权益。

（三）税务机关适用实质课税原则的举证责任之合理分配

举证责任作为诉讼中的重要环节，影响着税务诉讼的整个流程以及结果。因此，对举证责任进行合理的分配，有利于税务机关和纳税人明晰自己的诉讼地位和相应的权利（力）义务，理清案件事实，从而解决税收争议。然而，从上文中司法机关对于税务机关与纳税人举证责任分配的情况来看，双方之间的分配机制出现了失衡的状态，举证责任的重心开始从税务机关偏向了纳税人，纳税人承担了实际上更为严苛的证明责任。同时，在对双方提供的证据质证的过程中，司法机关更倾向于相信税务机关的证据，对纳税人提供的证据采信得较少或者通过各种方式拒绝这些证据的适用。这些情况的发生，致使纳税人对司法裁判不信服，从而引发多次诉讼，提高了税务机关的执法风险。总之，对举证责任的分配需要合理地从纳税人和税务机关两个主体分别讨论，在《税收征管法》修改过程中，让税务部门负有主要的举证责任，适当增加纳税人的举证责任。为完成实体公正的目标，提供必要的法律基础与依据。[1]

税务诉讼与行政诉讼的不同在于税务执法更为严肃、法律后果更为严峻，对于纳税人的侵害更为强烈。由此，税法中又增添了纳税人协力义务的规定。纳税人需要按照规定履行协力义务，例如按时申报，帮助税务机

---

[1] 叶金育.税务诉讼的困境与制度批判——一个关于转让定价争议解决的分析框架 [J].甘肃理论学刊，2013（2）：125-131.

关理清案件事实，方便税务机关行使征税权。在纳税人没有履行或者怠于履行的情形下，税务机关举证责任可以减轻，证明程度可以降低。从这个层面出发，税务机关可以通过税收核定权的行使，对纳税人进行"推计课税"。以直接收款方式销售货物取得的销售额的凭证，由于该凭据由纳税人享有，因此在纳税人发出货物却没有提供凭证的情况下，纳税人需要对此进行说明，否则，税务机关可以推定其已经取得索取销售额的凭据，并确认销售实现。[1]与普通行政诉讼不同，税务行政诉讼中的证据一般更具有隐蔽性，纳税人取得证据会比税务机关更为容易，增加纳税人的举证责任更为合适。但是税务机关毕竟是公权力机构，有着常人不可比拟的优势，尤其是在实质课税原则的使用过程中，一旦将纳税人的举证责任盲目加重，恐怕会危及税收秩序的稳定性。

以新疆瑞成案[2]为例，争议的焦点在于"正当理由"。从整个案件所体现的举证责任来看，税务机关负责举证纳税人存在着"申报依据偏低且无正当理由"的举证责任，纳税人举证"正当理由"这一有利事实的存在。从这方面来看，似乎税务机关并不需要对此负担举证责任。有学者认为，在具体适用核定征收举证责任分配时，不能完全将举证责任分配给税务机关，应当采取合理的分配方式进行，其中，税务机关就"计税依据是否明显偏低"承担举证责任，而纳税人对于交易中是否存在正当理由承担举证责任。有学者认为，判断是否为"合理的商业目的"应该由纳税人享有举证权，这样更有利于案件事实快速、便捷、有效地查处。[3]根据《税收征管法实施细则》第47条第3款的规定，纳税人对核定税额方式有争议的，应当对此提出证据。事实上，该法律规定将减轻纳税义务的举证责任交给

[1] 南京市国家税务局课题组. 税收行政与税收司法协调问题的研究 [J]. 税务研究，2006（10）：58-61.
[2] 本案案号为（2014）乌中行终字第 95 号.
[3] 陈少英. 税收债法制度专题研究 [M]. 北京：北京大学出版社，2013：215.

了纳税人，由纳税人去确定计税依据明显偏低，而税务机关去证明正当理由。然而，由税务机关去证明正当理由确实困难。

现实生活中，对于双方举证责任的配置主要的法律依据是《行政诉讼法》以及《最高人民法院关于行政诉讼证据若干问题的规定》。在此框架下，税务机关需要对纳税人作出的具体行政行为负担举证责任并提供证据和规范性文件，同时在法院的要求下提供或补充相关的证据。除此之外，税务机关的举证还要符合相关的时限要求。而纳税人也负担一定的举证责任，不仅需要对能够提起诉讼负担举证责任，还需要对税务机关不作为、违反法定职责和造成当事人损害的行为负担举证责任。就履行不能的后果而言，税务机关提交的证据不能完全证明自身执法行为的正当性时，法院很可能作出不利于税务机关的裁判；[1]当纳税人怠于履行时，需要承担败诉的风险。简言之，税务行政诉讼举证责任理论的核心在于解决谁承担谁提供证据的责任以及举证责任不能时谁承担不利后果等问题。[2]

德国在罗森博格"规范理论"的影响下，由法院均衡地分布双方的举证责任。德国联邦财务法院创设下述规则：事实已穷尽阐明义务，仍无法究明时，依一般程序法之事理逻辑定之。该规则即为，稽征机关对课税原因事实或增加税负之事实，负举证（确认）负担；纳税义务人则就减免之事实，负举证责任。税务机关需要对课税要件事实、偷逃税违法事实、税务行政处罚事实、纳税人虚列支出等隐藏收入事实以及税务稽查事实承担举证责任。纳税人对生产经营收支事实、税前扣除项目事实、成本耗用事实、税收减轻、免除等优惠事实以及因税务行政行为受到的损失承担举证责任。[3]德国财务法院通说，纳税人未尽协力义务，致调查困难或花费过巨

[1] Schwerdtfeger Wm.The Burden of Proof in the Tax Court[J]. Kentucky Law Journal，1953，42（2）：147-162.

[2] 王霞，刘珊. 税务证据法律问题研究 [M]. 北京：法律出版社，2019：136.

[3] 张为民. 德国税务行政诉讼举证责任分配的规则及借鉴 [J]. 涉外税务，2005（3）：48-51.

时，降低其证明程度。纳税人未尽协力义务致事实不明，事实阐明责任由征纳双方共同承担责任，并不因推估核定即为终局之认定。稽征机关应就间接证据适法性与具备课税要件，负举证责任。若纳税人未违反协力义务，原则上，课税原因事实不明确，其证明负担归稽征机关；减税原因事实之不明确，则归纳税人负担。美国采取的是纳税人举证为原则，税务机关举证为例外。[1]同时，特殊情况下，税务机关取代纳税人的地位，尤其进行举证时。针对纳税人提出的待证事实和税务行政处罚部分，由税务机关负担。可以看出，不管是采取职权调查主义的德国，还是采取纳税人举证为主的美国，虽然在具体分配上存在差异性，但是纳税人都需要承担部分举证责任，同时纳税人承担的举证责任都位于纳税人的举证范围之内，由纳税人进行举证更为便利、举证难度更小。由此可见，增加纳税人的举证责任并不是一件坏事，只要操作得当，可以更大程度上保障纳税人的合法权益。

鉴于我国税务行政诉讼中关于举证责任分配不明确的情况，可以借鉴德国的相关经验，寄希望于《税收征管法》的完善，从中明确该分配原则，适当增加纳税人的举证责任。对于产生的税收争议的案件，可以从两方面进行讨论。一般情形下，由于税务机关在整个案件中处于税收征收中的主导地位和支配地位，其取证调查能力远远高于纳税人，寻找证据更为方便，因此，税务机关依旧要对自身作出的具体税务行政行为进行举证并承担举证不能的后果。在特殊情形下，纳税人除了行政诉讼中规定的要承担的举证责任外，还需要承担对特定事实的举证责任。这部分事实主要掌握在纳税人手中，税务机关通过相关程序和方式证明纳税人的情形存在困难，违反税收效率原则，由纳税人进行举证更为方便。这类特定事实包括纳税人满足税收优惠条件、纳税人成本耗用、税前扣除等与纳税人本身相关的情况。

[1] Marcosson M. The Burden of Proof in Tax Cases[J]. The Tax Magazine，1951，29（3）：221-240.

对于纳税人的协力义务而言，纳税人仅需要承担特殊事项的举证责任。如我国台湾地区的"台财税""字第 31229 号函"中规定，在个人借贷利息所得定性的问题上，当事人如果主张没有收取利息，应当就该事实负举证责任，同时提出的证据必须具体且合于一般经验法则。在没有证据材料的情形下，纳税人如果以此为借口没有及时申报，那么，纳税人应当证明他确实没有收到利息从而未纳税申报，而不是故意不申报。

五、结语

"在税收领域，最具相关性的是程序意义上的法治。"[1]程序上的税法规定对于弥补实体上实质课税原则的缺失有着重要的补充作用。然而，对于实质课税原则的讨论集中于实体方面，缺乏程序上的讨论。在实体方面，税法规定了税务机关拥有税收核定的权力，满足相应的条件，税务机关便能重新规范纳税人的纳税行为。但是，随着税务机关在运用实质课税主义时征税权的扩张，很难从实体的角度对纳税人进行保护，这就为程序上的规定留下了余地。但是，实质课税原则毕竟只是从量能课税或税收公平原则中发展而来，仅仅适用非常态的情形，因此需要受到税收法定原则的约束。同时，从程序方面限制实质课税主义的适用，有助于保障公民的基本权利不受损害，维护税法的稳定性和可预测性。作为集税收实体与税收程序为一体的《税收征管法》，是明确税务机关职权范围的重要依据，将实质课税主义明确规定在其中，并对其进行限制，是符合我国税收征管现状的，可以推进实质课税原则与税收法律关系的深入研究，从而完善税收法治体系。

---

[1] 李金艳，陈新. 国际税收关系中的法治 [J]. 国际税收，2020（1）：14-19.

| 第九章 |

平台经营者涉税信息报送义务履行障碍之克服

导语

　　基于协助税收征管的需要，平台经营者应依法定条件和法定程序向有管辖权的税务部门履行报送平台内经营者涉税信息的义务。设置涉税信息报送义务制度旨在防范平台经济时代下税收征管的失灵、实现税负公平负担和平台经营者社会责任法定化。当前，平台经营者履行涉税信息报送义务仍面临义务履行主体过于宽泛、义务对象缺乏精细划分、义务内容有待充实、义务履行监督欠佳等突出问题。基于此，需要通过允许平台委托报送、降低初创型平台报送负担、开展跨境报送国际协调，以界分平台经营者职责；通过分层化管理平台内经营者与细分服务领域，厘清报送对象范围；通过制定信息报送正面清单、明确报送部门、统一报送时间和报送方法，以充实报送流程；通过丰富事后行政查处与强化事前合规指引，以激励义务的有效履行。

一、问题的提出

　　《中华人民共和国电子商务法》(以下简称《电子商务法》)第28条第2款规定："电子商务平台经营者应当依照税收征管法律、行政法规的规定，向税务部门报送平台内经营者的身份信息和与纳税有关的信息，并应当提示依照本法第十条规定不需要办理市场主体登记的电子商务平台经营者依照本法第十一条第二款的规定办理税务登记。"根据该款规定，电子商务平台经营者（以下简称平台经营者）应当配合和协助税务部门，履行平台内经营者纳税信息的报送义务。[1]但《电子商务法》第28条中"依照税收征管法律、行政法规的规定"是引致条款，并未给涉税信息报送义务的履行提供清晰指引。此问题倘若不能妥善解决将带来严重危害：一方面，由于《电子商务法》第28条对涉税信息报送的对象、内容和程序规定过于模糊，将直接影响平台经营者对义务内容的理解，无法有效厘定平台和政府职责的边界，如果平台经营者义务设定要求过低，将使我国税收征管制度在平台经济领域难于落地，引发国家税源流失。反之，如果平台经营者义务设定要求过高，则会带来高昂的合规成本，压缩平台经营者的自治空间，不利于平台经济的长远发展。另一方面，由于平台经济的跨国性特征，在全球平台经济竞争日趋激烈，各国对平台经济税收征管政策未达成统一共识的时代背景下，任何涉税制度的调整皆可能"牵一发而动全身"，理论界和实务界不得不对这一世界的共同性问题作认真考量和仔细推敲，否则，将严重影响我国平台经济在全球竞争中的布局。

平台经营者履行涉税信息报送义务是当下税收征管制度变革领域的前沿和热点问题。从域外研究来看，Fetzer等主张平台经营者承担税收代扣代缴义务，以构建税收征管的替代机制。[2]Clement Okello Migai等系统介绍了欧盟各国平台经济税收征管制度，主张应发挥平台经营者的技术和信息优势，将平台经济带来的税收挑战转化为合规机会。[3]Ruth Mason从国际税收协调制度变迁的视角认为，各国弥补企业税收漏洞的努力扩大了各

---

[1] 电子商务法起草组.中华人民共和国电子商务法条文释义[M].北京：法律出版社，2018：97-99.

[2] Fetzer T，Dinger B. The Digital Platform Economy and Its Challenges to Taxation[J].Tsinghua China Law Review，2019，12（1）：29-56.

[3] Migai C O，Jong J D，Owens J P. The Sharing Economy：Turning Challenges into Compliance Opportunities for Tax Administrations[J].Atax 13th International Tax Administration Conference eJournal of Tax Research，2019，16（3）：395-424.

国对税收分配认识的分歧，而这种分歧威胁着已有百年历史的税收条约框架。[1] 上述研究成果为本书的开展提供了展现域外平台经济税收征管动态的第一手资料。从国内研究来看，既有研究成果基本肯定了平台经营者涉税信息报送义务在促进"政府进行宏观的科学决策，实施具体的行政规制和个案调查"[2]，实现"协助监管"中的重要价值[3]，也有研究从纳税人权利保护的视角指出了税务部门获取此类信息的权力边界。[4] 但国内既有研究成果既未全方位地剖析涉税信息报送义务的规范构造及其履行障碍，也未给出系统的应对方案。因此，有关涉税信息报送义务履行的规范表达、涉税信息报送义务履行的正当性、涉税信息报送义务履行的实现困境及成因、涉税信息报送义务履行制度的合理建构等问题，仍有进一步深入研究的必要。

二、平台经营者涉税信息报送义务履行的规范表达与正当性证成

所谓平台经营者涉税信息报送义务，是指基于税收征管的需要，平台经营者依据法定条件和法定程序，向有管辖权的税务部门履行报送平台内经营者涉税信息的义务。作为一种税收协力义务，平台经营者履行涉税信息报送义务制度的设置，旨在防范平台经济背景下税收征管的失灵，实现税负公平负担和平台经营者社会责任法定化，具有外在必要性和内在正当性。

（一）涉税信息报送义务履行的规范表达

通过对《电子商务法》第 28 条及相关条款的解构，可以大致将平台

[1] Mason R. The Transformation of International Tax[J].American Journal of International Law，2020，114（3）：353-402.
[2] 刘权 . 论网络平台的数据报送义务 [J]. 当代法学，2019（5）：6-9.
[3] 刘宏亮 . 正确认识平台经营者协助监管责任 [N]. 中国市场监管报，2019-04-09（5）.
[4] 滕祥志 . 涉税信息情报制度中的纳税人权利保护——以比较法为视角 [J]. 国际税收，2019（2）：69-70.

经营者涉税信息报送义务的构成要件勾勒如下。

1. 涉税信息报送义务的履行主体是平台经营者

根据《电子商务法》第 28 条的文义解释，涉税信息报送义务的主体是所有"平台经营者"。我国《电子商务法》第 9 条第 2 款对"平台经营者"给出了明确界定，即在电子商务交易中为交易双方或者多方提供网络经营场所、交易撮合、信息发布等服务，供交易双方或多方独立开展交易活动的法人或非法人，都属于平台经营者，均是第 28 条所要求的涉税信息报送义务的履行主体。网络经营场所包括网站、移动 APP 等，而服务不仅包括交易撮合服务、信息发布等服务，还应包括与涉税信息密切相关的支付服务。第 28 条对涉税信息报送义务的履行主体采宽泛的界定，以应对平台商业模式快速演变的需要，为未来平台新型业态的发展预留空间。此外，我国《电子商务法》第 2 条第 1 款规定，"中华人民共和国境内的电子商务活动，适用本法"。但此处的"境内"并不排除我国公民、法人、其他组织之间通过位于我国境外的网站或平台服务进行的交易活动[1]，故境外的平台经营者也是涉税信息报送义务的履行主体。

2. 涉税信息报送义务的履行对象是平台内经营者的涉税信息

根据《电子商务法》第 9 条之规定，平台内经营者，泛指通过电子商务平台销售商品或提供服务的电子商务经营者。平台内经营者根据其规模大小和服务形态的不同，还可做进一步细分。《电子商务法》第 10 条根据办理市场登记的不同情形，分为需要办理市场登记的平台内经营者和不需要办理市场登记的平台内经营者。后者又可进一步细分为销售自产农副产品、家庭手工业品的平台内经营者，利用自己的技能从事便民劳务活动的平台内经营者和零星小额交易的平台内经营者。根据《电子商务法》第 11

[1] 电子商务法起草组. 中华人民共和国电子商务法条文释义 [M]. 北京：法律出版社，2018：24.

条第 2 款之规定，不需要办理市场主体登记的平台内经营者在首次纳税后，也应当依法办理税务登记，并如实申报纳税。也就是说，平台经营者应当对上述平台内经营者的涉税信息进行报送。根据《电子商务法》第 2 条之规定，对于涉及金融、新闻信息、音视频节目、出版和文化产品等服务领域的涉税信息，不在报送之列。

3. 涉税信息报送义务的履行内容主要涵括涉税主体识别、涉税信息收集、涉税信息报送

完整涉税信息报送活动流程应包括涉税主体识别、涉税信息收集、涉税信息报送三个环节，对平台经营者分别提出了不同要求。

一是涉税主体识别。《电子商务法》第 28 条第 2 款规定，平台经营者应当提示不需要办理市场主体登记的平台内经营者依法办理税务登记。此处的"提示"义务是平台经营者的积极作为义务。由于平台经营者掌握了海量交易数据，在平台准入环节便已完全知悉还有哪些平台内经营者尚未办理市场主体登记。平台经营者完全有技术和能力对这些未办理市场主体登记的平台内经营者进行一一提示说明。从法律文本的表述来看，"提示"仅是程序上的告知义务，并非替代平台内经营者进行税务登记和纳税申报。[1]

二是涉税信息收集。《电子商务法》第 28 条第 2 款规定，平台经营者应向税务部门报送平台内经营者的"身份信息"和"与纳税有关的信息"。"身份信息"是指与市场主体登记相联系的纳税主体信息，"与纳税有关信息"则包括经营收入等经营数据信息。一般而言，为实现税收所需的信息都属于"与纳税有关的信息"，但出于合目性的考量，平台经营者的信息收集和报送也只限于这一目的。[2]

---

[1] 参见国家市场监管总局《电子商务法》重点条文理解与适用（三）。http：//www.samr.gov.cn/wljys/wlscjg/201906/t20190626_302876.html，2019-06-26.

[2] 电子商务法起草组. 中华人民共和国电子商务法条文释义 [M]. 北京：法律出版社，2018：98-99.

三是涉税信息报送。涉税信息报送是向税务部门的常规和主动报送。只要符合《电子商务法》第 28 条的法定情形，平台经营者就应当及时主动地报送涉税信息。这不同于《电子商务法》第 25 条所规定的，主管部门可要求平台经营者提供电子商务信息的非常规被动报送。此外，涉税信息报送不同于违法信息报告。例如，根据《中华人民共和国食品安全法》第 62 条的规定，平台经营者发现入驻商户有食品安全违法行为的，应当向食品安全主管部门报告。根据该规定，平台经营者虽然也要报告相关信息，但属于违法信息的报告，平台经营者对违法信息负有监控责任。最后，涉税信息报送也不同于信息公开。根据《电子商务法》第 25 条规定，税务主管部门应当采取必要措施保护涉税信息的安全，并对其中的个人信息、隐私和商业秘密严格保密，不得用于非法目的。

（二）涉税信息报送义务履行的正当性证成

从理论上讲，平台内经营者作为市场经营主体，具有依法纳税和如实申报纳税的法定义务，这是世界各国的通行做法。"税收法律也是比较容易处理的，因为这些法律延续了在平台出现之前的线下市场的相同逻辑。"[1]这意味着，主动向税务部门提供涉税信息的应当是平台内经营者，而非作为交易中介的平台经营者。《电子商务法》第 28 条以平台经营者纳税信息报送义务，压缩或限制了平台的自由空间，势必要进行正当性上的探讨。

1.外在必要性：防范平台经济背景下税收征管的失灵

课以平台经营者涉税信息报送义务是基于这样的逻辑前提：在平台经济背景下，由于税务机关面临平台内经营者应税收入难以查明的现实障碍，再加上平台内经营者合规意识淡薄，从而导致税源减少、税法遵从度

---

[1] 奥利·洛贝尔.分享经济监管：自治、效率和价值[J].环球法律评论，2018（4）：54.

降低，故通过立法强制要求平台经营者向税务部门提供平台内经营者的涉税信息，以补强税收征管之不足。

第一，纳税人身份难以识别，应税收入难以界定。在税收实体法上，我国《增值税暂行条例》等法律性文件，严格按照"线上与线下相一致"的制度设计要求平台内经营者依法纳税。但是，平台经济交易模式具有虚拟性、电子性，交易过程中会产生海量数据，给税务机关获取涉税信息增加了难度。如在平台提供便民劳务的经营者，由传统的雇佣工作关系向个人灵活服务转变，其经营活动既可以是全职的、有规律的，也可以是兼职的和间歇性的。又如自然人在平台上开展的零星小额交易活动，交易额度往往较小，甚至存在大量的初次交易，并且可能同时活跃在几个平台市场，灵活加入或退出频次高。由于税务机关涉税信息平台建设落后，不得不借助平台经营者提供的涉税信息开展征管活动。虽然涉税信息由平台经营者掌控，但平台经营者没有义务向税务部门报告这些信息，导致税务行政机关难以查明纳税人的收入情况。

第二，纳税人合规意识淡薄、遵从度低。我国的税收征管主要实行纳税人自主申报或定期定额管理制度，平台内经营者通常会认为，既然平台没有义务向税务部门提供涉税信息，那么，平台内经营者通过平台获得的收入也就不需要进行纳税申报，由此滋生逃税、避税的机会主义心理。[1] 另外，平台内经营者也可能以领域太新、交易额度太少、缺少纳税经验等理由，而不向税务部门申报。

2. 内在合理性：实现税负公平承担与社会责任法定化

平台经济获得快速增长的重要原因，除了平台商业模式的独特性外，还离不开宽松的税收政策。如《财政部、国家税务总局关于进一步支持小

---

[1] Oei S Y, Ring D M. Can Sharing Be Taxed？[J]. Washington University Law Review, 2016, 93（4）：989-1070.

微企业增值税和营业税政策的通知》（财税〔2014〕71号）规定，对月销售额3万元以下的增值税小规模纳税人免征增值税，这些小规模纳税人通常是各大平台经营者的常驻用户。即使存在如此宽松的税收政策，平台经营者为快速扩张自己的市场份额或出于避税需要，往往也不会对平台内经营者的税务合规作太多要求，甚至持放任态度，无疑会给已经形成的税务征管的困局"雪上加霜"。与之相对，对于那些尚未加入平台经济序列的传统行业和经营者（例如，酒店和出租车司机）而言，不仅不能享受新经济带来的税收优惠，还面临较为严格的税务核定和税务追查，在同逃脱税务征管的平台内经营者竞争过程中，明显处于弱势地位。长此以往，将出现新行业征税困难且税率低，传统行业税高且面临衰落，从而使社会整体上的税源流失。[1] 税收公平负担是市场经济的基本要求之一，平台内经营者与传统经营者的经营模式虽然有所区别，但仅仅是信息或服务的媒介发生了变化，并未改变经营服务的实质，只有与传统线下经营者同样地缴税方符合税负公平承担的要求。同时，权利与义务具有对等性，平台经营者作为海量数据的最大掌控者、数据商业价值的最大利用者、平台经济发展中的最大受益者，也应肩负起更多的社会责任，承担相应的涉税信息报送义务，实现经济效益与社会效益的统一。

三、平台经营者涉税信息报送义务履行的现实障碍

《电子商务法》第28条所确立的涉税信息报送义务在义务履行主体界定、义务对象划分、义务内容界定、义务履行监督等方面，仍存在诸多需要回答的困惑，直接影响义务的履行效果。本书尝试对此进行系统梳理，并逐一剖析。

---

[1] Migai C O, Jong J D, Owens J P. The Sharing Economy：Turning Challenges into Compliance Opportunities for Tax Administrations[J]. Atax 13th International Tax Administration Conference Journal of Tax Research，2019, 16（3）：395-424.

（一）涉税信息报送义务的履行主体宽泛

当前，《电子商务法》第 28 条对平台经营者采宽泛的定义，义务设置未考虑平台经济的系统性、平台经营者的结构性差异以及平台经营者的跨国性等现实条件，易产生重复报送、负担不均衡和跨境报送难等现实困境。

1. 涉税信息重复报送成本高

根据《电子商务法》第 28 条规定，涉税信息报送义务的主体泛指所有平台经营者，既包括法人，又包括非法人组织。对平台经营者做宽泛的定义固然能够有效应对未来颠覆式的商业模式创新，增强立法的实效性。但立法者似乎忽视了，在平台经济背景下，所有交易活动的开展，很难靠某个平台的一己之力便能完成，而是依赖于多个平台经营者的密切分工合作，通过专有、授权、合资、共享等形式，共同打造出平台生态系统。[1] 例如，对于美团外卖、滴滴打车等共享平台而言，自身并未开发独立的平台支付系统，而是依赖于支付宝、微信等第三方平台经营者提供的支付服务，进行交易匹配、撮合和结算。此时，便会出现一个重要的问题：软件应用程序访问和收款服务分属于两个独立的平台经营者，根据《电子商务法》第 28 条规定，双方兼需向税务部门报送涉税信息，进而产生重复报告的问题。重复报告不仅直接影响涉税信息的质量，也会增加平台经营者的合规负担。更值得注意的是，这将使平台内经营者产生重复纳税的风险，与实质课税原则相冲突。[2]

2. 涉税信息报送负担不均衡

我国《电子商务法》第 28 条以抽象平等的逻辑预设，所有平台经营者兼为涉税信息报送的义务主体，但未考虑因平台经营者的规模和能力的

---

[1] 杰奥夫雷·G.帕克，马歇尔·W.范·埃尔斯泰恩，桑基特·保罗·邱达利.平台革命：改变世界的商业模式 [M].志鹏，译.北京：机械工业出版社，2017：138-139.
[2] 刘剑文，熊伟.税法基础理论 [M].北京：北京大学出版社，2004：155.

不同，履行义务的成本与效果也会有所差异。尽管以阿里、腾讯、美团、滴滴等平台经营者为代表的超级平台在我国已基本成型，市场格局和竞争形态渐趋固化。[1] 以超级平台为背景预设的制度设计，也能够降低立法成本和便利法的实施。但此种制度设计从一开始就忽略了小型平台经营者面临的合规负担：这些平台多为初创性平台，不论是数据规模还是技术条件，都不及于超级平台经营者。对它们课以与超级平台经营者相同的涉税信息报送义务，极可能因合规负担过高，而无法获得公平的竞争机会，进而强化超级平台经营者的优势地位。这既不利于市场竞争和创新，也容易扼杀初创平台的创业热情。

3. 跨境涉税信息报送难度大

境外的平台经营者虽然也是涉税信息报送义务的履行主体，但不同司法辖区的涉税信息的管制政策存在差异。如果缺乏有效的国际协调或对境外平台经营者课以过高的报送义务，将会使境外税务当局或平台经营者认为该国平台企业在我国遭受了不公平对待，或将迫使平台经营者改变经营模式和经营地点，进而扰乱我国的平台经济秩序，也可能激发境外税务当局采取反制措施，从而不利于我国平台型企业走出国门。例如，英国《2013年金融法》第 22 条授权英国税务海关总署从处理信用卡和借记卡的企业获取数据，以达到税务合规的目的。于是，英国税务海关总署要求从境外网络平台处获取有助于增进合规的数据。但税务海关总署承认，当前的数字化环境可能使单边的国内措施失效，因为交易可能发生在多个司法辖区，数据也可能在多个司法辖区或云储存，进行国际协调似乎是有效获取信息的最好方式。[2]

---

[1] 陈兵. 因应超级平台对反垄断法规制的挑战 [J]. 法学，2020（2）：103-104 .

[2] Migai C O, Jong J D. Owens J P.The Sharing Economy : Turning Challenges into Compliance Opportunities for Tax Administrations[J]. Atax 13th International Tax Administration Conference Journal of Tax Research, 2019, 16（3）：395-424.

（二）涉税信息报送义务的履行对象模糊

为尽可能降低平台经营者的税务合规负担，当前涉税信息报送义务制度并未充分考虑平台内经营者的市场份额差异性和服务领域多元化这两方面的问题。

1. 未充分考虑平台内经营者的市场份额差异性

涉税信息报送义务设置的首要目的在于，解决税务部门税收征缴信息不对称的问题。此时，便需要考虑不同平台内经营者涉税信息的获取难易程度，以便平台经营者合理配置内部资源。一般而言，大中型平台内经营者往往为具有一定市场知名度的企业，其交易频次、交易额度、交易量都比较大，属于《电子商务法》第10条规定的应当办理市场主体登记的经营者，且有规范的纳税人识别号，平台经营者对其进行身份识别和涉税信息报送的难度相对较小。而问题的关键在于，对于个人销售自产农产品、家庭手工业产品，从事便民劳务活动以及从事小额零星交易活动这三类小型平台内经营者而言，由于其交易规模、交易体量、交易频次较小，又没有规范的市场主体登记措施，再加上享受免征增值税的优惠政策，平台经营者应否提示其进行税务登记，是否需要报送涉税信息，这给技术操作和管理等方面，都增加了不少难度。

2. 未合理划分平台内经营者的服务范围

《电子商务法》第2条通过反向列举的方式，使金融、新闻信息、视频节目、出版和文化产品和服务等内容，排除在本法所指的服务范围之外，但第2条对服务类型的界定十分宽泛。从行业分类来看，平台经济商业模式可以有多种类型，包括B2B、B2C、C2C等典型模式。B2B模式是企业对企业，由于交易量大，需开发票入账，缴税较为规范。但B2C模式属于企业对消费者，C2C模式属于个人对个人，缴税较为不规范，尤以后者漏税现象最为严重。C2C 模式又可以进一步细分为资产性型分享（如房屋分享、汽车分享）和劳动力型分享（"零工经济"或"众包"），该种模式直接颠覆和挑战传统行业，引发的争议大，给税收征管带来的冲击也更大。目前，我国税收征管法律中尚缺乏对平台内经营者的服务范围作更为精细的分类。而当下平台经营者兼具有跨类经营的特点，"如何准确界定企业的行业归属和适用税率，如何判断企业能否适用差额征税政策，等等，变得越来越缺乏确定性，这往往造成税务机关和企业对同一业务产生不同见解"。[1] 由于平台经营者并未掌握有如税务部门般的专业知识，很难根据服务类别的不同而提供专门的涉税信息。这既不利于提高涉税信息的质量，也增加了平台经营者的税务合规负担。

（三）涉税信息报送义务的履行内容残缺

当然，涉税信息报送的范围、信息报送的主管部门、报送时间和报送方式等，均无法在《电子商务法》第 28 条中得到体现，直接影响义务的履行效果。

1. 涉税信息报送范围不明

根据我国法律规定，平台经营者除报送涉税信息外，还可能要求报送其他方面的信息，由于报送事项过多、范围过宽，平台报送运营成本较大。《电子商务法》第 28 条要求平台经营者报送的"身份信息"和"与纳税有关的信息"，特别是后者仍存在较大的解释空间，可能因涵盖范围过于广泛，容易侵犯商业秘密、个人隐私。[2]

2. 涉税信息报送部门不明

涉税信息应当向谁报送？《电子商务法》第 28 条所指涉的"税务部门"到底是哪一级的税务部门？从当前平台经济发展现状来看，平台经营者千

---

[1] 国家税务总局泰安市税务局课题组. 平台经济税收监管探讨 [J]. 税务研究，2020（4）：128.

[2] 刘权. 《电子商务法》修改意见 [J]. 中国经济报告，2018（1）：66.

差万别，既有年交易额过万亿元的大型平台经营者，也有交易额较小的平台经营者，哪些主体应由国家级监管部门管辖，哪些应由省一级监管部门管辖，尚缺乏全国统一的标准。第28条并未明确平台报送平台内经营者身份信息，是分别向平台内经营者所在地报送，还是集中向平台经营者所在地报送？[1] 如果既向平台经营者属地税务部门报送，又向平台内经营者属地税务部门报送，无疑会增加平台经营者的负担，也会增加各级税务部门之间对涉税信息协调处置的难度。

3. 涉税信息报送时间和方式不明

《电子商务法》第28条并未明确涉税信息的报送时间和报送方式，给实务操作带来了很大的不确定性。平台经营者是进行年度报告、季度报告还是信息实时对接都是需要明确的问题。在实践中，由于涉税信息的收集和保存缺乏规范，出于安全考虑，不少平台经营者对数据信息的报送方式和渠道存在疑虑。比如，平台经营者报送入住平台内经营者信息多采取"移动介质拷贝"的方式，而这种方式由多人经手，且保密性差，存在数据显露的风险。[2]

（四）涉税信息报送义务的履行监督欠缺

当前，我国尚未构筑完备的涉税义务履行监督机制，以事后行政查处为主的单一监督路径，威慑效果不彰，而事前合规指引和过程监督机制又明显缺失，义务履行要求难以被平台经营者有效遵从和转化为自觉行动。

1. 以事后行政查处为主

涉税信息报送义务之实现，必然离不开外在的责任约束，通过法律责任的威慑倒逼，转化为平台经营者自我合规的动力。基于此，我国《电子商务法》第80条第1款第2项规定，平台经营者未履行涉税信息报送

---

[1] 翟泳. 对电子商务违法行为管辖规定的理解 [J]. 市场监督管理, 2019（2）: 16.

[2] 杨志湘. 关于落实信息报送法律规定加强政企信息共享的建议 [J]. 中国工商报, 2018（3）.

义务的，可由税务部门责令限期改正；逾期不改正的，处 2 万元以上 10 万元以下的罚款，情节严重的，责令停业整顿，并处 10 万元以上 50 万元以下的罚款。但此种责任设计似乎不能充分反映平台经济的客观实际：一方面，纯粹数值且封顶式的罚款，远低于现实情况下平台违法可能获得的收益，导致罚款远起不到威慑和敦促平台经营者履行义务、完善内部治理的效果；另一方面，直接要求平台经营者"停业整顿"牵涉众多利益相关者，更是同国家"双循环"的大格局不符，毕竟"兹事体大"，本着对新经济"包容审慎"的监管理念，"责令停业整顿"不切实际。

2. 缺乏事前税务合规指引和过程监督

事实上，通过"法律义务＋法律责任"的监督框架设计以督促义务履行，具有浓厚的"命令－控制"色彩。在这一理念下，平台经营者被视为被规制对象和行政相对人，忽略了平台经营者基于市场竞争和承担社会责任需要而开展平台治理的自主性。在平台经济背景下，"命令－控制"的规制方式已被验证并非最优选项，税务部门更为明智之举在于充分利用规制资源，为平台治理提供事前的合规指引和事后的归责框架，以构建"受监督的自我规制体制"。[1] 2019 年 8 月 1 日发布的《国务院办公厅关于促进平台经济规范健康发展的指导意见》（国办发〔2019〕38 号）明确指出："允许平台在合规经营前提下探索不同经营模式，明确平台与平台内经营者的责任，加快研究出台平台尽职免责的具体办法，依法合理确定平台承担的责任。"亦有不少地方市场监管部门探索建立市场轻微违法经营行为免予处罚清单，例如，甘肃省在其发布的《甘肃省市场监管轻微违法经营行为免予处罚清单（2020 版）》中提到，对于首次发现，自行改正或及时改正的平台经营者，属于《电子商务法》第 80 条第 1 款第 2 项规定的轻微违

---

[1] 宋亚辉. 网络市场规制的三种模式及其适用原理 [J]. 法学，2018（10）：94.

法行为，可免于处罚。但这毕竟是市场监管部门的监管事权范围，是否可以直接嫁接到税务监管之中，也有待观察。由于国家税务主管部门的态度还不明朗，平台经营者有关涉税问题内控体系也不是十分的理想。以国内市场份额最大的平台经营者淘宝网为例，其在《淘宝网卖家服务协议》3.3.6条规定："依法纳税是每一个公民、企业应尽的义务，您应对销售额／营业额超过法定免征额部分及时、足额地向税务主管机关申报纳税。"该条仅是平台经营者针对平台内经营者的涉税问题而制定的提倡性平台规则，但并未进一步出台更为完善的平台内控体系。

四、平台经营者涉税信息报送义务履行障碍的克服之道

面对涉税信息报送义务履行的上述障碍，有必要通过对义务履行的主体定义之限缩、义务履行的对象范围之厘清、义务履行的内容结构之丰富、义务履行的监督机制之补强等有针对性地破解。

（一）涉税信息报送义务履行的主体定义之限缩

针对涉税信息报送义务主体界定过宽和导致的重复报送、负担不均衡、跨境报送难等突出问题，应建立平台经营者之间委托报送涉税信息制度、构造初创型平台经营者报送义务负担的减免规则以及大力推进涉税信息跨境报送国际协调新机制建设等具体举措以便针对性解决。

1. 建立平台经营者之间委托报送涉税信息制度

为解决涉税信息重复报送难题，可以尝试建立平台经营者之间涉税信息的委托报送制度，允许平台经营者委托报送涉税信息。允许一方平台经营者通过协议约定将提示义务和涉税信息报送义务委托给另一平台经营者。例如，在滴滴打车平台中，支付宝平台由于只提供支付服务的辅助功能，可将这部分信息报送义务委托给滴滴平台经营者，由滴滴平台经营者负责专门提示和涉税信息汇总。如此，既能提高涉税信息的报送效率，也

可避免由于两个平台经营者身处不同辖区而产生监管冲突。涉税信息委托报送的承担问题，可以借鉴民法代理制度的一般原理，涉税信息委托报送后，受托方只有在存在过错的情况下才担责，原则上应由委托方承担相应的责任。

2. 构造初创型平台经营者报送义务负担的减免规则

在当下，平台经济市场份额逐渐向少数几个平台经营者集中，超级平台寡头垄断的格局难以扭转。但是，义务的设计在注重实施效率的同时，也要兼顾平台市场的公平竞争。只要平台市场上还有初创型的平台经营者的容身之所，税务部门就应该持"审慎"和"宽容"的态度，不对初创型平台经营者施加过高的合规负担，以鼓励平台市场上的创新和公平竞争。经济合作与发展组织（Organization for Economic Co-operation and Development，OECD）于 2020 年 7 月 3 日发布的《平台运营商对共享和零工经济中卖家进行报告的示范规则》（The Model Rules for Reporting by Platform Operators with Respect to Sellers in the Sharing and Gig Economy，以下简称《示范规则》）的做法就很值得借鉴。《示范规则》明确排除了在报告期开始前组建不足 36 个月和收入低于 100 万欧元的初创平台经营者，使其有 24 个月的时间来准备涉税信息报告的相关事项，以最大限度地降低合规成本。[1] 当然，《示范规则》这样的设计也有保护本土平台经营者的考量，毕竟欧盟缺乏本土培育的超级平台经营者。我国自然没有这样的担忧，但站在当前国民经济"双循环"特别是"内循环"的高度来看，适当地照顾国内的初创型平台经营者，为新业态的发展留有足够的空间，或许能够带来更多的商业模式创新，给消费者提供更多元化的选择。[2]

---

[1] OECD. The Model Rules for Reporting by Platform Operators with Respect to Sellers in the Sharing and Gig Economy[R]. Paris：OECD，2020：14.

[2] 王昕天，汪向东. 社群化、流量分配与电商趋势：对"拼多多"现象的解读 [J]. 中国软科学，2019（7）：58.

3. 建设涉税信息跨境报送国际协调新机制

目前我国与世界其他国家的税收信息交换主要源于双边税收协定、多边税收公约、统一报告标准（common reporting standard，CRS）等，但上述信息交换条款要么针对高净值个人，要么针对跨国企业利用各国税制差异进行的税收筹划努力，对涉及面广、交易频繁、单笔金额较小的零工经济信息采集和自动交换尚未普遍重视。[1] 我国作为平台经济大国，应当积极推动涉税信息跨境报送国际协调机制建设，在国家政策层面尽快出台涉税信息跨境报送的中国规则和中国方案，获得国际规则制定的主动权。同时，也要认真研判《示范规则》等涉税信息国际协调的最新范本，进行批判性借鉴。在短期内，由于在我国的境外平台经营者数量不多，所占市场份额也不大，可以争取同国外平台经营者协商谈判，以合作协议的形式确立涉税信息报送的基本内容和标准。在谈判未达成或规则未建立之前，本书主张国家税务部门应采取保守立场，先不考虑对《电子商务法》第28条进行域外适用，以避免他国采取反制措施，反而不利于我国平台型企业更好地走出国门。

（二）涉税信息报送义务履行的对象范围之厘清

当前，涉税信息报送义务需要在考量平台经营者差异和服务范围多元的基础上做进一步细化，具体可通过对平台内经营者进行分层化管理及服务范围的科学划分予以实现。

1. 对平台内经营者进行分层化管理

涉税信息报送的难点在于平台内经营者身份如何进行有效识别的问题。如前所述，《电子商务法》第10条已经对个人销售农副产品、家庭手工业产品，个人利用劳动技能从事便民劳务活动和零星小额交易活动进行

---

[1] 王靖. 对零工经济有效征税的探讨 [J]. 国际税收，2020（9）：18.

了类型化的区分。较之大中型企业或个体户而言，这是涉税身份识别中最为困难的一类群体。对于从事农副产品、家庭手工业产品和零星小额交易的平台内经营者而言，由于享受一定额度（月销售额3万元以下）内免缴增值税的税收优惠，它们其中的大部分都在免征增值税的范围内，平台经营者只要对其销售额度进行简单统计便可知悉是否为应税主体。最要紧之处在于，如何对从事便民劳务活动的"零工经济"平台内经营者进行涉税身份识别，以化解该类用工形式可能产生的纳税遵从的风险、化整为零增加抵扣的风险。[1]基于此，税务部门应当积极作为，提供制度机制保障，例如，可简化个体工商户办理流程，个人只需通过微信小程序，即可提交材料，快速获得电子营业执照。将零工就业者转化为个体工商户的方式，可以享受国家相关免征增值税的优惠政策，并按照生产经营所得缴纳个人所得税。[2]

2.科学划分平台内经营者的服务范围

我国《电子商务法》第2条对平台内经营者的服务领域作了最广义的界定，但当下平台经济跨类经营的事实，使同一平台生态系统内同时存在多种不同服务形态，平台经营者同时承担多领域的涉税信息收集、处理和报送职责。在国家税务部门的具体操作细则尚未明确之前，本书建议可借鉴《示范规则》的做法，先从C2C模式中零工经济、小额零星交易等领域做起，将有限的平台资源和监管资源先用于"啃硬骨头"，待时机成熟时再拓展到其他服务领域。

（三）涉税信息报送义务履行的内容结构之丰富

哪些涉税信息是在报送之列？报送给哪个主管部门？报送时间和方式如何确定？这些问题对涉税信息报送义务的实现至关重要，也是制度建构

---

[1] 傅靖.基于数字化平台的零工经济税收管理[J].国际税收，2020（9）：5.
[2] 王靖.对零工经济有效征税的探讨[J].国际税收，2020（9）：17.

的重点内容。应通过国家税务部门牵头，制定信息报送的正面清单，明确信息报送的主管部门，确定信息报送的时间和方式，使涉税信息报送流程有据可行，并充分保障平台经营者和平台内经营者的合法权益。

1. 制定信息报送正面清单

《电子商务法》第28条规定的"与纳税有关的信息"仍属于概括性规定，出于符合行业发展和保障企业数据安全的角度考虑，税务部门不宜进行过度干预，宜对"与纳税有关的信息"作限缩解释。一般情况下，与纳税有关的信息包括纳税人的基本身份信息和交易信息两大类。纳税人基本身份信息一般又可以分为自然人身份信息和法人身份信息，前者包括自然人的姓名和曾用名、家庭住址、纳税人登记号、出生日期等，后者包括法人名称、住所地、纳税人识别号等。这些基本的涉税身份信息，对于平台经营者而言，难度并不大，应该在可以接受的范围内。关键要解决的问题是，哪些交易信息属于与纳税有关的信息？本书认为，与交易有关的货币支付信息、订单信息兼是同纳税有关的信息，应当在"与纳税有关的信息"的涵摄范围之内。还有一点需要明确的是，以货币以外的方式支付的信息，比如优惠券、积分等，应否报送？本书认为，只要这类交易凭证能够根据平台规则或行业规则同货币等价或估值，也应当将等价或估值的数额纳入报送范围之内，以防止平台内经营者以该类形式进行偷税、漏税。

2. 明确信息报送主管部门

从减轻平台经营者负担的考虑出发，平台经营者仅向其属地税务部门报送涉税信息的制度设计可能更为合适。对平台经营者报送来的涉税信息，平台经营者所在地税务部门可以通过国家税务总局的垂直管理优势和信息化优势，分发到各直接负责的税务部门。对已经办理市场主体登记和税务登记的平台内经营者，可以分发到其登记地比对入库，对于未办理市场登记和税务登记的平台内经营者，分发到其向平台经营者登记的经营地址所在地留存。由于平台经营者需要同时分别报送市场主体登记信息和税务信息给市场监管部门和税务部门，为降低平台经营者的报送负担，宜由国家税务部门和国家市场监管部门共同制定信息报送监管规则，以打破监管部门间的信息壁垒和信息孤岛，节约监管资源。当然，也需要注意到，平台经营者强大的聚集能力将使其成为各地政府吸引税源的必争之地，若零工经济等业态的平台内经营者的注册地址完全脱离实际经营地，"也可能引发税源的无序流动，并在地方政府之间形成财政返还和简化监管等博弈，造成国家税收收入的流失，对正常的税收征管秩序产生冲击"。[1] 如何加强对零工经济等业态的平台内经营者注册地址进行有效监管是今后需要进一步考虑的问题，限于文章篇幅，在此不过多展开。

3. 确定信息报送时间和方式

涉税信息报送时间和方式的程序控制机制缺失，给税务部门和平台经营者皆留下了较大的自由裁量空间。由于"法无明文规定"以及平台经营者对行政权力干预平台治理的隐忧，必将导致涉税信息报送上的无序和低效率，为此，确定涉税信息报送的时间和方式便很有必要。在当前制度框架下，要求税务部门同平台内经营者进行涉税信息的实时对接将面临诸多合法性的质疑。毕竟要求平台内经营者承担协助监管义务需要受到法治原则的约束，此一种做法在短期内实现存在制度上的障碍。OECD 在其《示范规则》中采取了较为保守的做法，在报送时间上，平台经营者须在平台内经营者被确认为应报告平台内经营者的次年 1 月 31 日前向税务主管部门报告，给平台经营者预留了充足的准备时间进行涉税信息的识别和处理；在报送方式上，涉税信息报告的格式须符合 OECD 共享经济和零工经济报

---

[1] 王靖. 对零工经济有效征税的探讨 [J]. 国际税收，2020（9）：18.

文格式（XML Schema），以保障涉税信息报送的规范性和透明性，此种思路值得我国税务部门借鉴。当然，若想突破现行制度的掣肘向前更进一步的话，税务部门也可以在与平台经营者平等洽商的基础上，以合作协议的形式进行制度突破。[1]

（四）涉税信息报送义务履行的监督机制之补强

针对平台经营者涉税信息报送义务履行监督不完备的问题，需从丰富事后行政查处机制和强化事前税务合规指引两个维度入手，予以改进，实现激励与约束相容。

1. 丰富事后行政查处机制

尽管税务部门的行政查处可以通过国家暴力机器对平台经营者形成直接的威慑力，将合规压力转化成自治的动力，但前文已经分析，既有责任架构设计易陷入规制过度或规制不足的双重困境。尚需在现行制度框架下，对既有事后行政查处机制作进一步改造，以发挥激励和约束的双重功效。

一是设置"免罚清单"制度。前已述及，在现阶段，多地的市场监管管理部门已经将《电子商务法》第 28 条列入行政执法免罚清单范畴，税务部门也可尝试进行制度嫁接，对于首次发现、自行改正或责令后自行改正的平台经营者，免予处罚。一来可以同市场监管部门统一步调，给平台经营者提供稳定预期；二来可以通过柔性执法的激励效果，积极引导平台经营者合规，让积极整改者免受否定评价，让严重违法者寸步难行；三来则可以降低刚性执法带来的高昂执法成本，节约规制资源。

二是植入税务约谈制度。在我国，国家税务总局在《纳税评估管理办法（试行）》中明确规定了"对纳税评估中发现的需要提请纳税人进行陈

---

[1] 周辉. 网络平台治理的理想类型与善治——以政府与平台企业间的关系为视角 [J]. 法学杂志，2020（9）：31.

述说明、补充提供举证资料等问题，应由主管税务机关约谈纳税人"[1]，北京市、上海市等地也专门制定了有关纳税评估税务约谈的规范性文件。当下各地方税务机关充分意识到约谈工具能够以较小行政成本，起到公共执法义务的转移功能与达到界定平台义务边界的目的[2]，因而在实体经济税收征管领域已经广泛使用税务约谈制度。基于此，将税务约谈工具可以植入《电子商务法》第28条的"责令改正"程序之中，通过税务约谈的程序设计达到"责令"的效果。需要强调的是，税务约谈不能是"以谈代罚"，对于免罚清单外的平台经营者税务违法行为，税务约谈不能影响税务行政处罚程序的进行。

三是引入信用评价和信用惩戒制度。"监管部门并非唯一有能力弥补自我规制局限的主体，由于规制资源稀缺和监督成本高昂，有必要引入第三方力量开展辅助性监督，作为政府干预的补充或替代。"[3]我国《电子商务法》第70条规定，国家支持依法设立的信用评价机构开展电子商务信用评价和提供信用评价服务，平台信用评价具有坚实立法支撑。《电子商务法》第86条虽已经确立了"违法行为的信用档案记录与公示制度"，但该条"有关法律、行政法规"实则为引致规范，国家税务部门并无依据制定部门规章进行信用惩戒的权限，宜努力争取在国务院层面出台专门行政法规解决。

2. 强化事前税务合规指引

在《电子商务法》第28条的配套规定尚未出台之前，税务部门应该有所作为，通过开展税务合规培训交流，探索出台涉税信息报送合规指引，

---

[1] 参见《纳税评估管理办法（试行）》第18、19条。

[2] 卢超. 互联网信息内容监管约谈工具研究 [J]. 中国行政管理，2019（2）：44.

[3] Gunningham N，Rees J. Industry Self-Regulation : An Institutional Perspective[J]. Law & Policy, 2002, 19（4）：363-414.

为涉税信息报送的制度体系建设积累经验。

一是对平台经营者开展税务合规培训和交流。税务部门可以组织专题培训班或专门论坛，强化同平台经营者内部管理人员的培训和交流。通过培训交流机制，一方面能够将法律精神和税收专业知识透过平台管理层导入平台内部，明确平台经营者的职责边界，辅之以"循循善诱"，让平台经营者肩负起更多的社会责任；另一方面，通过与平台经营者的沟通对话，也能弥补税务部门对技术掌握能力的缺陷，促进税务部门监管知识的更新。据此，还可同平台经营者达成战略合作，发挥平台经营者在上传下达过程中的中介优势，定时向平台内经营者传递纳税和涉税信息报送提示。

二是建立平台经营者涉税信息报送的合规指引体系。平台经营者涉税信息报送义务的实现应注重事前规范与引导。在欧盟层面，多家税务机关和平台经营者协商制定《示范规则》的经验便值得借鉴。国家税务主管部门应尽快研判、出台《电子商务平台经营者涉税信息报送合规指引》，通过合规指引明确涉税信息报送主体、报送范围、报送部门、报送时间和方式、报送过程中平台可采取的合规监督措施等标准化流程，作为平台判断是否尽责的参照标准。一来可以通过软法规则及时填补《电子商务法》第28条和相关税收征管法律制度的空白；二来也可以防止因差异性涉税信息报告地方立法给平台经营者带来的合规负担；三来则可在现行法定义务要求的基础上鼓励平台承担更多的社会责任，为未来涉税信息报送的法治化提供实践基础和观念准备。

五、结语

为回应平台经济背景下税收征管难题，《电子商务法》第37条课以平台经营者涉税登记提示和涉税信息报送义务，基本解决涉税信息报送无法可依的局面。"徒法不足以自行"，平台经营者涉税信息报送义务的有效履行，仍有待科学厘定义务之核心意涵与正当性基础，剖析和研判义务实现过程中仍面临的具体困惑，在此基础上精准施策，推动该义务的真正落地。本书较为详细地梳理了平台经营者涉税信息报送义务的规范要件和正当性基础，从义务履行的主体、义务履行的对象、义务履行的内容、义务履行的监督四个维度入手，系统剖析和综合研判了该义务在履行过程中面临的现实障碍，在此基础上主张通过对义务履行的主体定义限缩、对象范围厘清、内容结构丰富、监督机制补强，进一步夯实平台经营者涉税信息报送义务的实施体系。由于平台经济涉税问题具有新颖性、复杂性和跨国性特征，任何制度的出台或调适，都将可能牵一发而动全身，从世界范围内看，亦无可供直接参照和考究的经验样本，仅凭本书的浅见更是微不足道。本书的研究可能难以为学术界提供理论智识上的贡献，权且当作是一种呐喊和抛砖引玉，难免挂一漏万，特见教于方家。

参考文献

一、著作

[1] Schuster E J.The Principles of German Civil Law[M].New York：Oxford University Press，1970.

[2] Paton G W. A Text Book of Jurisprudence[M]. Oxford：Clarendon Press，1972.

[3] 金子宏．租税法 [M].蔡宗羲,译.台北:台湾"财政部"财税人员训练所，1985.

[4] 陈敏．德国租税通则 [M].台北：台湾"财政部"财税人员训练所，1985.

[5] 孟德斯鸠．论法的精神（上）[M].张雁深，译.北京：商务印书馆，1987.

[6] 罗尔斯．正义论 [M].何怀宏，等译.北京：中国社会科学出版社，1988.

[7] Nicholas B.The French Law of Contract[M].Oxford：Clarendon Press，1992.

[8] 陈清秀．税法之基本原理 [M].台北：三民书局，1993.

[9] 黄茂荣．税法总论（第一册）——法学方法与现代税法 [M].台北：台湾植根法学丛书编辑室，1994.

[10] 谢世宪．论公法上之比例原则 [M]// 城仲模．行政法之一般法律原则.台北：三民书局，1994.

[11] 陈新民．行政法总论 [M].台北：三民书局，1995.

[12] 张进德. 税务会计 [M]. 台北：五南图书出版有限公司，1996.

[13] Schumpter，Die Krisedes Steuerstaat，1918 in Goldschdie–Schumpter，Die Finanzkrise des Steuerstaats 1976，S.329–379 [M]// 葛克昌. 国家学与国家法：社会国、租税国与法治国理念. 台北：月旦出版社股份有限公司，1996.

[14] Posner R. The Economic Analysis of Law[M]. Maryland：Aspen Law & Business，1998.

[15] 博登海默. 法理学：法律哲学与法律方法 [M]. 邓正来，译. 北京：中国政法大学出版社，1999.

[16] 史尚宽. 债法总论 [M]. 北京：中国政法大学出版社，2000.

[17] Menéndez A J. Justifying Taxes：Some Elements for a General Theory of Democratic Tax Law[M]. New York：Kluwer Academic Publishers，2001.

[18] 张俊浩. 民法学原理（上册）[M]. 北京：中国政法大学出版社，2001.

[19] 宫泽俊义. 宪法(II)法律学全集 4[M]// 陈新民. 德国公法学基础理论. 济南：山东人民出版社，2001.

[20] 陈新民. 德国公法学基础理论 [M]. 济南：山东人民出版社，2001.

[21] 理查德·波斯纳. 法理学问题 [M]. 苏力，译. 北京：中国政法大学出版社，2002.

[22] 刘剑文. 税法学 [M]. 北京：人民出版社，2003.

[23] Benson P. The Theory of Contract Law：New Essays[M]. Cambridge：Cambridge University Press，2001.

[24] Lewison K. The Interpretation of Contracts[M]. 7th ed. London：Sweet & Maxwell，2004.

[25] 刘剑文，熊伟. 税法基础理论 [M]. 北京：北京大学出版社，2004.

[26] 葛克昌. 租税规避与法学方法——税法、民法与宪法 [M]. 北京：北京大学出版社，2004.

[27] 金子宏. 日本税法 [M]. 战宪斌，郑林根，等译. 北京：法律出版社，2004.

[28] 黄士洲. 税务诉讼的举证责任 [M]. 北京：北京大学出版社，2004.

[29] 陈少英. 税法学教程 [M]. 北京：北京大学出版社，2005.

[30] 刘剑文. 纳税主体法理研究 [M]. 北京：经济管理出版社，2006.

[31] 孙森焱. 民法债编总论 [M]. 北京：法律出版社，2007.

[32] 孙健波. 税法解释研究——以利益平衡为中心 [M]. 北京：法律出版社，2007.

[33] 杨小强，叶金育. 合同的税法考量 [M]. 济南：山东人民出版社，2007.

[34] 施正文. 税收债法论 [M]. 北京：中国政法大学出版社，2008.

[35] 魏高兵. 合同的税法评价 [M]. 上海：立信会计出版社，2008.

[36] 北野弘久. 税法学原论（第 5 版）[M]. 郭美松，陈刚，等译. 北京：中国检察出版社，2008.

[37] 翟继光. 财税法原论 [M]. 上海：立信会计出版社，2008.

[38] 李国光. 最高人民法院《关于行政诉讼证据若干问题的规定》的释义与适用 [M]. 北京：人民法院出版社，2009.

[39] 陈少英，曹晓如. 税务诉讼举证责任研究 [M]. 北京：法律出版社，2009.

[40] 李锐，李堃. 美国国内收入法典——程序和管理 [M]. 北京：中国法制出版社，2010.

[41] 张晓君. 国家税权的合法性问题研究 [M]. 北京：人民出版社，2010.

[42] 黄茂荣. 法学方法与现代税法 [M]. 北京：北京大学出版社，2011.

[43] 张怡.衡平税法研究 [M].北京：中国人民大学出版社，2011.

[44] 陈清秀.税法总论 [M].台北：元照出版有限公司，2012.

[45] 亚当·斯密.国富论 [M].殷梅，译.长春：吉林出版集团有限责任公司，2012.

[46] 葛克昌.行政程序与纳税人基本权，税捐稽征法之新思维 [M].台北：翰芦图书出版有限公司，2012.

[47] 吴汉东，陈小君.民法学 [M].北京：法律出版社，2013.

[48] 维尔纳·弗卢梅.法律行为论 [M].迟颖，译.北京：法律出版社，2013.

[49] 陈少英.税收债法制度专题研究 [M].北京：北京大学出版社，2013.

[50] 中里实，弘中聪浩，渊圭吾，等.日本税法概论 [M].西村朝日律师事务所西村高等法务研究所监，译.北京：法律出版社，2014.

[51] 贺燕.实质课税原则的法理分析与立法研究——实质正义与税权横向配置 [M].北京：中国政法大学出版社，2015.

[52] 金子宏.租税法 [M].东京：弘文堂，2017.

[53] 江必新，刘贵祥.最高人民法院关于人民法院网络司法拍卖若干问题的规定理解与适用 [M].北京：中国法制出版社，2017.

[54] 杰奥夫雷·G.帕克，马歇尔·W.范·埃尔斯泰恩，桑基特·保罗·邱达利.平台革命：改变世界的商业模式 [M].志鹏，译.北京：机械工业出版社，2017.

[55] 迪特尔·比尔克.德国税法教科书（第 13 版）[M].徐妍，译.北京：北京大学出版社，2018.

[56] 电子商务法起草组.中华人民共和国电子商务法条文释义 [M].北京：法律出版社，2018.

[57] 卡尔·拉伦茨.法学方法论 [M].陈爱娥，译.北京：商务印书馆，2019.

[58] 陈清秀 . 税法总论 [M]. 北京：法律出版社，2019.

[59] 陈敏 . 税法总论 [M]. 台北：新学林出版有限公司，2019.

[60] 姜明安 . 行政与行政诉讼法（第七版）[M]. 北京：北京大学出版社，2019.

[61] 翟继光 . 中华人民共和国企业所得税法与实施条例释义及案例精解 [M]. 上海：立信会计出版社，2019.

[62] 王霞，刘珊 . 税务证据法律问题研究 [M]. 北京：法律出版社，2019.

[63] 汉斯·普维庭 . 现代证明责任问题 [M]. 吴越，译 . 北京：法律出版社，2000.

[64] 最高人民法院行政审判庭 . 中国行政审判案例（第 2 卷）[M]. 北京：中国法制出版社，2011.

[65] 企业会计准则编审委员会 . 企业会计准则详解与实务 [M]. 北京：人民邮电出版社，2020.

[66] 王泽鉴 . 民法总则 [M]. 北京：北京大学出版社，2020.

[67] 王泽鉴 . 债法原理 [M]. 北京：北京大学出版社，2020.

[68] 中西又三 . 日本行政法 [M]. 江利红，译 . 北京：北京大学出版社，2020.

[69] 李惠宗 . 税法方法论 [M]. 台北：元照出版有限公司，2021.

二、期刊

[1] Marcosson M. The Burden of Proof in Tax Cases[J].The Tax Magazine，1951，29（3）：221–240.

[2] Schwerdtfeger Wm.The Burden of Proof in the Tax Court[J].Kentucky Law Journal，1953，42（2）：147–162.

[3] 吉良实 . 实质课税主义（下）[J]. 郑俊仁，译 . 财税研究，1976（5）.

[4] 吴微 . 日本行政法 [J]. 行政法学研究，1993（4）.

[5] 叶自强 . 罗森伯格的举证责任分配理论 [J]. 外国法译评，1995（2）.

[6] 江必新 . 论应受行政处罚行为的构成要件 [J]. 法律适用，1996（6）.

[7] 张守文 . 论税收法定主义 [J]. 法学研究，1996（6）.

[8] 杨解君 . 法律漏洞略论 [J]. 法律科学，西北政法学院学报，1997（3）.

[9] Gunningham N，Rees J. Industry Self-Regulation：An Institutional Perspective[J]. Law & Policy，2002，19（4）：363-414.

[10] 程信和，杨小强 . 论税法上的他人责任 [J]. 法商研究（中南政法学院学报），2000（2）.

[11] 王锡锌 . 行政程序理性原则论要 [J]. 法商研究（中南政法学院学报），2000（4）.

[12] 苏永钦 . 私法自治中的国家强制——从功能法的角度看民事规范的类型与立法释法方向 [J]. 中外法学，2001（3）.

[13] 王锡锌 . 行政行为无效理论与相对人抵抗权问题探讨[J].法学,2001(10).

[14] 方世荣，戚建刚 . 论行政时效制度 [J]. 中国法学，2002（2）.

[15] 施正文 . 论征纳权利——兼论税权问题 [J]. 中国法学，2002（6）.

[16] 李青 . 美国收入法典关于税务诉讼举证责任新规定比较 [J]. 涉外税务，2002（8）.

[17] 于成章，耿文辉 . 偷税行为及其法律责任 [J]. 河南税务，2002（24）.

[18] 施正文 . 略论税收程序性权利 [J]. 税务与经济，2003（1）.

[19] 林三钦 . 行政法令变迁与信赖保护——论行政机关处理新旧法秩序交替问题之原则 [J]. 东吴法律学报，2004（1）.

[20] 李向平 . 对行政指导行为不属于行政诉讼受案范围之质疑 [J]. 河北法学，2004（1）.

[21] 薛刚 . 税法中他人责任问题研究 [J]. 涉外税务，2004（3）.

[22] 周佑勇. 行政法的正当程序原则 [J]. 中国社会科学，2004（4）.

[23] 白玉纲. 关于偷税问题的研究 [J]. 扬州大学税务学院学报，2005（2）.

[24] 张为民. 德国税务行政诉讼举证责任分配的规则及借鉴 [J]. 涉外税务，2005（3）.

[25] 关玫. 司法公信力初论——概念、类型与特征 [J]. 法制与社会发展，2005（4）.

[26] 彭志华，邓素云. 如何定性偷税 [J]. 中国工会财会，2005（5）.

[27] 朱岩. 消灭时效制度中的基本问题：比较法上的分析——兼评我国时效立法 [J]. 中外法学，2005（2）.

[28] 余立力. 论信赖利益损害的民法救济 [J]. 现代法学，2006（1）.

[29] 辛广华. 税前扣除项目的确认 [J]. 辽宁行政学院学报，2006（3）.

[30] 翁武耀. 论税收诉讼中举证责任的分配 [J]. 中南财经政法大学研究生学报，2006（4）.

[31] 章志远. 行政诉讼类型化模式比较与选择 [J]. 比较法研究，2006（5）.

[32] 周飞舟. 分税制十年：制度及其影响 [J]. 中国社会科学，2006（6）.

[33] 丛中笑. 税的本质探析 [J]. 法制与社会发展，2006（6）.

[34] 南京市国家税务局课题组. 税收行政与税收司法协调问题的研究 [J]. 税务研究，2006（10）.

[35] Zalasinski A. Proportionality of Anti-avoidance and Anti-abuse Measures in the ECJ's Direct Tax Case Law[J].Intertax，2007，35（5）：316-319.

[36] 高杨. 浅论税收债务的承担 [J]. 实事求是，2007（1）.

[37] 施正文. 税收之债的消灭时效 [J]. 法学研究，2007（4）.

[38] 熊伟. 我国税收追征期制度辨析 [J]. 华东政法大学学报，2007（4）.

[39] 袁森庚. 论偷税故意 [J]. 税务与经济，2007（6）.

[40] 高林,张金川,刘文升.浅析偷税的认定 [J].洛阳师范学院学报,2007（4）.

[41] 刘树艺.税法上第三人责任的法理分析 [J].商场现代化，2007（10）.

[42] 李刚.税收法律行为的私法学分析 [J].税务研究，2008（3）.

[43] 陈红，徐风烈.行政诉讼中前置性行政行为之审查探析 [J].浙江社会科学，2008（5）.

[44] 胡伟.企业所得税法税前扣除规定比较分析 [J].财会通讯（综合版），2008（8）.

[45] 徐阳光.实质课税原则适用中的财产权保护 [J].河北法学，2008（12）.

[46] 王建国.司法能动的正当性分析 [J].河北法学，2009（5）.

[47] 丛中笑.我国税收核定制度的梳理与重构 [J].经济法论丛，2009（16）.

[48] 柯岚.拉德布鲁赫公式的意义及其在二战后德国司法中的运用 [J].华东政法大学学报，2009（4）.

[49] 李海滢，金玲玲.我国偷税罪立法完善新思维——以刑法与税法之协调为进路 [J].政治与法律，2009（3）.

[50] 郭云艳.企业所得税税前扣除项目几点较大变化的新旧比较 [J].现代商业，2009（8）.

[51] 谭宗泽.反思与超越：中国语境下行政抵抗权研究 [J].行政法学研究，2010（2）.

[52] 何小王.论偷逃税违法以主观故意为要件 [J].中南林业科技大学学报（社会科学版），2010（2）.

[53] 张婉苏，卢庆亮.特别纳税调整"一般条款"之法律解读——以税收法定主义和实质课税原则为视角 [J].苏州大学学报（哲学社会科学版），2010（4）.

[54] 马怀德.完善《行政诉讼法》与行政诉讼类型化 [J].江苏社会科学，2010（5）.

[55] 张晓婷.实质课税原则的制度实现——基于企业所得税法文本的考察[J].财贸研究,2010(5).

[56] 唐艳秋,于文豪.论行政相对人抵抗权的程序性与制度化[J].山东社会科学,2010(7).

[57] 陈清秀.税法上行政规则之变更与信赖保护[J].法学新论,2010(18).

[58] 戴俊英.行政允诺的性质及其司法适用[J].湖北社会学,2010(12).

[59] 宋建立.第三人代为履行与债务承担的甄别[J].人民司法,2010(14).

[60] 刘剑文,王文婷.实质课税原则与商业创新模式[J].税收经济研究,2011(2).

[61] 王志坤.行政处罚概念质疑[J].内蒙古民族大学学报(社会科学版),2011(6).

[62] 谢宏纬,谢政道,余元杰.论行政函释之信赖保护[J].嘉南学报,2011(37).

[63] 刘光华,郝宽国."驻京办""跑部钱进"与财政分配体制的完善[J].甘肃社会科学,2011(6).

[64] 贺燕."视同应税行为"规则的税法解析[J].中国律师,2012(1).

[65] 刘映春.实质课税原则的相关法律问题[J].中国青年政治学院学报,2012(1).

[66] 滕祥志.税法的交易定性理论[J].法学家,2012(1).

[67] 门中敬.含义与意义:公共利益的宪法解释[J].政法论坛,2012(4).

[68] 汤洁茵.《企业所得税法》一般反避税条款适用要件的审思与确立:基于国外的经验与借鉴[J].现代法学,2012(5).

[69] 叶姗.税权集中的形成及其强化考察近20年的税收规范性文件[J].中外法学,2012(4).

[70] 叶金育.税收法定主义与契约自由关系之考察——以"第三人代为履行"为分析对象[J].经济法论坛,2012(9).

[71] 李晓田 . 新企业所得税法下财产损失如何进行所得税前扣除 [J]. 现代商业，2012（17）.

[72] 王克稳 . 论行政诉讼中利害关系人的原告资格——以两案为例 [J]. 行政法学研究，2013（1）.

[73] 吴晓红 . 实质课税原则在个人所得税全员申报中的运用 [J]. 江淮论坛，2013（2）.

[74] 叶金育 . 税务诉讼的困境与制度批判——一个关于转让定价争议解决的分析框架 [J]. 甘肃理论学刊，2013（2）.

[75] 闫海 . 绳结与利剑——实质课税原则的事实解释功能论 [J]. 法学家，2013（3）.

[76] 姜美，何长松 . 我国实质课税原则的立法建议 [J]. 江西社会科学，2013（9）.

[77] 魏秀侠 . 小议我国税法上第三人责任 [J]. 对外经贸，2013（9）.

[78] 金子宏，吕文忠 . 日本的租税法及租税制度的概况与特征 [J]. 环球法律评论，2013（9）.

[79] 刘剑文 . 论税务行政诉讼的证据效力 [J]. 税务研究，2013（10）.

[80] 刘剑文 . 税收征管制度的一般经验与中国问题:兼论《税收征收管理法》的修改 [J]. 行政法学研究，2014（1）.

[81] 熊伟 . 法治财税：从理想图景到现实诉求 [J]. 清华法学，2014（5）.

[82] 刘烁玲 . 行政允诺规范化探析 [J]. 江西社会科学，2014（5）.

[83] 张峰振 . 税款滞纳金的性质与法律适用：从一起税款滞纳金纠纷案谈起 [J]. 河北法学，2015（1）.

[84] 王雪梅，李巨 . 关联行政行为司法审查理论与实务分析 [J]. 中共乐山市委党校学报，2015（5）.

[85] 赵惠敏，陈楠，孙静．对纳税人信赖利益保护问题的分析 [J]. 国际税收，2015（11）．

[86] 饶凌乔．偷税漏税概念的产生及入法源流考 [J]. 税务研究，2015（6）．

[87] 冉克平．民法典编纂视野中的第三人清偿制度 [J]. 法商研究，2015（2）．

[88] 聂淼，熊伟．重塑税收核定：我国税收行政确定的建构路径 [J]. 税务研究，2015（12）．

[89] 李广宇．审理行政协议案件对民事法律规范的适用 [J]. 中国法律评论，2016（1）．

[90] 高军，李文波．论课税处分——基于台湾地区"税法"理论与实践的考察 [J]. 广西大学学报（哲学社会科学版），2016（1）．

[91] 滕祥志．论《税收征管法》的修改 [J]. 清华法学，2016（4）．

[92] 李惠宗．税法上核课期间问题之探讨——兼谈万年税单的消除之道 [J]. 台湾法学杂志，2016（9）．

[93] 褚睿刚，韦仁媚．税收协力义务及其限度刍议 [J]. 云南大学学报（法学版），2016（6）．

[94] 陈清秀．公法上消灭时效之问题探讨——以税法上消灭时效为中心 [J]. 中正财经法学，2016（12）．

[95] 耿林．论除斥期间 [J]. 中外法学，2016（3）．

[96] 唐郢．无利害关系第三人代为履行的法律规制 [J]. 黑龙江省政法管理干部学院学报，2016（1）．

[97] 朱大旗，张牧君．美国纳税人权利保护制度及启示 [J]. 税务研究，2016（3）．

[98] 王贵松．行政法上利害关系的判断基准——黄陆军等人不服金华市工商局工商登记行政复议案评析 [J]. 交大法学，2016（3）．

[99] 徐楠芝．论纳税人的信赖利益之保护 [J]. 税收经济研究，2016（6）．

[100] 钱俊文. 偷税、逃税的概念辨析及相关制度完善 [J]. 税务研究,2016（9）.

[101] 李亚松,郭晓亮. 企业所得税税前扣除凭证探析 [J]. 税务研究, 2016
（11）.

[102] Oei S Y, Ring D M. Can Sharing Be Taxed ?[J].Washington University Law
Review, 2016, 93（4）: 989–1070.

[103] 胡若溟. 行政诉讼中"信赖利益保护原则"适用——以最高人民法院
公布的典型案件为例的讨论 [J]. 行政法学研究, 2017（1）.

[104] 黄先雄. 行政首次判断权理论及其适用 [J]. 行政法学研究, 2017（5）.

[105] 赵清林. 类型化视野下行政诉讼目的新论 [J]. 当代法学, 2017（6）.

[106] 夏新华, 谢广利. 论关联行政行为违法性继承的司法审查规则 [J]. 行
政法学研究, 2017（6）.

[107] 高勇, 诸葛续亮. 一起与纳税主体身份变更有关的案例分析 [J]. 税务
研究, 2017（3）.

[108] 颜延, 解应贵. 破产程序中的税收债权保护 [J]. 税务研究, 2017（6）.

[109] 王星星. 美国文化企业税前扣除项目政策及其对我国的启示 [J]. 邵阳
学院学报（社会科学版）, 2017（6）.

[110] 刘天永. 企业所得税税前扣除五大原则 [J]. 财会信报, 2017（B03）.

[111] 吕铖钢, 张景华. 实质课税原则的路径重塑 [J]. 税务研究, 2018（1）.

[112] 刘权.《电子商务法》修改意见 [J]. 中国经济报告, 2018（1）.

[113] 宋亚辉. 网络市场规制的三种模式及其适用原理 [J]. 法学,2018（10）.

[114] 洪孝庆, 吴志坚. 基于一起发票兑奖诉讼案件对税务行政允诺的分析
[J]. 税务研究, 2018（5）.

[115] 张春林. 主观过错在行政处罚中的地位研究——兼论行政处罚可接受
性 [J]. 河北法学, 2018（5）.

[116] 程琥. 行政法上请求权与行政诉讼原告资格判定 [J]. 法律适用，2018（11）.

[117] 郭昌盛. 逃税罪的解构与重构——基于税收制度的整体考量和技术性规范 [J]. 政治与法律，2018（8）.

[118] 赵国庆. 企业所得税税前扣除凭证管理办法解析 [J]. 财务与会计，2018（20）.

[119] 徐阳光. 破产程序中的税法问题研究 [J]. 中国法学，2018（2）.

[120] 何冰.《企业所得税税前扣除凭证管理办法》基本概念解析 [J]. 中国税务，2018（7）.

[121] 汤洁茵. 形式与实质之争：税法视域的检讨 [J]. 中国法学，2018（2）.

[122] 奥利·洛贝尔. 分享经济监管：自治、效率和价值 [J]. 环球法律评论，2018（4）.

[123] 王贵松. 行政协议无效的认定 [J]. 北京航空航天大学学报（社会科学版），2018（6）.

[124] Migai C O，Jong J D，Owens J P.The Sharing Economy：Turning Challenges into Compliance Opportunities for Tax Administrations[J]. Atax 13th International Tax Administration Conference Journal of Tax Research，2019，16（3）：395–424.

[125] Fetzer T，Dinger B. The Digital Platform Economy and Its Challenges to Taxation[J].Tsinghua China Law Review，2019，12（1）：29–56.

[126] 王菁，宋超. 过程性行政行为的可诉性考量 [J]. 南通大学学报（社会科学版），2019（4）.

[127] 刘权. 论网络平台的数据报送义务 [J]. 当代法学，2019（5）.

[128] 林丽惠. 国有企业取得法拍不动产的涉税风险及应对 [J]. 闽南师范大学学报（哲学社会科学版），2019（3）.

[129] 郭昌盛.执行程序中税收优先权的法律适用困境及其化解 [J]. 税务与经济，2019（6）.

[130] 肖路.对税务行政诉讼中若干争议问题的思考 [J]. 税务研究,2019（10）.

[131] 卢超.互联网信息内容监管约谈工具研究 [J]. 中国行政管理,2019（2）.

[132] 贺燕.我国"合理商业目的"反避税进路的反思 [J]. 税收经济研究，2019（5）.

[133] 杜传华，谭相魁.税务机关行使税收代位权的有效路径探析 [J]. 税务研究，2019（11）.

[134] 廖永红.实际发生但未实际支付能否在企业所得税前扣除 [J]. 注册税务师，2019（11）.

[135] 张亚珍.企业所得税税前扣除凭证管理办法新政解析：基于国家税务总局公告 2018 年第 28 号 [J]. 财会通讯，2019（25）.

[136] 郭昌盛.地方政府税收优惠政策清理中的纳税人信赖利益保护 [J]. 人权研究，2019（2）.

[137] 李貌.第三人代为清偿税收债务的成立要件及其法律效果 [J]. 税法解释与判例注，2019（2）.

[138] 赵宏.原告资格从"不利影响"到"主观公权利"的转向与影响——刘广明诉张家港市人民政府行政复议案评析 [J]. 交大法学，2019（2）.

[139] 滕祥志.涉税信息情报制度中的纳税人权利保护——以比较法为视角 [J]. 国际税收，2019（2）.

[140] 章剑生.行政诉讼原告资格中"利害关系"的判断结构 [J]. 中国法学，2019（4）.

[141] 朱芒.行政诉讼中的保护规范说——日本最高法院判例的状况 [J]. 法律适用，2019（16）.

[142] 翟泳 . 对电子商务违法行为管辖规定的理解 [J]. 市场监督管理,2019（2）.

[143] 王昕天，汪向东 . 社群化、流量分配与电商趋势：对"拼多多"现象的解读 [J]. 中国软科学，2019（7）.

[144] 肖路 . 对税务行政诉讼中若干争议问题的思考 [J]. 税务研究,2019（10）.

[145] Mason R. The Transformation of International Tax[J]. American Journal of International Law，2020，114（3）：353-402.

[146] 郭昌盛 . 包税条款的法律效力分析——基于司法实践的观察和反思 [J]. 财经法学，2020（2）.

[147] 班天可 . 涉税的重大误解——兼论"包税条款"之效力 [J]. 东方法学，2020（6）.

[148] 廖仕梅 . 关于不动产司法拍卖"纳税义务人"认定争议的分析 [J]. 税务研究，2020（10）.

[149] 颜冬铌 . 行政允诺的审查方法——以最高人民法院发布的典型案例为研究对象 [J]. 华东政法大学学报，2020（6）.

[150] 何天文 . 保护规范理论的引入抑或误用——刘广明诉张家港市人民政府行政复议案再检讨 [J]. 交大法学，2020（4）.

[151] 丁国民，马芝钦 . 行政诉讼中原告"利害关系"的司法审查新标准——以"保护规范理论"的规范化适用为中心 [J]. 河北工业大学学报（社会科学版），2020（1）.

[152] 李金艳，陈新 . 国际税收关系中的法治 [J]. 国际税收，2020（1）.

[153] 成协中 . 保护规范理论适用批判论 [J]. 中外法学，2020（1）.

[154] 周辉 . 网络平台治理的理想类型与善治——以政府与平台企业间的关系为视角 [J]. 法学杂志，2020（9）.

[155] 王靖 . 对零工经济有效征税的探讨 [J]. 国际税收，2020（9）.

[156] 傅靖 . 基于数字化平台的零工经济税收管理 [J]. 国际税收，2020（9）.

[157] 蒋遐雒 . 个人所得税税前扣除的概念厘清与制度完善：以混合所得税制改革为背景 [J]. 法商研究，2020（2）.

[158] 唐媛媛，王虹 . 破产清算程序中的税收债权问题——基于破产法与税法的冲突 [J]. 税务与经济，2020（4）.

[159] 侯卓，吴东蔚 . 税基调整权的理论勘误与实践调校——以《税收征管法》第三十五、三十六条的差异为视角 [J]. 税务研究，2020（6）.

[160] 吕楠楠 . 税制公平主导下的税法解释：基于利益衡量视角的分析 [J]. 国际税收，2020（7）.

[161] 赵翀 . "放管服"背景下企业所得税税前扣除凭证管理改革分析 [J]. 纳税，2020（16）.

[162] 国家税务总局泰安市税务局课题组 . 平台经济税收监管探讨 [J]. 税务研究，2020（4）.

[163] 江钦辉 . 违反法律行政法规强制性规定合同效力的司法识别——由一起违反环境资源法律之强制性规定的案件引发的思考 [J]. 喀什大学学报，2020（4）.

[164] 陈广辉 . "有偿请托"的私法定性及其司法规制 [J]. 中国政法大学学报，2020（6）.

[165] 蒋红珍 . 比例原则适用的范式转型 [J]. 中国社会科学，2021（4）.

[166] 谢明睿 . 论行政诉讼原告资格中的利害关系 [J]. 公法研究，2021（1）.

[167] 刘天永 . 偷税行为定性分析 [J]. 山东国资，2021（8）.

[168] 张婉苏 . 包税条款的效力反思与路径重构 [J]. 南京社会科学,2021(11).

[169] 王青斌，张莹莹 . 论投诉人和举报人在行政诉讼中的原告资格 [J]. 求索，2022（4）.

[170] 倪洪涛 . 论行政诉讼原告资格的"梯度性"结构 [J]. 法学评论，2022（3）.

[171] Pettit M J. Private Advantage and Public Power : Reexamining the Expectation and Reliance Interests in Contract Damages[J]. Hastings L J，1987，38（3）418-419.

[172] Nolte G. General Principles of German and European Administrative Law –A Comparison in Historical Perspective[J]. The Modern Law Review，1994，57（2）194-195.

三、学位论文

[1] 叶金育 . 税法解释中纳税人主义研究 [D]. 武汉：武汉大学，2015.

[2] 汪厚东 . 公法之债论 [D]. 苏州：苏州大学，2016.

[3] 聂淼 . 所得概念的税法诠释 [D]. 武汉：武汉大学，2017.

四、论文集

[1] 李刚 . 国家、税收与财产所有权 [C]// 刘剑文 . 财税法论丛（第 4 卷）. 北京：法律出版社，2004.

[2] 翟继光 . 论税法学研究范式的转换——中国税法学的革命 [C]// 刘剑文 . 财税法论丛（第 4 卷）. 北京：法律出版社，2004.

[3] 杨小强 . 税收债务关系及其变动研究 [C]// 刘剑文 . 财税法论丛（第 1 卷）. 北京：法律出版社，2008.

[4] 李京洋 . 省以下增值税和营业税收入划分规则缘起、演变与改进 [C]// 刘剑文 . 财税法论丛（第 16 卷）. 北京：法律出版社，2015.

五、报纸

[1] 企业所得税改革工作小组 . 企业所得税法实施条例释义（连载五）[N]. 中国税务报，2008-01-14（12）.

[2] 王永亮 . 向第三人履行、第三人代为履行与债务承担的甄别 [N]. 人民法院报，2009-09-03（6）.

[3] 吴伟 . 企业所得税税前扣除的"实际发生"该怎么理解 [N]. 中国税务报，2012-07-04（7）.

[4] 肖路 . 税务行政诉讼，举证责任如何适用 [N]. 中国税务报，2018-01-23（7）.

[5] 杨志湘 . 关于落实信息报送法律规定加强政企信息共享的建议 [N]. 中国工商报，2018-09-27（3）.

[6] 刘宏亮 . 正确认识平台经营者协助监管责任 [N]. 中国市场监管报，2019-04-09（5）.

[7] 胡巍 . 如果税法不明确，利得应归纳税人所有 [N]. 中国税务报，2019-12-24（7）.

税法判例与学理研究